凤凰文库
PHOENIX LIBRARY

凤凰出版传媒集团
PHOENIX PUBLISHING & MEDIA GROUP

凤凰文库·马克思主义研究系列

主　　编　　张一兵
项目总监　　杨建平
项目执行　　戴亦梁

马克思主义研究系列

MAKESIZHUYI YANJIUXILIE

马克思与斯宾诺莎

冯波 著

宗教批判与现代伦理的建构

江苏人民出版社

图书在版编目(CIP)数据

马克思与斯宾诺莎：宗教批判与现代伦理的建构／冯波著．—南京：江苏人民出版社，2019.3
ISBN 978-7-214-22299-2

Ⅰ.①马…　Ⅱ.①冯…　Ⅲ.①马克思主义哲学－研究　Ⅳ.①B0-0

中国版本图书馆 CIP 数据核字(2018)第 174178 号

书　　　名	马克思与斯宾诺莎：宗教批判与现代伦理的建构
著　　　者	冯　波
责 任 编 辑	戴亦梁
责 任 校 对	黄　山
责 任 监 制	王列丹
装 帧 设 计	许文菲
出 版 发 行	江苏人民出版社
出版社地址	南京市湖南路 1 号 A 楼，邮编：210009
出版社网址	http://www.jspph.com
照　　　排	江苏凤凰制版有限公司
印　　　刷	江苏凤凰新华印务有限公司
开　　　本	652 毫米×960 毫米　1/16
印　　　张	19.25　插页 4
字　　　数	252 千字
版　　　次	2019 年 3 月第 1 版　2019 年 3 月第 1 次印刷
标 准 书 号	ISBN 978-7-214-22299-2
定　　　价	48.00 元

(江苏人民出版社图书凡印装错误可向承印厂调换)

出版说明

要支撑起一个强大的现代化国家,除了经济、政治、社会、制度等力量之外,还需要先进的、强有力的文化力量。凤凰文库的出版宗旨是:忠实记载当代国内外尤其是中国改革开放以来的学术、思想和理论成果,促进中外文化的交流,为推动我国先进文化建设和中国特色社会主义建设,提供丰富的实践总结、珍贵的价值理念、有益的学术参考和创新的思想理论资源。

凤凰文库将致力于人类文化的高端和前沿,放眼世界,具有全球胸怀和国际视野。经济全球化的背后是不同文化的冲撞与交融,是不同思想的激荡与扬弃,是不同文明的竞争和共存。从历史进化的角度来看,交融、扬弃、共存是大趋势,一个民族、一个国家总是在坚持自我特质的同时,向其他民族、其他国家吸取异质文化的养分,从而与时俱进,发展壮大。文库将积极采撷当今世界优秀文化成果,成为中外文化交流的桥梁。

凤凰文库将致力于中国特色社会主义和现代化的建设,面向全国,具有时代精神和中国气派。中国工业化、城市化、市场化、国际化的背后是国民素质的现代化,是现代文明的培育,是先进文化的发展。在建设中国特色社会主义的伟大进程中，中华民族必将展示新的实践，产生新的经验，形成新的学术、思想和理论成果。文库将展现中国现代化的新实践和新总结，成为中国学术界、思想界和理论界创新平台。

凤凰文库的基本特征是：围绕建设中国特色社会主义，实现社会主义现代化这个中心，立足传播新知识，介绍新思潮，树立新观念，建设新学科，着力出版当代国内外社会科学、人文学科的最新成果，同时也注重推出以新的形式、新的观念呈现我国传统思想文化和历史的优秀作品，从而把引进吸收和自主创新结合起来，并促进传统优秀文化的现代转型。

凤凰文库努力实现知识学术传播和思想理论创新的融合，以若干主题系列的形式呈现，并且是一个开放式的结构。它将围绕马克思主义研究及其中国化、政治学、哲学、宗教、人文与社会、海外中国研究、当代思想前沿、教育理论、艺术理论等领域设计规划主题系列，并不断在内容上加以充实；同时，文库还将围绕社会科学、人文学科、科学文化领域的新问题、新动向，分批设计规划出新的主题系列，增强文库思想的活力和学术的丰富性。

从中国由农业文明向工业文明转型、由传统社会走向现代社会这样一个大视角出发，从中国现代化在世界现代化浪潮中的独特性出发，中国已经并将更加鲜明地表现自己特有的实践、经验和路径，形成独特的学术和创新的思想、理论，这是我们出版凤凰文库的信心之所在。因此，我们相信，在全国学术界、思想界、理论界的支持和参与下，在广大读者的帮助和关心下，凤凰文库一定会成为深为社会各界欢迎的大型丛书，在中国经济建设、政治建设、文化建设、社会建设中，实现凤凰出版人的历史责任和使命。

目 录

作者的话　1

导言　1

 一、斯宾诺莎对马克思前后德国哲学的影响　2

 二、当代西方激进左翼"斯宾诺莎主义的马克思主义"的兴起　8

 三、理性启蒙宗教批判的问题与现代伦理生活的建构　10

 四、国内外研究的现状　14

第一章　马克思对斯宾诺莎哲学的若干基本命题的理解　34

 第一节　马克思论斯宾诺莎的神与实体　34

  一、马克思论斯宾诺莎的神，以及人的幸福　35

  二、马克思论斯宾诺莎的神，以及人的道德　41

  三、马克思论斯宾诺莎的实体与自然　49

 第二节　马克思对"无知不是论据"的引用　56

  一、马克思对斯宾诺莎的"无知不是论据"的引用情况　57

  二、斯宾诺莎论无知：宗教与迷信的区分　59

  三、斯宾诺莎论无知：想象与理性的区别　64

 第三节　马克思对斯宾诺莎权力概念的评价　74

  一、斯宾诺莎、马克思与霍布斯的权利理论　75

  二、斯宾诺莎、马克思与马基雅维利的现实主义　91

第二章　斯宾诺莎的《神学政治论》以及马克思对它的阅读　96

第一节　马克思论斯宾诺莎的双重体系　96

第二节　斯宾诺莎《神学政治论》的自觉体系　101

一、斯宾诺莎基于圣经对正统神学所展开的批判　101

二、斯宾诺莎的圣经批判　124

三、斯宾诺莎论思想自由与民主政治　148

第三节　马克思眼中的《神学政治论》的自在体系　163

一、马克思对斯宾诺莎《神学政治论》的摘录状况　164

二、马克思阅读方法的性质及其来源　170

第三章　宗教批判：马克思与斯宾诺莎　178

第一节　马克思的宗教批判及其对斯宾诺莎的继承　178

一、马克思宗教批判的基本思路以及斯宾诺莎对他的影响　179

二、马克思与斯宾诺莎的宗教批判的受众之差异　193

第二节　马克思对宗教批判的扩展及其问题的产生　196

一、马克思的宗教批判向其他各领域的扩展　196

二、马克思主义是一种宗教吗？　201

三、马克思宗教先知身份的由来　207

第四章　马克思、斯宾诺莎宗教批判的旨归：现代伦理的建构　218

第一节　斯宾诺莎的现代伦理：古典民主的现代重建　219

一、斯宾诺莎民主的三个界说　219

二、斯宾诺莎民主理论的古典性与现代性　229

第二节　马克思的共产主义伦理：古典民主的现代重建　243

一、"雅典城邦"与"巴黎公社"的关联　243

二、亚里士多德与马克思的民主思想　248

三、"人民领袖"与"社会公仆"　255

第三节　马克思与斯宾诺莎思想中的民主之关联　260

一、斯宾诺莎与马克思论"政治解放"和"人的解放"　261
　　二、斯宾诺莎的民主与马克思的共产主义之关联　265

结语:斯宾诺莎哲学作为理解马克思宗教批判与政治哲学的特殊思想资源　276

主要参考文献　281

后记　293

作者的话

现代社会是一个世俗的社会,它开始于对宗教的改革和批判。但逐渐激进的宗教批判,也逐步摧毁了建立在宗教性情感(包括西方人对上帝的信仰,中国人对圣人的敬仰等)基础之上的传统的伦理生活(Sittlichkeit)。一方面,这种摧毁体现为一种"堕落"即人的目标降低了,人不再以崇高的神祇或圣人为其存在的根据和目的,传统价值自行陨落了,最高价值自行贬黜了,虚无主义随着启蒙的深入而降临。另一方面,这种摧毁也表现为一种建构,即现代伦理生活在逐步形成之中。在这种建构的过程中,个体从传统的、神圣的共同体之中解脱了出来;同时,个体之间又在为新的、世俗的共同体寻找联合的理由,即尝试建立一个既能保证个体自由,又能维持人与人之间的联合与交往的现代共同体。现代民主国家便应运而生,但现代民主国家不仅解决不了市民社会的异化和物化问题,拜物教横行,而且也阻止不了这样一种现象的发生,即一些不够格的"神魔"(商品、货币和资本)充当了人们安身立命的价值追求。现代社会在价值观问题上,从韦伯的"诸神之争",转变成了陀思妥耶夫斯基的"群魔乱舞"。可见,现代伦理生活还没有真正地建构起来!我们还处于新旧伦理之间的空档时期:旧的伦理生活已然摧毁,新的伦理还未真正确立,虚无主义是我们这个时代的精神表现。

斯宾诺莎和马克思对于建构现代伦理生活的尝试值得我们关注。道德规范、价值安立的问题需要在社会政治制度设计中解决，而不是通过文化批判来实现。马克思与斯宾诺莎都以"古典民主的现代重建"的方式来建构现代伦理生活。如何实现古典民主的现代重建？民主的现代重建如何建构现代伦理生活，以解决价值虚无主义问题？要解决这些问题，宗教批判和道德宗教缺一不可。

马克思与斯宾诺莎都认为民主的现代重建需要每个人都具备可普遍化的理性。理性就意味着自由，违背理性、使人受奴役的启示宗教便是通向民主的现代重建道路上的一大障碍。现代伦理生活的建构必然需要宗教批判。首先，斯宾诺莎与马克思都把宗教视为人的恐惧和无知的产物，并且认为宗教的社会功能就是对苦难者加以情感上的安慰；其次，他们都把宗教视为统治者操控人心的手段，认为宗教具有意识形态的功能。但从马克思对斯宾诺莎的《神学政治论》的摘录来看，马克思不满于斯宾诺莎对《圣经》权威的依赖，不满于斯宾诺莎在字面上对《圣经》道德价值的认同，不满于斯宾诺莎对道德宗教的保留。相比之下，马克思的宗教批判不仅没有《圣经》的包袱，而且将道德也视为意识形态，并且试图通过社会革命消除私人领域内的一切宗教意识形态，实现人的解放。马克思贯彻了斯宾诺莎的宗教批判，并使其激进化、彻底化了。

然而，斯宾诺莎也暗示了：公私领域的划分并没有真正实现人的自由或解放。人的自由或解放在于哲学沉思，在于每个人的理性思考，而理性就是实现民主的前提。每个人都学会了理性思考的民主暗含了国家的消亡，因为国家的目的就在于强制每个人都服从于理性的法律。马克思所提出来的人的解放或共产主义实际上就是斯宾诺莎的人的自由或民主政体的继承和发展，都是在回应现代民主理论对古典民主的质疑（如对个体自由的践踏，大众理智的低下等）的基础上，对古典民主的重建。

马克思认为现代伦理生活的建构需要批判一切宗教，而斯宾诺莎认为建构现代伦理生活需要为大众保留理性的道德宗教。斯宾诺莎和马克思都认为道德是另一种宗教抑或意识形态，但斯宾诺莎认为道德宗教对于促使大众遵循理性规范或激起大众革命行动而言是十分必要的。斯宾诺莎的道德宗教是一种纯然理性界限内的宗教，它并不意味着大众的道德信仰是理性的，而在于道德信仰所引起的行动与理性的实践要求是一致的。这也就可以理解，马克思何以在批判道德是一种意识形态的同时，又在面向普通工人群众的著作中对资本主义社会的批判带有强烈的道德义愤，对社会主义、共产主义的描述又在采用"权利""正义"等道德词汇了。这说明马克思虽然在理论态度上否定了斯宾诺莎的道德宗教，但他的理论又在实践上发挥了斯宾诺莎式的理性的道德宗教的作用。现代伦理的建构，价值虚无主义问题的解决，不仅需要对非理性的启示宗教的批判，同时还需要理性的道德宗教的建构。

导言

马克思(Karl Marx，1818—1883)与斯宾诺莎[Benedict (Baruch de) Spinoza，1632—1677]，两个"叛教"的现代犹太哲人，尽管两个人的名字经常出现在同一语境(如对西方文明作出巨大贡献的犹太人，以及犹太教的批判者甚至"反犹主义者"，等等)之中，却很少有学者发现他们之间的内在联系。因此有学者感慨道，"尽管斯宾诺莎与马克思频繁地出现在相同的、具有影响力的思想者的名单之中，却罕有将他们彼此紧密联系在一起的时候"①。甚至马克思为其博士论文做准备的《柏林笔记》对斯宾诺莎《神学政治论》的摘录也很少为人知晓，遑论对该摘录笔记的重要性的发现，"这个奇怪的作品仍几乎全然是隐匿的(甚或是隐秘的)，这可能反映了人们对其形式和内容的极度不安(dis-ease)。即便这个文本的存在已被人知晓，但它依然免不了几乎全然被忽视"②。然而，毫无疑问，斯宾诺莎对马克思的影响是极其深刻的，也是值得我们去关

---

① Allan Arkush，"Judaism as Egoism: From Spinoza to Feuerbach to Marx"，in *Modern Judaism*，Vol. 11，No. 2，May 1991，p. 211.
② Idit Dobbs-Weinstein，"The Paradox of a Perfect Democracy: From Spinoza's Theologico-Political Treatise to Marx's Critique of Ideology"，in Hasana Sharp and Jason E. Smith (ed.)，*Between Hegel and Spinoza: A Volume of Critical Essays*，Bloomsbury Publishing，2012，p. 190.

注的。

一、斯宾诺莎对马克思前后德国哲学的影响

斯宾诺莎对整个德国哲学的影响都是不可低估的，尤其是马克思前后的德国哲学对斯宾诺莎哲学的继承和发展都是显而易见的，所以我们没有理由相信斯宾诺莎对马克思没有产生过深刻的影响。

首先，被称为德国哲学鼻祖的莱布尼茨（G. W. Leibniz，1646—1716）曾经拜访过斯宾诺莎，并阅读了《伦理学》手稿，斯宾诺莎赠送了《神学政治论》给莱布尼茨，以表示信任和友好。而莱布尼茨的哲学其实就是对斯宾诺莎哲学的隐秘回应，甚至他的许多重要论点都带有深刻的斯宾诺莎痕迹，"他关于灵魂、预定和谐、自由、完满性的理论，紧紧地依赖于斯宾诺莎学说中的各个相应的观点"①。

其后的德国学界，有一连串伟大的诗人、哲人的名字可以列在斯宾诺莎的崇拜者名单之中，他们的思想都多多少少地影响过马克思，或与马克思的思想相关；也许斯宾诺莎并没有以他们为中介对马克思产生影响，但这至少促使马克思去关注斯宾诺莎。

比如被称为德国启蒙运动之父的诗人莱辛（G. E. Lessing，1729—1781）。据雅可比（F. H. Jacobi）的报道，莱辛曾在一次交谈中承认他是一个斯宾诺莎主义者，并且说，"神性的正统概念对我来说不复存在；我不再能够忍受它们。Εν και παν[一在一切之中——引者注]！我不知道任何其他的东西……除了斯宾诺莎的哲学之外别无哲学"②。莱辛在当时的德国思想界声望极大，此言虽在莱辛去世之后才被雅可比报道出来，但仍然引起了学界的轰动。一个当时被人们普遍认为是被革除教门的"魔鬼"信徒，怎么会为高贵的莱辛所接受和崇拜呢？于是一场以如何

---

① [英]罗斯:《斯宾诺莎》，谭鑫田、傅有德译，山东人民出版社1992年版，第188—189页。
② Friedrich Heinrich Jacobi, *Über die Lehre des Spinoza in Briefen an den Herrn Moses Mendelssohn*, Felix Meiner Verlag, 2000, S. 22 - 23.

理解与评价斯宾诺莎哲学乃至整个现代启蒙精神的争论,即"泛神论之争"(the Pantheism Controversy)也由此开始。经过了"泛神论之争"之后,斯宾诺莎在德国的声誉得到恢复,斯宾诺莎哲学在德国也得以复兴,"几乎一夜之间,斯宾诺莎的声誉由魔鬼变为了圣徒"①。

就连马克思一生都特别喜爱的诗人之一歌德(J. W. Goethe,1749—1832),②也自称是斯宾诺莎的追随者。歌德说:"这个给我以决定性的影响,对于我的整个思想有那么大的作用的伟人,就是斯宾诺莎,我找遍天下,想找寻一种足以教育自己的独特的个性的教材,而仍是徒劳之后,我终于得到了他的《伦理学》了。"③歌德热爱斯宾诺莎哲学,以至于海涅(Heinrich Heine,1797—1856)说,歌德是文学中的斯宾诺莎,歌德的诗歌所表达的就是斯宾诺莎哲学,"歌德的全部诗作都渗透着在斯宾诺莎的著作中也使我们感到的那种精神"④;"斯宾诺莎的学说破数学形式的蛹壳而出,变成了歌德的诗歌在我们周围翩翩飞舞"⑤。但歌德到底是欣赏斯宾诺莎的启蒙精神,还是喜欢斯宾诺莎神化自然的诗意呢,抑或兼而有之?这个问题已经无法从歌德的自述之中获得答案了。据说,正是由于歌德对斯宾诺莎的崇拜,继而马克思对歌德的崇拜,导致了斯宾诺莎的学说对马克思观念的塑造之影响;⑥但具体是何影响,却没有人能说清楚。但从马克思思想本身的特征和气质来看,这影响大概源自斯宾诺莎和歌德他们在崇尚启蒙精神的同时也对启蒙进行了诗意的、浪漫的反思吧!

---

① Frederick C. Beiser, *The Fate of Reason: German Philosophy from Kant to Fichte*, Harvard University Press, 1987, p. 44.
② 根据1865年卡尔·马克思的自白,马克思喜欢的诗人是埃斯库罗斯、莎士比亚和歌德,参见《马克思恩格斯全集》第31卷,人民出版社1972年版,第588页。
③ [德]歌德:《歌德文集》第5卷,刘思慕译,人民出版社1999年版,第667页。
④ 参见章国锋、胡其鼎主编《海涅全集》第8卷,孙坤荣译,河北教育出版社2003年版,第297页。
⑤ 同上书,第299页。
⑥ 参见洪镰德《马克思和恩格斯对民主理论与实际的析评》,载张福建、苏文流主编《民主理论:古典与现代》,台北:"中央研究院",1995年,第95页。

这里就要涉及马克思与浪漫主义的思想关系了。这一问题,通过维塞尔(Leonard P. Wessell)的著作《马克思与浪漫派的反讽》与《普罗米修斯的束缚》而逐渐受到学界的认同,"无产阶级构成了德国浪漫主义最重要的概念之一,它是'反讽'的化身"①。如果认同于这一判断,那么作为德国早期浪漫派的掌门人、浪漫主义的"反讽"概念的奠基者的施勒格尔(Friedrich von Schlegel,1772—1829)对斯宾诺莎的崇拜就值得关注了。施勒格尔说:"事实上,一个人如果不敬仰、热爱斯宾诺莎,彻底成为他的信徒,怎么可能成为诗人呢,我觉得这是不可思议的。"②斯宾诺莎与诗到底有什么联系,以至于不热爱斯宾诺莎就不能成为诗人? 在施勒格尔看来,原因主要在于斯宾诺莎哲学有益于古典文化的复兴,"使伟大的古典文化重新活起来,不妨试着完全从斯宾诺莎的物理学来思考古代神话"③,斯宾诺莎"神化自然"的观点与古希腊人的自然观相似,这样的自然不是僵死的、机械论的自然,而是充满了诗意想象的、具有灵性(精神)的自然。这样,德国早期浪漫派的另一领袖施莱尔马赫(F. D. Schleiermacher,1768—1834)对斯宾诺莎的崇敬就是可以理解的了,他说:"牺牲我,敬重一个令人敬仰的卷发男子汉,被驱逐的斯宾诺莎吧! 高尚的世界精神浸润着他,无限的东西是他的开端和终点,宇宙是他唯一的和永恒的爱,以圣洁的无辜和深深的谦恭,他把自身映照在永恒世界中并且看到,他如何也是他值得爱戴的镜子。他就是丰满的宗教和完全神圣的精神。"④德国浪漫派把斯宾诺莎的命题"神即自然"理解为"自然的神化",既恢复了自然的精神性质,又恢复了神的实存。因而他们没有把斯宾诺莎理解为宗教批判的,反而把他理解为对启蒙宗教批判的再反思和再批判。

在德国,继承现代启蒙精神的是德国观念论传统,而斯宾诺莎对德

---

① [美]维塞尔:《马克思与浪漫派的反讽》,陈开华译,华东师范大学出版社 2008 年版,第 1 页。
② [德]施勒格尔:《浪漫派风格》,李伯杰译,华夏出版社 2005 年版,第 193 页。
③ 同上书,第 195 页。
④ [德]施莱尔马赫:《论宗教》,邓安庆译,人民出版社 2011 年版,第 32 页。

国观念论的重要性是不可低估的,"无可置疑的是,没有斯宾诺莎的话,德国观念论就是不可能存在的,就像它没有了康德一样"①。比如,谢林(F. J. Schelling,1775—1854)就曾经对黑格尔(G. W. F. Hegel,1770—1831)说过,"对我们来说,那些关于上帝的正统概念早已不复存在了……现在我已经变成斯宾诺莎主义者了"②。而黑格尔,被马克思视为导师的他,③就曾高度地赞美过斯宾诺莎一元论的哲学原则。黑格尔说,"斯宾诺莎是近代哲学的重点:要么是斯宾诺莎主义,要么不是哲学④","要开始研究哲学,就必须首先作一个斯宾诺莎主义者"⑤。这些著名的论断,对于熟悉黑格尔著作的马克思来讲应该是非常熟悉的,亨利希(Dieter Henrich)甚至从马克思的《共产党宣言》的结语即"全世界无产阶级统一(联合)起来!"(Proletarier aller Länder, vereinigt euch!)中,读到了"一元论"的味道,"马克思没有说:'结合你们的力量',而是'统一(联合)'"⑥。一与多的关系问题,既是一个形而上学的问题,即万物如何归一,一如何表现万物的问题;同时也是社会、政治哲学的一个基本问题,即共同体与个体之间的关系问题,个体如何形成共同体同时又在共同体之中表现个性的问题。对于前者,马克思把它视为思辨哲学的问题不作回答;对于后者,马克思与斯宾诺莎的答案都是民主,都是民主的现代重建,在这一点上他们与黑格尔的君主立宪和官僚体系的国家方案判若云泥。

最后,对马克思的思想起到最为直接的影响作用的青年黑格尔派,

---

① Eckart Förster and Yitzhak Y. Melamed (ed.), *Spinoza and German Idealism*, Cambridge University Press, 2012, p. 1.
② 谢林1795年2月4日致黑格尔的信,载《黑格尔通信百封》,苗力田编译,上海人民出版社1981年版,第40页。
③ 马克思在《资本论》第1卷第二版跋中特别指出,"我公开承认我是这位大思想家的学生,并且在关于价值理论的一章中,有些地方我甚至卖弄起黑格尔特有的表达方式"([德]马克思:《资本论》第1卷,人民出版社2004年版,第22页)。
④ [德]黑格尔:《哲学史讲演录》第4卷,贺麟、王太庆译,商务印书馆1978年版,第100页。
⑤ 同上书,第101页。
⑥ [德]迪特·亨利希:《在康德与黑格尔之间》,乐小军译,商务印书馆2013年版,第180页。

他们也大都是斯宾诺莎主义者。比如对马克思的宗教批判起决定性影响的费尔巴哈(Ludwig Feuerbach，1804—72)，也曾称斯宾诺莎是"近代哲学家中唯一给批评和认识宗教与神学奠定初步基础的人；他第一个同神学立于积极的对立地位"①，并欣然向其表示感佩和崇敬。斯宾诺莎在费尔巴哈之前就把宗教对神的理解还原为对人的理解了，"他(摩西——引者注)认为上帝是个统治者，立法者，一个王，仁慈公正等等。而这些性质只是人性的属性，和神的性质完全不相干"②。费尔巴哈把斯宾诺莎的这句话理解为，"宗教按照感性的表象能力，按照人的想象从感性上想象上帝"③，这个解释与费尔巴哈的经典命题"上帝是人的本质的异化"如出一辙。

不仅仅是费尔巴哈，青年黑格尔派的诸多成员在宗教批判的过程中都选择了回溯到斯宾诺莎中去，"他们还直接回溯到启蒙运动，以启蒙运动所达到的最高成果为自己的出发点(比如，施特劳斯、费尔巴哈、赫斯都明显地直接返回到斯宾诺莎主义)"④。青年黑格尔派对圣经的研究，无论是大卫·施特劳斯将福音书视为犹太民族精神，还是布鲁诺·鲍威尔把福音书视为作者个人的自我意识，还是费尔巴哈把宗教视为人的本质的异化，他们都是建立在斯宾诺莎的圣经批判与宗教批判的基础之上的，在青年黑格尔派之前，斯宾诺莎就已经将圣经自然化、世俗化了，已经对宗教做了人类学的研究，把宗教视为人的活动的产物了。赫斯甚至认为，德国哲学的真正创始人并非康德，而是斯宾诺莎，"德国哲学的真正创始人，如果实际地给出代表时代精神的个人的名字，而其世界观完全同样成为法国的社会哲学之基础者——除了斯宾诺莎别无他人"⑤。斯宾诺莎不仅是德国思辨哲学的创始人，还是法国社会哲学的奠基者，

---

① 《费尔巴哈哲学著作选集》下卷，荣震华等译，商务印书馆1962年版，第510页。
② [荷]斯宾诺莎：《神学政治论》，温锡增译，商务印书馆1963年版，第72页。
③ 《费尔巴哈哲学史著作选》第1卷，涂纪亮译，商务印书馆1978年版，第331页。
④ 侯才：《青年黑格尔派与马克思早期思想的发展：对马克思哲学本质的一种历史透视》，中国社会科学出版社1994年版，第12页。
⑤ [德]赫斯：《赫斯精粹》，邓习议编译，南京大学出版社2010年版，第111页。

因此主张将德国的精神自由与法国的社会自由结合在一起的赫斯,一直以"斯宾诺莎弟子"自居。广松涉认为,赫斯对马克思的影响是"压倒性"的,并且把赫斯视为马克思的"大前辈";①那么马克思就有可能通过赫斯受到斯宾诺莎哲学的重要影响。马克思的思想就是直接从青年黑格尔派之中走出来的,鲍威尔、费尔巴哈和赫斯与马克思是亦师亦友的关系,斯宾诺莎哲学很有可能通过青年黑格尔派对马克思产生重大影响。

不仅如此,稍后于马克思、对现代西方哲学产生深刻塑造作用的尼采(Friedrich Nietzsche,1844—1900),那么高傲地试图"重估一切价值"的他都把斯宾诺莎视为其思想的先驱。尼采说,"我万分惊讶、非常高兴! 我有一位先驱(Vergänger),他当真是一位先驱! 以前我曾对斯宾诺莎一无所知;今天对他的发现是一种'本能的活动'。……这位另类而孤独的思想家在这些方面与我最为相似:他拒绝意志自由,目的性,世界的伦理秩序,非自我性,恶"②。马克思与尼采虽然几乎生活于同一年代,但从未经历过理论交锋,更别提相互影响了;但他们在彼此独立地展开宗教批判与道德批判的过程中,却同样地受到了斯宾诺莎的影响,因而二人的思想便具有了某种相似性。因此,被称为"西方马克思学鼻祖"的吕贝尔(Maximilien Rubel)在论述马克思的"超道德主义"时说,"我们可以假定性地将尼采曾经作出的一个惊人声明归为马克思,即发现了自己同斯宾诺莎的相似性"③。总而言之,斯宾诺莎对马克思前后的德国哲学、宗教和文学都产生了非常重大的影响,海涅甚至说,"所有我们今天的哲学家都是透过巴赫鲁·斯宾诺莎磨制的镜片在观看世界"④,马克思

---

① 参见[日]广松涉《早期马克思像的批判的再构成》,载[德]赫斯《赫斯精粹》,邓习议编译,南京大学出版社 2010 年版,第 203—204 页。
② 尼采 1881 年 7 月 30 日致 Franz Overbeck 的信,载 Giorgio Colli und Mazzino Montinari (hrsg.), *Friedrich Nietzsche Sämtliche Briefe, Kritische Studienausgabe in 8 Bänden*, Band 6, Deutscher Taschenbuch Verlag de Gruyter, 1986, S. 111。
③ 《吕贝尔马克思学文集》(上),曾枝盛选编,北京师范大学出版社 2009 年版,第 84 页。
④ 章国锋、胡其鼎主编:《海涅全集》第 8 卷,第 96 页。斯宾诺莎被革除出犹太教之后,被迫离开阿姆斯特丹,并以磨制镜片为生,参见洪汉鼎《斯宾诺莎哲学研究》,人民出版社 1993 年版,第 36 页。

也并不例外。斯宾诺莎与马克思之间的思想关联是十分丰富的,但本书选取与现实问题直接相关的宗教批判与现代伦理的建构之间的关系为主题,展开马克思与斯宾诺莎之间的相互格义。

二、当代西方激进左翼"斯宾诺莎主义的马克思主义"的兴起

再者,促使笔者探讨马克思与斯宾诺莎思想联系的另一个理论因素,即当代西方被称为"斯宾诺莎主义的马克思主义"(Spinozist Marxism)或后现代"新斯宾诺莎主义"(postmodern "Neo-Spinozism")的兴起,如法国的阿尔都塞、马舍雷、巴利巴尔、德勒兹与巴迪欧,以及意大利的保罗·维尔诺和安东尼·奈格里、美国的瓦伦·蒙塔格和迈克尔·哈特等当代著名的激进左派人物的相继出现,同时他们对斯宾诺莎哲学的持续关注又导致了斯宾诺莎哲学在当代的复兴。他们作为马克思主义者,为何对斯宾诺莎哲学保持兴趣?这个问题不禁让人们进一步去追问,马克思与斯宾诺莎究竟有怎样的思想联系,乃至于对当下著名的西方马克思主义者而言仍然具有强大的吸引力和影响力呢?

正如蒙塔格(Warren Montag)在巴利巴尔的《斯宾诺莎与政治》(*Spinoza and Politics*)的英译本导言中所说的那样,马克思之后,一代又一代杰出的马克思主义者不断地返回到斯宾诺莎那里,最早甚至追溯到第二国际和普列汉诺夫,最晚近则是奈格里。他说,"19 世纪 80 年代,20 世纪 20 年代、70 年代、80 年代里,资本主义的每次经济和/或政治危机虽都被判定为'最后的',结果却是资本主义新一轮的稳定与扩张,而随即总会在马克思主义内部引发危机,在马克思主义的这些危机期内,那些杰出的马克思主义者们……又总是返回到斯宾诺莎的哲学当中"①。19 世纪 80 年代和 20 世纪 20 年代,普列汉诺夫和德波林先后回到斯宾诺莎以捍卫马克思主义的(实际是恩格斯和列宁的)唯物主义和

---

① [法]巴利巴尔:《斯宾诺莎与政治》,赵文译,西北大学出版社 2015 年版,第 204—205 页。
Étienne Balibar, *Spinoza and Politics*, translated by Peter Snowdon, Verso, 2008, p. ix.

辩证法；①20世纪70年代，阿尔都塞回到斯宾诺莎以对抗宗教化的、意识形态化的人道主义的马克思主义，以保卫马克思的理论性、科学性；20世纪80年代，面对西方对无产阶级专政的批判，奈格里等人又一次回到斯宾诺莎，以斯宾诺莎的民主理论为核心，希望通过建立绝对民主与共产主义之间的关联，以维护马克思主义的政治哲学。

但问题在于，为何马克思主义内部一旦引起危机，杰出的马克思主义者就要转向或返回到斯宾诺莎哲学中去呢？当代的西方马克思主义中斯宾诺莎哲学的复兴，何以可能？要想回答这些问题，就有必要考察马克思与斯宾诺莎之间的思想关联。阿尔都塞就明确承认，"我们曾经都是斯宾诺莎主义者"②，并且声称"我们取道斯宾诺莎兜一个圈子，目的是要改进我们对马克思哲学的理解"③。他甚至把斯宾诺莎视为马克思哲学上唯一的祖先，"斯宾诺莎的哲学在哲学史上引起一场史无前例的理论革命，也许是一切时代以来的最大的一次哲学革命，以至于我们可以从哲学的意义上直接把斯宾诺莎看作是马克思唯一的祖先"④。因此卡萨力诺（Cesare Casarino）将从阿尔都塞到奈格里的西方马克思主义思潮称之为"斯宾诺莎主义的马克思主义"，并且声称，不首先搞清楚马克思的话，就无法搞清楚斯宾诺莎，我们只能透过马克思思想的棱镜才能理解斯宾诺莎思想的方方面面。⑤ 那么对斯宾诺莎的研究究竟将如何改进我们对马克思的理解呢？斯宾诺莎与马克思究竟有怎样特殊的思想

---

① 普列汉诺夫认为马克思主义是一种斯宾诺莎主义世界观，波德林及其弟子把斯宾诺莎称为"没有大胡子的马克思"。参见［英］佩里·安德森《西方马克思主义探讨》，高铦、文贯中、魏章玲译，人民出版社1981年版，第83页注释2；洪汉鼎《斯宾诺莎哲学研究》，人民出版社1993年版，第725页。
② ［法］阿尔都塞：《自我批评论文集》，杜章智、沈起予译，台北：远流出版社1990年版，第149页。台湾学界将"阿尔都塞"译为"阿图塞"，为方便于作者引用和读者阅读，故后文引用一致将后者改为前者，不复赘述。
③ 同上书，第150页。
④ ［法］阿尔都塞、巴里巴尔（即巴利巴尔）：《读〈资本论〉》，李其庆、冯文光译，中央编译出版社2001年版，第114页。
⑤ See Cesare Casarino, "Marx before Spinoza: Notes toward an Investigation", in Dimitris Vardoulakis (ed.), *Spinoza Now*, University of Minnesota Press, 2011, pp. 179-180.

渊源，竟让阿尔都塞认为其足以成为马克思哲学上的唯一祖先？这些问题都是值得我们去思考，但仍然有待解决的重要问题。

综上，马克思与斯宾诺莎之间具有某种思想关联，尤其是在宗教批判和政治哲学上的渊源，对此进行研究不仅是可能的，而且是有必要的：它不仅有助于我们更好地理解马克思的思想，而且有助于我们更深层次地探讨马克思与西方政治哲学传统尤其是宗教批判传统和政治哲学传统之间的关系。

三、理性启蒙宗教批判的问题与现代伦理生活的建构

促使笔者思考马克思与斯宾诺莎思想关系的另一个因素，一个具有现实意义的因素，就是启蒙与虚无主义二律背反的问题。即为什么启蒙越是深入，虚无主义就越是临近？在启蒙与虚无之间，我们应该何去何从？启蒙能否胜任"为天地立心，为生民立命"的价值使命？

众所周知，现代社会起源于对宗教的改革和批判。路德和加尔文的新教批判传统的天主教，以"基督徒的自由"为名，使人的世俗生活从神圣的规章制度中摆脱出来；现代启蒙运动更是以自然神论（Deism）和泛神论（Pantheism）来对抗非理性的启示宗教；马克思主义则要消灭所有宗教。宗教批判的逐渐激进化，这是以理性为工具来自我启蒙并启蒙大众的现代启蒙运动的特征，启蒙就是"要有勇气使用你自己的理智"①！

现代启蒙的宗教批判，传统价值的自行陨落，势必导致一种精神危机，即虚无主义，"虚无主义：没有目标；没有对'为何之故？'的回答。虚无主义意味着什么呢？——最高价值的自行贬黜"②。传统的价值已然陨落，新的价值如何保证是"真神"而非"群魔"？现代启蒙是否有能力重构最高价值以解决虚无主义危机？身处"后现代"之中的我们，对现代启蒙没有信心！启蒙不再被理解为与宗教、神话和巫术相对立的东西，毋

---

① 李秋零主编：《康德著作全集》第 8 卷，中国人民大学出版社 2010 年版，第 40 页。
② [德]尼采：《1885—1887 年遗稿》，孙周兴译，商务印书馆 2010 年版，第 397 页。

宁说启蒙走向了自己的反面成为新的神话(霍克海默和阿多尔诺);①理性也不再对人起一种解放作用,毋宁说理性其实是一种强制(舍斯托夫);②启蒙不再是一种真理,而是一种偏见,或者说是"蛊惑人心"(施特劳斯)。③ 但若是因此就放弃理性启蒙而回归到启示宗教之中,我们又感到颇为犹豫:放弃理性是不是另一种偏见,倡导放弃启蒙而皈依启示宗教是不是另一种蛊惑人心? 我们这些后现代的人们,既是现代启蒙的继承者,又是现代启蒙的批判者,我们想超越现代启蒙却又不愿意回到前现代中去;既艳羡古代城邦(或共同体)的伟大、中世纪精神(宗教和道德)的崇高所带来的生存根基和精神家园,却又不愿意放弃独特个性的自我和世俗幸福的生活,满腹狐疑却又缺乏自信,"在非神话化和再神话化之间犹豫不决"④。

我们的后现代生活是多元的、宽容的,但又是虚无主义的,它缺乏一种主导性的、共识性的价值规范,客观普遍必然的道德真理,多元和宽容由最初的"犹豫不决"必然走向最终的结局即"什么都是允许的"! 那么,我们应该如何既保持多元性,又能达成主导性的但又不失崇高性的共识呢? 如何既能保持独特性的自我又能建构起伟大的共同体呢? 也就是说,现代伦理生活如何建构? 对于这个问题,斯宾诺莎和马克思的答案都是民主的现代重建。在黑格尔看来,伦理或伦理生活(Sittlichkeit)是一种客观的善,它通过人的自主行动而达到现实性,"伦理是自由的理念。它是活的善,这活的善在自我意识中具有它的知识和意志,通过自我意识的行动而达到它的现实性"⑤。伦理生活现实地体现为国家制度、法律体系。斯宾诺莎的绝对民主与马克思的共产主义都是黑格尔意义上的伦理生活,它们不是一种主观的应然,而是现实的活动。他们既不

---

① 参见[德]霍克海默、阿道尔诺(即阿多尔诺)《启蒙辩证法——哲学断片》,曹卫东译,上海人民出版社2006年版,第1—12页。
② 参见[俄]舍斯托夫《旷野呼告》,方珊、李勤译,华夏出版社1998年版,第145—153页。
③ 参见[美]施特劳斯《关于马基雅维里的思考》,申彤译,译林出版社2003年版,第265页。
④ [德]昆、[德]延斯:《诗与宗教》,李永平译,三联书店2005年版,第3页。
⑤ [德]黑格尔:《法哲学原理》,范扬、张企泰译,商务印书馆1961年版,第164页。

理想化古代民主,把古希腊城邦民主视为黄金时代和理想国度;同时也不认为代议制的现代民主就是最佳的政治制度。民主的现代重建需要解决古代民主的诸多问题,如它以奴隶制为前提、仅适宜狭小的熟人社会,并且大众的理性水平很难符合它对公民的要求,等等。

代议制民主的解决方案并不被斯宾诺莎和马克思所接受,在他们看来,民主的真正标志是大众参与而不是选举,即便选举是必要的。柏拉图对民主的追问就在于,大众的理性水平真的适宜参与民主吗?斯宾诺莎和马克思正是想通过宗教批判来解决这个问题。在斯宾诺莎和马克思看来,启示宗教是遮蔽大众理性的腐朽之物,因此他们的宗教批判从一开始便具有政治意图,即解放大众的心智。但宗教批判所造成的影响却是传统社会的伦理生活的坍塌,人们不再或不常走进教堂礼拜、祷告,而是努力地经营尘世的生活,"你们成功地把尘世的生活过得如此富有和丰富多彩,使你们不再需要永恒,并且,在你们为自身打拼出一个世界之后,你们就傲慢地不再想起那个创造你们的宇宙"①;"十诫"和"登山宝训"只是过时了的道德箴言,行为的基本标准便是国家的法律,其后果便是人的目标下降了,人生目标不再是近神成圣,而是此岸的幸福生活。萦绕在帝国、王国、教会乃至家庭周围的神圣光环消失了,个人从神圣的共同体中走了出来,步入市民社会,为各自的幸福而奋力打拼,造成一幅"一切人对一切人的战争"的景象,生机勃勃而又残酷不已。更糟糕的是,市民社会中的计算理性并不是民主所要求的、符合公共利益的理性,利己主义的私人也不符合民主所要求的公共精神。每个人都忙碌于经营自己的私人生活,公共生活就必然需要由别人代劳,因此代议制乃至个人集权就产生了。总之,为民主的建构所采取的宗教批判最终使真正的民主不再成为可能。为此,斯宾诺莎寄希望于"道德宗教"对大众的改造,而马克思则把批判的目标由启示宗教转向了市民社会,从对启示宗教的上帝的批判转向了对市民社会中的拜物教的批判。

---

① [德]施莱尔马赫:《论宗教》,邓安庆译,人民出版社2011年版,第2页。

现代中国的启蒙及其问题,与西方其实是基本一致的。有人说中国和西方不一样,因为宗教从来没有在中国思想中占据主导地位,而西方整个中世纪都沉浸在宗教的"黑暗"之中。其实不然,儒教在自"独尊儒术"以来的传统中国之中,一直以来都是一种占据思想主导的宗教。它有让人去信仰和朝拜的"天帝"或"上帝",有"至圣先师"孔子的道德箴言,也有最高的祭司即皇帝,还有诸多的宗教礼仪,如封禅、祭天等。现代中国的启蒙也起于对宗教的批判和对民主的追求,新文化运动提出"科学"与"民主"的口号,五四运动更是提出了"打倒孔家店"的口号。而在此之前,哪怕西方列强的坚船利炮轰开国门之际,传统中国的人们大都还以信仰的态度面对上天、面对孔子,可以说,"孔孟"与"四书"是传统中国的价值支柱。现代中国的启蒙对传统儒教的批判,随之而来的同样是传统价值的陨落,而令大多数中国人一致认同或愿意遵从的崭新价值却至今尚未完全树立。再加之改革开放以来市场经济的兴起,逐渐影响着本来就混乱的道德人心乃至社会伦理,在"现代化"的道路上,越来越出现了"现代性"的问题,价值混乱、拜物教等西方正在经历或曾经经历的问题也正在困扰着中国的社会与政治。

那么,马克思的思想资源能否对该问题有所作答,这对于以马克思主义作为指导思想的中国来说,无疑具有重大的意义。因为马克思主义对宗教的批判态度,实际上曾经助长了中国现代启蒙对传统儒教的批判,而且也实际地塑造着当代中国人的宗教观。而斯宾诺莎的启迪在于,现代伦理的建构不仅需要宗教批判,还需要"道德宗教",即把道德价值视为神圣的目标或者把道德作为敬神的唯一根据的理性宗教;道德宗教之所以是理性的,并不在于信仰本身抑或信仰的对象是理性的,是经得起理论理性推敲的,而在于它所教导的价值要求与理性的实践运用所推导出来的规范是一致的。换句话说,现代伦理生活的建构,解决虚无主义问题,需要区分清楚:哪些宗教是需要批判的,而哪些宗教恰恰是民主社会所需要保留的。

这一点正是马克思的宗教批判所缺乏的,这种缺憾对于当下中国的伦理建设来说是无益乃至有害的;这就需要斯宾诺莎的理论来弥补同时又是能够以马克思思想自身的实践态度来弥补的地方。本雅明说,历史唯物主义"要是还有神学助它一臂之力,它简直战无不胜。只是神学如今已经枯萎,难当此任了"①;遗憾的是历史唯物主义批判神学,神学很难为历史唯物主义效力。其实,历史唯物主义不需要启示宗教的神学助力,只需要道德宗教的补充就足以解决现代价值虚无主义问题了。但要明白的是,历史唯物主义并非道德宗教本身!

众所周知,马克思并没有像斯宾诺莎那样对宗教加以具体的区分,而是"一刀切"地批判了所有宗教;即便如此,马克思主义又经常被指责为一种宗教,马克思本人也被视为宗教先知。马克思批判宗教,其学说却反过来被视为宗教,这个吊诡而又反讽的事情恰恰是让马克思主义发挥理性的道德宗教作用的良好契机。那么,如何让马克思主义既保持理性、科学的精神,同时又能起到匡正人心、建构伦理的作用呢? 如何让不是宗教并且进行道德批判的马克思主义起到道德宗教的作用呢? 这正是本书最终希望解决的具有现实感的理论问题。在这个问题上,斯宾诺莎作为马克思思想的重要资源,有助于对该理论问题、现实问题进行回答。

四、国内外研究的现状

本书主要参考的文献大概可以分为三类:A. 直接论述马克思与斯宾诺莎在宗教批判与政治哲学方面关联的文献,B. 除阿尔都塞之外其他西方马克思主义者对斯宾诺莎政治哲学的研究,C. 施特劳斯学派对斯宾诺莎宗教批判与政治哲学的研究。

1. 直接论述马克思与斯宾诺莎在宗教批判与政治哲学方面的关联的文献

直接论述马克思与斯宾诺莎思想关联的文献数量不是很多,即使是

---

① [德]本雅明:《启迪:本雅明文选》,张旭东等译,三联书店2012年版,第265页。

被称为"斯宾诺莎主义的马克思主义者"们也很少自觉地反思马克思与斯宾诺莎之间的思想关联。因此卡萨力诺就说,即使是从阿尔都塞到奈格里有将近半个世纪的"斯宾诺莎的复兴",却仍然很少有人试图找到马克思与斯宾诺莎之间的直接联系,这是斯宾诺莎主义的马克思主义的"思想空白"。①

但从这些仅有的文献来看,涉及马克思与斯宾诺莎在宗教批判与政治哲学方面的关联的大概可以分为以下五种:(1) 探讨马克思的意识形态批判与斯宾诺莎的宗教批判、情感学说之间的关系;(2) 解读马克思对斯宾诺莎《神学政治论》的摘录笔记,以及研究马克思的阅读方法与斯宾诺莎阅读圣经的方法之间的关系;(3) 从犹太教或犹太人问题出发,研究马克思与斯宾诺莎思想的联系;(4) 从斯宾诺莎的内在性(immanence)概念出发,理解马克思的内在性思想;(5) 探讨斯宾诺莎的启蒙思想、民主观念对马克思的实践哲学、无产阶级专政理论的影响。

阿尔都塞是较早自觉地探讨马克思与斯宾诺莎之间关系的当代西方学者,但正如蒙塔格报道的那样,"阿尔都塞本人似乎很少写有关斯宾诺莎的东西,甚至连有关斯宾诺莎的授课也很少"②。阿尔都塞对斯宾诺莎以及对斯宾诺莎与马克思的思想关联的论述虽是闪光的但又都是零散的,散见于《保卫马克思》、《读〈资本论〉》以及《自我批评论文集》和他的自传《来日方长》之中。其主要观点如下:首先,马克思认为科学与意识形态之间是断裂的,有此认知主要得益于斯宾诺莎而不是黑格尔;③其次,马克思之所以能够区分出科学与意识形态,得益于马克思像斯宾诺莎阅读圣经一样来阅读黑格尔和英国古典政治经济学,"这一切归根结

---

① See Cesare Casarino, "Marx before Spinoza: Notes toward an Investigation", in Dimitris Vardoulakis (ed.), *Spinoza Now*, University of Minnesota Press, 2011, p. 180.
② [法]巴利巴尔:《斯宾诺莎与政治》,赵文译,西北大学出版社 2015 年版,第 208 页。Étienne Balibar, Spinoza and Politics, translated by Peter Snowdon, Verso, 2008, p. xi.
③ 参见[法]阿尔都塞《保卫马克思》,顾良译,商务印书馆 2010 年版,第 66 页注释 2;[法]阿尔都塞《自我批评论文集》,杜章智、沈起予译,台北:远流出版社 1990 年版,第 153 页。

蒂是在破除阅读的宗教神话的过程中完成的"①。最后,斯宾诺莎否定了目的论,认为上帝或自然没有自己的意志和目的,因此绕道斯宾诺莎有助于我们理解马克思的唯物主义,清除黑格尔辩证法的"神秘性质"即否定之否定所带来的历史目的。②

但问题在于,单由这几个方面便宣称斯宾诺莎是马克思在哲学上的唯一祖先,阿尔都塞确实有"矫枉过正"之嫌:一方面,他打破了一直以来流传的正统观点即马克思主义的三大理论来源(德国古典哲学、英国古典政治经济学和英法空想社会主义)的说法,使学界为马克思的思想找到更为丰富的思想资源,如古希腊—罗马哲学、犹太—基督教哲学、启蒙政治哲学乃至浪漫主义哲学等,奠定了可能性;但另一方面,把马克思的思想资源仅仅锚定在斯宾诺莎哲学身上,某种程度上又遮蔽了前述的丰富性,使马克思的思想之花重新移植到了相对贫瘠的园地之中。因此,论证马克思与斯宾诺莎之间的思想关联,并不意味着否定其他思想资源对马克思的影响,而在于甄别出马克思从斯宾诺莎哲学之处所汲取的特殊营养,以及这些思想养分对于马克思自己思想的形成和发展所起到的特殊作用,乃至于它对当下的西方马克思主义和其他左派思潮还能造成影响。

与阿尔都塞不同,洛顿(Frédéric Lordon)的《资本的自愿的奴隶》(*Willing Slaves of Capital*)一书并非从斯宾诺莎和马克思的思想继承关系来研究马克思的意识形态批判,而是让斯宾诺莎的情感学说或"激情的人类学"(anthropology of passions)来补充马克思对资本主义雇佣关系的研究。洛顿认为,马克思只是揭示了资本主义雇佣关系的外在社会结构,但并没有解释资本主义机体内部的心理结构。因此马克思无法解答这样一个问题,即在当代资本主义社会中,在马克思已经揭

---

① 参见[法]阿尔都塞、巴里巴尔《读〈资本论〉》,李其庆、冯文光译,中央编译出版社2001年版,第5—6页。
② 参见[法]阿尔都塞《自我批评论文集》,杜章智、沈起予译,台北:远流出版社1990年版,第151—153页。

露了资本的奴役性质的前提下,被雇佣者何以仍然自愿地接受资本的奴役。斯宾诺莎的情感学说恰好能够补充马克思的思想空白。① 洛顿从斯宾诺莎的努力(conatus)的概念入手,认为人的存在就是欲望的存在,自由就是追求自己的欲望。② 但外物所引起的激情,容易使人将自己真正的欲望误认为就是激情的满足,从而陷入了外物的奴役之中;而在资本主义雇佣关系中,被雇佣者只有通过劳动力的购买者才能实现自己的利益,被雇佣者的基本利益的满足只能淹没在工作所提供的更高欲望即企业的欲望、雇佣者的欲望的满足之中,在这种利益交易中,被雇佣者并不把"主人—欲望"(master-desire)视为是主人的,而视为自己的。③ 因此,被雇佣者就自愿地努力实现雇佣者的欲望,并通过实现雇佣者的欲望来实现自己的欲望,却认识不到自己的受奴役状态。恰如斯宾诺莎所揭示的外物通过激情所实现的对人的奴役一样,人在外物的奴役下,激情的满足所引起的快感,使人并不能意识到自己的受奴役状态。

洛顿通过斯宾诺莎与马克思的嫁接,创造性地解释了当代西方资本主义社会的无产阶级革命意识衰退的原因。在马克思那个时代劳资关系十分紧张的情况下,被雇佣者很难自愿地接受雇佣者的剥削和奴役;但在当代资本主义社会中,劳资关系缓和,被雇佣者可以通过较丰厚的工资获得生活的满足,并在这种满足和愉悦中不再意识到自己被剥削和被奴役的状态。但洛顿表示,自由就是努力地去追求自己的欲望,奴役就是在努力地去实现他人的欲望。通过工资奖金、福利待遇所获得的满足和愉悦,实际上就是外物或资本所引起的激情;被雇佣者努力地工作,自认为是在努力实现自己的欲望,但实际上更多的是在努力地去实现雇佣者的欲望;被雇佣者自认为是自由的,但实际上

---

① See Frédéric Lordon, *Willing Slaves of Capital*: *Spinoza and Marx on Desire*, Translated by Gabriel Ash, Verso, 2014, p. X.
② See ibid., pp. 1 - 2.
③ See ibid., p. 106.

17

他是受奴役的。

杜波-温斯坦（Idit Dobbs-Weinstein）2012年的学术论文《完满民主的悖论》以及2015年的学术专著《斯宾诺莎的宗教批判及其继承者》，也试图解释斯宾诺莎的宗教批判与马克思的意识形态批判之间的深切关联，她的切入点是马克思对斯宾诺莎《神学政治论》的摘录笔记。她认为，马克思对《神学政治论》"国家的目的"部分的摘录有助于理解宗教的现实基础，因此"这个奇怪的新《神学政治论》对于理解马克思的宗教批判而言是十分必要的"①，并且认为马克思对《神学政治论》论"特选"部分的摘录有助于他对犹太人问题的思考以及对鲍威尔《犹太人问题》的批判，"马克思的《神学政治论》摘录为他批判黑格尔以及青年黑格尔派提供了工具"②。在她看来，尽管英美学界和欧陆学界存在着许多差异，但它们在一定程度上是相同的，即一方面他们大都忽视或无视了马克思对斯宾诺莎《神学政治论》的摘录笔记；另一方面，他们对于斯宾诺莎的宗教批判与马克思的意识形态批判之间的关联这一问题的回答是不充分的，"他们都未能回答这样一个显而易见的问题，即斯宾诺莎的激进宗教批判与马克思对意识形态和压迫机构之言论的批判之间的关系是什么"③。杜波-温斯坦从两个方面来回答后一问题：首先，马克思和斯宾诺莎都认为宗教/意识形态有其现实的基础。斯宾诺莎认为宗教起源于人的激情，而人的激情源于人的自利或肉体需要，马克思则认为意识形态的现实的基础在于被统治阶级在经济上的被剥削和在政治上的受压迫状态，"宗教/意识形态是反映物质需要与经济、政治体制的意识的异化形式，对他们来说，对宗教/意识形态的批判和对政治经济的批判是不可

---

① Idit Dobbs-Weinstein, *Spinoza's Critique of Religion and Its Heirs：Marx，Benjamin，Adorno*, Cambridge University Press, 2015, p. 94.
② Ibid., p. 104.
③ Idit Dobbs-Weinstein, "The Paradox of a Perfect Democracy：From Spinoza's Theologico-Political Treatise to Marx's Critique of Ideology", in Hasana Sharp and Jason E. Smith (ed.), *Between Hegel and Spinoza：A Volume of Critical Essays*, Bloomsbury Publishing, 2012, p. 190.

分割的"。其次,她认为,斯宾诺莎和马克思都意识到,"思想并不能引起体制的变革",因此需要借助"大众"(masses)或"阶级"(classes)等物质力量"来达到引起变革所需要的、一定的物质条件"。①

然而,杜波-温斯坦对斯宾诺莎的解释是高度激进化的,甚至是高度马克思化的。因为斯宾诺莎宗教批判的真正目的并不在于引导大众革命,而是让少数学者和政治领袖成为理性的自由人;在斯宾诺莎看来,在理性的政制建立之前,大众是不可能受到理性指引的。杜波-温斯坦并未看到斯宾诺莎与马克思之间的这一点差异。

关于马克思对斯宾诺莎《神学政治论》的阅读,赫尔(Gordon Hull)的《马克思对斯宾诺莎的反常阅读》(Marx's Anomalous Reading of Spinoza)对之做了很好的解读。他一方面将马克思对斯宾诺莎的阅读视为马克思克服黑格尔主义的种种努力中的一个建构性因素,体现出了斯宾诺莎的阅读方法对于马克思思想进展的重大影响,即马克思采用斯宾诺莎的反常的(anomaly)阅读方法——把阅读视为一种"祛秘"(demystification)或"渎神"(profanation)的过程——来阅读黑格尔的同时也超越了黑格尔,比如马克思克服了黑格尔辩证法的神秘性质;另一方面,他认为,马克思对斯宾诺莎的著作乃至所有的作品的阅读,都是把斯宾诺莎的解经方法或"违反原意的解读"方法推到了极致。②

关于马克思的阅读方法与斯宾诺莎解经方法的关系,赫尔还举出了学界不同的看法,如马泰隆(Alexander Matheron)以马克思的《柏林笔记》对《神学政治论》的摘录缺乏圣经内容为由,认为马克思对《神学政治论》的解经方法没有兴趣;而吕贝尔却认为,马克思对伊壁鸠鲁的阅读都

---

① See Idit Dobbs-Weinstein, "The Paradox of a Perfect Democracy: From Spinoza's Theologico-Political Treatise to Marx's Critique of Ideology", in Hasana Sharp and Jason E. Smith (ed.), *Between Hegel and Spinoza: A Volume of Critical Essays*, Bloomsbury Publishing, 2012, p. 204. Cf. Idit Dobbs-Weinstein, *Spinoza's Critique of Religion and Its Heirs: Marx, Benjamin, Adorno*, Cambridge University Press, 2015, p. 105.
② 参见赫尔《马克思对斯宾诺莎的反常阅读》,徐长福译,载刘小枫、陈少明主编《经典与解释12:阅读的德性》,华夏出版社2006年版,第165、167—169页。

是斯宾诺莎式的。①马克思说,他是在伊壁鸠鲁的"自觉体系"中寻找"自在的体系",而且认为斯宾诺莎的哲学体系中有着不同于他自觉提出的体系的"内部结构"。②或许可以证实赫尔与吕贝尔的观点,马克思确实是自觉地进行着"祛魅"的阅读。但马克思对斯宾诺莎的阅读到底是不是赫尔所说的"违反原意的阅读"呢?答案是否定的。因为"自在"本身就有"原本"、"本来"的意思,马克思在斯宾诺莎自觉的体系中寻找自在的体系,实际上是想对斯宾诺莎做一次"还原作者原意的阅读"。

另外,洪汉鼎先生以德文的方式在德国出版的《斯宾诺莎与德国哲学》(*Spinoza und die Deutsche Philosophie*)中,开辟专节来讨论马克思和恩格斯著作中的斯宾诺莎形象,主要探讨了马克思、恩格斯在唯物主义和辩证法方面对斯宾诺莎哲学的理解和吸收,鉴于本书主题的限制,笔者不在此评述。但洪先生对马克思的《神学政治论》摘录所作的评述,非常具有启发性,他说,"马克思的《神学政治论》研究支持了将宗教历史研究与政治研究相结合的做法"③。可以说,马克思的宗教批判的特点,即把宗教问题与政治、社会问题联系起来进行研究,斯宾诺莎对马克思的启迪作用是不可忽视的。

与阿尔都塞、赫尔等上述几位专家学者切入的角度不同,施瓦茨(Joel Schwartz)与阿库什(Allan Arkush)则从犹太教批判和犹太人解放的角度来分析马克思与斯宾诺莎之间的思想关联。

施瓦茨在《自由主义与犹太的亲缘》(Liberalism and the Jewish Connection)一文中认为,马克思与斯宾诺莎都认为自由主义与犹太教具

---

① Cf. Alexander Matheron, "Le Traité théologico-Politique vu par le jeune Marx", *Cahiers Spinoza* (1977), p. 169; M. Rubel, "Marx à la recontre de Spinoza", in *Etudes de Marxologie* (Jan.-Feb. 1978), p. 244. 转引自赫尔《马克思对斯宾诺莎的反常阅读》,徐长福译,载刘小枫、陈少明主编《经典与解释 12:阅读的德性》,华夏出版社 2006 年版,第 169、176 页。

② 参见马克思 1857 年 12 月 21 日致拉萨尔的信,载《马克思恩格斯全集》第 29 卷,人民出版社 1972 年版,第 527 页。

③ Hong Han-ding, *Spinoza und die Deutsche Philosophie*, Scientia Verlag Aalen, 1989, S. 197.

有某种亲缘性,但是斯宾诺莎提倡自由主义,却批判犹太教;马克思则既批判犹太教又批判自由主义。在斯宾诺莎看来,自由国家(liberal state)的原型就是摩西式的犹太国家,因为它只控制人的外在行为,而不控制人的内在意见;它只保障国民(subjects)的私有财产与自我保存,却不保障理智与精神的增长、哲学沉思的生活;也就是说,犹太教国家是斯宾诺莎民主理论的原型,因为犹太教更加注重自由而非平等。然而哲学沉思的生活高于政治,只有政治而无沉思的人只是奴隶而没有自由,真正的自由在于哲学沉思。所以斯宾诺莎批判犹太教对哲学生活的排斥,提倡自由主义对公私领域的划分,以有利于哲学沉思从政治高压中解脱出来。① 而马克思则出于对共同体作用的认同,批判犹太教和自由主义对个人物质利益的强调,并要求公私领域的相互融合即共产主义的实现。斯宾诺莎与犹太教相接近,马克思则更加接近基督教。在马克思那里,基督教是民主理论的原型,因为基督教更加注重平等而不是自由。马克思的革命科学和耶稣式的宗教一样,不仅拒绝公私领域的划分而且还要求控制人心。斯宾诺莎与马克思的差别在于,斯宾诺莎把政治活动与哲学活动划分开来,而马克思则认为革命的公共行动最终将实现哲学的目标,政治活动与哲学活动是同一的。② 最后,施瓦茨认为,马克思将斯宾诺莎主义的政治哲学激进化了,斯宾诺莎的方案即哲学沉思实际上暗示了国家的消亡,因为人人都遵循理性的指导,国家就没有了存在的意义;而马克思则把斯宾诺莎的暗示(implicit)方案,变得明显了(explicit)。③ 马克思所要求的无产阶级革命也要扬弃国家的存在。但是,施瓦茨对马克思的批评忽视了两点:首先,他忽视了马克思在对普鲁士的新闻检查制度的批判过程中,和斯宾诺莎一样,对思想自由是提倡的;其次,按照马克思的描述,共产主义社会是每个人都自由而全面发展的社会,因而,

---

① See Joel Schwartz, "Liberalism and the Jewish Connection: A Study of Spinoza and the Young Marx", in *Political Theory*, Vol. 13, No. 1 (Feb., 1985), p. 58, 66-72.
② See ibid., pp. 74-77.
③ See ibid., p. 72.

共产主义社会应是一个更加多元化的社会,所以更加需要思想自由的权利。施瓦茨实际上过分地夸大了马克思与斯宾诺莎之间的差别。

阿库什在《作为利己主义的犹太教》(Judaism as Egoism)一文中认为,从斯宾诺莎到费尔巴哈再到马克思,他们越来越倾向于把犹太教理解为利己主义。在斯宾诺莎那里,宗教是产生于自我保存的努力(conatus)的幻觉;费尔巴哈则在斯宾诺莎的基础上,认为宗教产生于人的依赖感,而依赖感的最深层基础就是利己主义。① 马克思在费尔巴哈的基础上,认为犹太教是利己主义的宗教,是资本主义的精神。与斯宾诺莎和费尔巴哈不同的是,马克思由于强调共同体,所以非常反感利己主义,并把利己主义视为人的腐化的特征。② 阿库什的结论是,马克思通过费尔巴哈而受到斯宾诺莎的影响。与阿库什的结论不同,施瓦茨认为,斯宾诺莎是通过黑格尔间接地影响到马克思的,"斯宾诺莎当然是间接地影响到了马克思,这种影响源于德国观念论哲学"③。

笔者对于这种在马克思与斯宾诺莎之间建立中介的方法有两点质疑:首先,这种方法会不同程度地忽视马克思与斯宾诺莎之间的直接联系,如马克思对斯宾诺莎的阅读和理解;而且事实上也正是如此,施瓦茨和阿库什都根本没有涉及马克思对斯宾诺莎《神学政治论》的摘录笔记。其次,马克思与斯宾诺莎之间可以找到的中介很多,除了黑格尔与费尔巴哈之外,还有歌德、谢林和施勒格尔等,那么施瓦茨和阿库什何以仅仅选择黑格尔或费尔巴哈作为中介,其理由则是令人质疑的。

另外,尤伟尔(Yirmiyahu Yovel)从内在性(immanence)的角度探讨马克思对斯宾诺莎的继承与背离。首先,马克思和斯宾诺莎在从事宗教批判的过程中,都拒斥了超越性的上帝,从而确立了人或自然的内在性

---

① See Allen Arkush, "Judaism as Egoism: From Spinoza to Feuerbach to Marx", in *Modern Judaism*, Vol. 11, No. 2, May 1991, pp. 215 - 216.
② See ibid., pp. 219 - 220.
③ Joel Schwartz, "Liberalism and the Jewish Connection: A Study of Spinoza and the Young Marx", in *Political Theory*, Vol. 13, No. 1 (Feb., 1985), p. 82.

和独立性;①其次,马克思像斯宾诺莎强调自然的客观过程一样,强调现实社会的自然进程(或内在于社会的必然规律),并且否定了康德式的、现实之外的道德意志的作用;②最后,马克思以经济学的形式来撰写《资本论》,是对斯宾诺莎以几何学的形式来撰写《伦理学》的模仿,都是想通过理性的方式来研究现实,避免乌托邦。③ 但是,马克思在一个关键点上背离了斯宾诺莎,从而也背离了内在性原则,即马克思的历史方法拒斥了斯宾诺莎对大众与少数自由人之间的划分,认为随着历史的发展大众也能获得真正的解放。在尤伟尔看来,马克思对斯宾诺莎的背离,不仅是一种理论缺陷(乌托邦、世俗的末世论和目的论),而且还导致了严重的实践后果,即强迫大众提高到理性的高度,会为僭政和恐怖统治打开方便之门。

然而,尤伟尔的研究在两个方面上是值得商榷的。首先,他没有意识到,马克思拒斥大众与少数自由人之间的划分,恰恰源于马克思对斯宾诺莎所宣扬的民主政体的认同。或言,马克思其实是以历史的方法来解决斯宾诺莎政治哲学所呈现的内在矛盾,即受激情和迷信束缚的大众与民主政体中的理性自由的大众之间的鸿沟问题的。所以很难讲马克思是背离了斯宾诺莎还是发展了斯宾诺莎;同时这个鸿沟却是尤伟尔在其斯宾诺莎研究中所未发现的问题。其次,尤伟尔忽视了马克思在革命策略上的转变,即马克思在 1845 年之后就不再寄希望于通过哲学批判的方式来提升大众,而是希望大众的提升或"自我改变"与革命或改造世界的过程同步进行,并且只有在环境的改变与人的自我改变同时进行的条件下,改造世界的革命才能够成功。所以,马克思其实意识到了以批判的方式来提升大众的理论缺陷和实践后果,因为这种方式必然将社会分裂为两个部分,一个是高高在上的"教育者",一个是低贱的"受教育

---

① See Yirmiyahu Yovel, *Spinoza and Other Heretics*, 2nd vol., Princeton University Press, 1989, pp. 83 – 84.
② See ibid., pp. 98 – 99.
③ See ibid., pp. 98, 101.

者",这种分裂状态下的启蒙必然导致僭政和恐怖统治。而马克思提倡"环境的改变"和人的"自我改变"的一致性,①恰恰就是对这种僭政的启蒙方式的反省和否定。

最后,吕贝尔在《论马克思的民主概念》②一文中,基于马克思对斯宾诺莎《神学政治论》的摘录笔记,认为马克思与斯宾诺莎在民主理论的继承与发展上存在着紧密的联系。吕贝尔认为,马克思的共产主义概念来源于他早年所持有的民主概念,而他的民主概念明显来源于斯宾诺莎。其理由在于,斯宾诺莎的民主概念,为马克思解决个人与共同体之间的关系问题提供了有益的启示,民主是所有政府形式中最自然的,并且与个人自由最相一致的。马克思的共产主义实际上是斯宾诺莎民主概念的更高阶段,不仅在政治上实现了人民的自我统治,而且还在社会领域实现了民主。在华语学界,台湾学者洪镰德的《马克思和恩格斯对民主理论与实际的析评》③一文正基于吕贝尔的研究而认为马克思的民主理论与斯宾诺莎之间具有十分紧密的关联。

但值得商榷的是,吕贝尔对斯宾诺莎民主理论的研究,仅仅关注于与马克思的共产主义相关的斯宾诺莎的理想民主,即在这种民主政体中,包括大众在内的所有人都成为理性的自由人。而这种理想民主恰恰是斯宾诺莎认为不大可能实现的民主形式,因为斯宾诺莎认为大众的激情是牢不可拔的,他们很难成为真正理性的自由人。所以,吕贝尔实际上一味地彰显了马克思与斯宾诺莎之间的一致性,而忽视了马克思与斯宾诺莎之间的张力。

邹诗鹏教授认为斯宾诺莎带有启蒙立场、实践意向的唯物主义,对马克思克服费尔巴哈缺乏社会政治批判的、将启蒙精神倒退了的旧唯物

---

① 参见《马克思恩格斯选集》第 1 卷,人民出版社 1995 年版,第 55 页。
② M. Rubel, "Notes on Marx's Conception of Democracy", in Bob Jessop and Brown Charlie Malcolm (ed.), *Marx's Social and Political Thought: Critical Assessment*, vol. 3, Routledge and Kegan Paul, 1990, pp. 316 - 330.
③ 参见洪镰德《马克思和恩格斯对民主理论与实际的析评》,载张福建、苏文流主编《民主理论:古典与现代》,台北:"中央研究院",1995 年。

主义,起到了关键作用。① 马克思继承了斯宾诺莎-施特劳斯的"实体"原则和共同体原则,并逐渐远离了费希特-鲍威尔-赫斯的"主体"精神和无政府主义,从而形成了唯物史观及其政治哲学。② 但是,从文本依据来看,研究马克思哲学中的斯宾诺莎因素是有限度的,因为马克思在《神圣家族》中是把斯宾诺莎视为形而上学家而加以批判的。邹诗鹏教授的论文读来非常具有启发性,但有一点需要商榷的是,鲍威尔与赫斯乃至于费希特一定程度上也是"斯宾诺莎的弟子",马克思并非通过大卫·施特劳斯,而是通过鲍威尔的推荐和赫斯的影响才开始关注斯宾诺莎的。因此,马克思与斯宾诺莎的复杂关系并非"实体—主体"之争就能完全展现出来的。

2. 当代西方激进左翼对斯宾诺莎哲学的研究

除了阿尔都塞以外,巴利巴尔与奈格里对斯宾诺莎的政治哲学的研读是值得我们去关注的。与阿尔都塞对马克思的倚重不同,他们更加注重对斯宾诺莎著作的研读。但从另一方面来看,巴利巴尔与奈格里却更加忽视马克思与斯宾诺莎之间的直接思想关联。奈格里在《野蛮的异端》(*The Savage Anomaly*)一书中,将社会契约与大众(the multitude)的直接民主制作为斯宾诺莎形而上学的"第二个基础"(第一个基础是新柏拉图主义的流溢说),并且把斯宾诺莎的激进民主视为共产主义的母体,进而显示出斯宾诺莎的反现代性。③ 作为《野蛮的异端》的续集,《颠覆性的斯宾诺莎》(*Subversive Spinoza*)将斯宾诺莎的"第二个基础"发挥到了极致。奈格里将大众的力量(potentia)视为反抗外在国家权力(potestas)的主体,因而将大众视为民主制度的捍卫者。④ 作为奈格里的斯宾诺莎研究的第三部著作,《我们时代的斯宾诺莎》(*Spinoza for Our*

---

① 参见邹诗鹏《克思哲学中的斯宾诺莎因素》,载《哲学研究》2017年第1期,第19—21页。
② 参见同上文,第22—23页。
③ See Antonio Negri, *The Savage Anomaly: The Power of Spinoza's Metaphysics and Politics*, translated by Michael Hardt, University of Minnesota Press, 1991, pp. xviii - xix.
④ See Antonio Negri, *Subversive Spinoza: (Un)contemporary Variations*, edited by Timothy S. Murphy, Manchester University Press, 2004, p. 98.

Time)在延续了前两部的基本论点的同时,更具特色地以当代生命政治(biopolitics)的框架来解释斯宾诺莎的政治哲学。在奈格里看来,生命政治的身体、生命和主体性等概念可以对应于斯宾诺莎的努力、欲望和爱;①对身体和生命加以支配的生命权力(biopower)就是一种被建构的权力(potestas)即主权权力(sovereign power),大众的努力、欲望则是建构性的力量(potentia/ potency),民主就是建构性力量的集合以对抗主权权力对赤裸生命的支配。②

奈格里的理论实际上建筑在德勒兹(Gilles Deleuze)对斯宾诺莎的《伦理学》的研究的基础之上。德勒兹划分了斯宾诺莎哲学中的"力量"(potentia/puissance)与"权力"(potestas/pouvoir)两个概念:前者是本质的、内在的、主动的,后者是外在的、被动的,后者是前者的性能。③ 奈格里则进一步把 potentia 视为自然的生产力量(productive force),把 potestas 视为设想中的自然力量,如宗教中的上帝;而在社会或第二自然领域中,potentia 就是大众所代表的建构性的社会生产力,potestas 则是被建构起来的生产关系或国家的权力。④ 他认为斯宾诺莎的形而上学是真正的政治哲学,因为斯宾诺莎以 potentia 来反对 potestas,在政治上就是以大众的力量即社会生产力反对资产阶级的国家权力或资本主义的生产关系。⑤ 这样,奈格里就以马克思的方式解释了斯宾诺莎的形而上学和政治哲学。

但实际上,无论是德勒兹还是奈格里,对 potentia 与 potestas 的区分都缺乏足够的文本依据。他们能够找到的文本依据仅仅是斯宾诺莎《伦理学》第一部分的命题三十四与命题三十五及其证明。斯宾诺莎说,

---

① See Antonio Negri, *Spinoza for Our Time: Politics and Postmodernity*, translated by William McCuaig, Columbia University Press, 2013, p. 28.
② See ibid., p. 93.
③ 参见[法]德勒兹《斯宾诺莎的实践哲学》,冯炳昆译,商务印书馆2004年版,第120—121页。
④ See Antonio Negri, *The Savage Anomaly: The Power of Spinoza's Metaphysics and Politics*, translated by Michael Hardt, University of Minnesota Press, 1991, pp. 191 - 193.
⑤ See ibid., pp. 217 - 229.

"神的力量(potentia)就是神的本质(essentia)本身"(命题三十四),"一切在神的力量(potestas)以内的东西必然存在"(命题三十五),因为"凡是在神的力量(potestas)以内的东西,(据前命题)都必定包括在神的本质(essentia)之内,因而必然出于神的本质,所以必然存在"。① 也就是说,斯宾诺莎首先将 potentia 与 essentia 相等同,然后将 potestas 与 essentia 相等同,那么 potentia 与 potestas 便是等同的。

可见,在斯宾诺莎那里,potentia 与 potestas 是相互等同、相互混用的,它们之间并没有德勒兹和奈格里所言的区别。另一方面,奈格里忽视了斯宾诺莎在《神学政治论》中对大众的批判,并直接跳过了受激情奴役的大众与自由的大众之间的鸿沟,把民主制度下的理性的大众视为对抗外在权力、反抗帝国霸权的主体。

相比于奈格里对斯宾诺莎哲学的过分发挥,巴利巴尔的研究则更加贴近于斯宾诺莎的思想。与奈格里一样,巴利巴尔的《斯宾诺莎与政治》也致力于从政治哲学的角度来看斯宾诺莎。他分析了斯宾诺莎成熟时期的三部著作,即《神学政治论》、《政治论》和《伦理学》。巴利巴尔把《神学政治论》视为"一篇民主的宣言",并考察了斯宾诺莎对民主制度的正当性以及民主国家如何保持主权的绝对性等问题的论述。他把《政治论》视为"一门关于国家的科学",并考察权力与权利之间的关系,以及各政治制度的"民主化"进程。最后,他还把一向认为是形而上学的著作《伦理学》视为"一部政治人类学",以考察人对共同体生活、理性生活的人类学倾向。巴利巴尔并没有像奈格里那样,把大众视为对抗权力的主体,而是致力于考察斯宾诺莎所批判的大众和民主制度下的自由大众之间的鸿沟。巴利巴尔提出的解决方案是,每个人都既有想象也有理性,不能强行要求划一,关键就是要解决想象与理性如何相互作用以产生社会性的问题:理性产生互惠,想象产生认同感。因此集体合理性必然容

---

① See Baruch de Spinoza, *Ethik in Geometrischer Ordnung Dargestellt* (Lateinisch-Deutsch), Felix Meiner Verlag, 2010, S. 76 - 77. [荷]斯宾诺莎:《伦理学》,贺麟译,商务印书馆 1958 年版,第 34 页。

得下上智与下愚,公共规则的强制性保障大众的行为合于理性。①

除此之外,还可以参见由阿尔都塞、德勒兹、马舍雷(Pierre Macherey)、巴利巴尔、马泰隆和奈格里等撰文的论文集《新斯宾诺莎》(*The New Spinoza*),②以及由蒙塔格、卡萨力诺、巴迪欧(Alain Badiou)等撰文的论文集《今日斯宾诺莎》(*Spinoza Now*),③这两个论文集比较集中地反映了所谓"斯宾诺莎主义的马克思主义"或后现代"新斯宾诺莎主义"对斯宾诺莎的研究,鉴于主题限制,不便在此一一述评。

3. 施特劳斯学派对斯宾诺莎宗教批判与政治哲学的研究

与西方马克思主义者对斯宾诺莎的研究相比,施特劳斯学派对斯宾诺莎的研究则更加贴近斯宾诺莎本人。他们与斯宾诺莎一样,都是从宗教批判入手切入政治问题,从中处理哲人与大众、哲学与政治之间的关系问题的。该学派对斯宾诺莎进行研究的主要有施特劳斯(Leo Strauss)、罗森(Stanly Rosen)和斯密什(Steven B. Smith),以及中国国内的吴增定。吴增定虽然没有用施特劳斯学派的隐微与显白的方法来解释斯宾诺莎,但他论证的材料主要是施特劳斯学派的著作,他得出的结论也与该学派相近,因此也可以视为该学派思想上的成员。

其中,施特劳斯的《斯宾诺莎的宗教批判》(*Spinoza's Critique of Religion*)④就是典型的力作。施特劳斯一开始就将马克思与斯宾诺莎列在了同一个哲学传统之中,暗示了其对斯宾诺莎的批判也同样适用于马克思,⑤这也是笔者关注此派的斯宾诺莎哲学研究的重要理由之一。

---

① See Étienne Balibar, *Spinoza and Politics*, translated by Peter Snowdon, Verso, 2008, pp. 109 – 111, 93 – 94.
② Warren Montag, Ted Stolze (ed.), *The New Spinoza*, University of Minnesota Press, 1997.
③ Dimitris Vardoulakis (ed.), *Spinoza Now*, University of Minnesota Press, 2011.
④ *Leo Strauss Gesammelte Schriften, Band 1: Die Religionskritik Spinozas und Zugehörige Schriften*, Herausgegeben von Heinrich Meier, Metzler, 1996. 英文版:Leo Strauss, *Spinoza's Critique of Religion*, translated by E. M. Sinclair, Schocken Books, 1982. 中文版:施特劳斯,《斯宾诺莎的宗教批判》,李永晶译,华夏出版社 2013 年版。
⑤ 参见[美]施特劳斯《斯宾诺莎的宗教批判》,李永晶译,华夏出版社 2013 年版,第 70 页。

施特劳斯的批判有以下几点：首先，斯宾诺莎从理性的视角出发并不能驳倒圣经超理性启示存在的可能性；①其次，为了保证能够驳倒启示，斯宾诺莎采用了嘲笑的策略，把启示视为无知和迷信，从而笑倒了启示宗教；②最后，只有当大众（the multitude）与智者（the wise）之间的鸿沟消除之后，斯宾诺莎的民主理论才能实现，而斯宾诺莎认为大众与智者之间的鸿沟永远无法消除，那么他的民主理论就是自相矛盾的。③

笔者赞同施特劳斯对斯宾诺莎宗教批判的第一个批评，同时认为这一批评同样也适用于马克思的宗教批判。理性对世界的解释（祛魅）只能使启示宗教的上帝变得多余，也就是说，不用人格上帝来解释世界也能解释得通。但不能就此认为宗教的上帝是不存在的。但反过来说，超理性的启示也很难说服理性去相信对事物的"魅化"解释。因此值得质疑的是，施特劳斯用理性的哲学著作为对启示之可能性所作的辩护，其效力到底能有多强？

至于他对斯宾诺莎的第二个批评，似乎也同样适用于马克思，毕竟马克思把宗教视为人民的鸦片，这个命题本身似乎就带有嘲笑和愤怒的情感。但是很难讲斯宾诺莎把宗教视为无知的产物，马克思把宗教视为人民的鸦片，这是一个事实描述还是一个价值判断。毕竟斯宾诺莎明确表示过，他的研究是客观的、冷静的，他拒绝嘲笑、讽刺和怒斥。他说，"我十分注意避免对人们的行为加以嘲笑、表示叹惋、或给予诅咒，而只是力图取得真正的理解"④；马克思也曾说"决不用玫瑰色描绘资本家和地主的面貌"⑤，而是力求用科学客观的实证态度来研究社会现实。那么施特劳斯说斯宾诺莎乃至整个启蒙哲学驳倒宗教的策略是"嘲笑"，就是一个值得商榷的命题了。最后，斯宾诺莎真正中意的民主即笔者在本书

---

① 参见[美]施特劳斯《斯宾诺莎的宗教批判》，李永晶译，华夏出版社2013年版，第194页。
② 参见同上书，第203页。
③ 参见同上书，第326—330页。Leo Strauss, *Spinoza's Critique of Religion*, translated by E. M. Sinclair, Schocken Books, 1982, p.243.
④ [荷]斯宾诺莎：《政治论》，冯炳坤译，商务印书馆1999年版，第6页。
⑤ [德]马克思：《资本论》第1卷，人民出版社2004年版，第10页。

第四章所论证的"现实的民主"是与大众和智者之间的区分相兼容的,可见,施特劳斯对斯宾诺莎民主概念的理解也是成问题的。

另外,施特劳斯还研究了斯宾诺莎阅读圣经的方法,以及人们阅读斯宾诺莎的《神学政治论》所应该遵循的原则。他在《如何研读斯宾诺莎的〈神学—政治论〉》一文中指出,一个人怎么阅读就会怎么写作,所以要想知道斯宾诺莎如何写作《神学政治论》,就必须了解斯宾诺莎如何阅读圣经。但实际上,施特劳斯认为,斯宾诺莎并没有严格按照他所提出的根据圣经本身来研究圣经的原则进行解经,而是借助于圣经之外的历史知识来阅读圣经。① 施特劳斯误解了斯宾诺莎,斯宾诺莎解释圣经所使用的历史都是圣经所记载的历史;而且圣经年代久远,在斯宾诺莎时代更是缺乏相应的考古发现,所以斯宾诺莎也没有能力和机会使用圣经之外的历史知识来解释圣经。尽管如此,施特劳斯仍然认为斯宾诺莎是一个隐微写作者,并提出要按照古代之书的解释方法(即隐微与显白的方法)来解释斯宾诺莎。具体说来,《神学政治论》的写作对象是基督教中的具有哲学潜质的大众(虽然人数不多,但心智上仍属于大众),为了迎合大众的理解,以避免对哲人与大众造成两方面的伤害,斯宾诺莎就不得不以圣经为依据来批判启示宗教,从而保留了对大众的道德教化,这是哲人的社会责任。②

其次,施特劳斯的弟子罗森在《政治哲学史》(*The History of Political Philosophy*)中撰写了关于斯宾诺莎政治哲学的专章。在罗森看来,斯宾诺莎继承了传统做法,即把人区分为理智的少数与愚昧的多数,而《神学政治论》写作的对象就是"大众领袖",并希望通过影响大众领袖进而影响大众本身。斯宾诺莎的宗教批判的目的是改变人类的宗教观,并赋予他们新的政治信念,所以必须适应大众的理解力。③ 为了使

---

① 参见[美]施特劳斯《迫害与写作艺术》,刘锋译,华夏出版社2012年版,第144—145页。
② 参见同上书,第160,174—175,178—179页。
③ 参见[美]施特劳斯、克罗波西主编《政治哲学史》,李天然等译,河北人民出版社1993年版,第536页。

大众有所改进,斯宾诺莎希望通过适宜降低起点来实现,并从较低的起点逐渐改进大众的理智,使人的理性得以控制激情。斯宾诺莎批判古典政治哲学的目标过高,他却降低了人的目标。① 而改进大众理智的手段就是国家,国家强制公民服从于理性的法律,而非理性的、不顾公共利益的暴政国家不能长久。国家权力就是约束大众非理性力量(宗教信仰)的合理手段,而理性的国家就是民主国家。②

另外,施特劳斯在《斯宾诺莎的宗教批判》的英译本序言中,就曾以犹太人问题切入对斯宾诺莎的宗教批判与政治哲学的研究。施特劳斯的再传弟子斯密什继承了施特劳斯的做法,在其《斯宾诺莎、自由主义与犹太人的身份确证问题》③一书中,以马克思《论犹太人问题》与斯宾诺莎《神学政治论》对犹太人问题的开启为起点,研究斯宾诺莎解决犹太人问题的方案,即自由主义或同化(assimilation)方案的内容、意义和效果。这一方案主张将信仰之争置于私人领域,所有人包括犹太人和基督徒都可以在公共领域内享有平等的自由和权利。这一方案不仅促进了公私二分的现代社会的形成,而且还促进了政教分离的现代国家的出现。

但是,在施特劳斯和斯密什看来,同化方案并不成功,它反而增加了基督徒内心对犹太人的排斥,因为按照自由主义公私领域二分的原则,国家不能干涉个人的内心意见,因此国家根本做不到消除基督徒对犹太人的排斥和歧视心理。不仅如此,现代国家建立在民主原则的基础之上,所以国家反而建立在作为多数人的基督徒的意见之上,因此犹太人问题并没有因为斯宾诺莎的自由主义方案而得到最终的解决。而马克思的共产主义方案即公私领域的合一,在施特劳斯和斯密什看来,也不

---

① 参见[美]施特劳斯、克罗波西主编《政治哲学史》,李天然等译,河北人民出版社1993年版,第523页。
② 参见同上书,第532—535页。
③ Steven B. Smith, *Spinoza, Liberalism, and the Question of Jewish Identity*, Yale University Press, 1997.

可能彻底解决犹太人问题：一方面，苏联的共产主义实践证明，共产主义国家为了转移国内人民对于"国家为何还不消亡"的质疑，也不得不把民族和祖国当作政治口号，那么为了凸显俄罗斯民族就必须压制犹太人在内的少数民族；另一方面，公私领域的合一，使得公共权力有权利干涉所有人的思想自由、信仰自由，从而使犹太人必将失去他们曾在自由主义中还保留着的私人领域的自由，在这个意义上，自由主义的解决方案要优于共产主义的方案。①

然而，施特劳斯与斯密什的问题在于，苏联的实践并不完全等同于马克思的思想方案。在马克思看来，无产阶级是没有民族和祖国的，公私领域合一是要让国家消亡，让国家的公共权力消融于社会之中，而不是相反地让国家公共权力去主导社会中的一切。只有这样，社会个体的多样性才不会被单一性的国家公共权力所牵制，每个人才能实现自由全面的发展。因此，在共产主义社会，根本不会出现施特劳斯和斯密什所批判的情况，共产主义包容多样性，因此包容思想的自由。

在国内，吴增定的专著《斯宾诺莎的理性启蒙》和其论文《斯宾诺莎与"犹太人问题"》②根据施特劳斯与斯密什的研究，得出了相同的答案。吴增定的特色在于，他对《伦理学》和《神学政治论》的研究都不偏废，并将斯宾诺莎的这两本专著加以相互阐释，得出令人信服的结论。问题在于，吴增定只是指出了斯宾诺莎政治哲学的内在张力或矛盾，即"一方面，为了捍卫民主政体，他必须肯定大众具有理性的能力；另一方面，为了批判'神权政治'，他又必须反过来否定大众有理性的能力"③，但他并没有试图根据斯宾诺莎的哲学为这个矛盾做出解答。与吴增定的轻率不同，斯密什的解答是，既然对大众来说激情的力量大于理性，那么就要用比大众激情的力量还要巨大的激情（即自我保存的努力）促使大众服从理性。换句话说，个人的力量是有限的、脆弱的，人只有在共同体中才

---

① 参见[美]施特劳斯《斯宾诺莎的宗教批判》，李永晶译，华夏出版社2013年版，第11页。
② 载吴增定《利维坦的道德困境》，三联书店2012年版，第159—256页。
③ 吴增定：《斯宾诺莎的理性启蒙》，上海人民出版社2012年版，第192页。

能更好地自我保存,那种害怕无人对其帮助的恐惧,导致社会契约的签订和国家的诞生,以及大众对国家法律的服从;而国家法律只有是理性的、照顾到公共利益才能够长久,所以大众服从国家法律的同时也就服从了理性本身。① 所以说,在斯宾诺莎那里,自我保存实际上是"对理性生活的支持,是自由的自我理解的生活的保障"②。

---

① See Steven B. Smith, *Spinoza, Liberalism, and the Question of Jewish Identity*, Yale University Press, 1997, p. 129.
② Ibid., pp. 135 – 136.

第一章　马克思对斯宾诺莎哲学的若干基本命题的理解

首先需要搞清楚的是马克思对斯宾诺莎的形而上学、宗教批判和政治哲学的关注与理解过程。不仅要梳理清楚马克思对斯宾诺莎的"神或实体"、"无知不是论据"和"权利即权力"等命题的理解过程，而且还需要完整地论述斯宾诺莎的形而上学、宗教批判以及政治哲学的基础。只有这样，我们才能够进一步阐述马克思与斯宾诺莎在宗教批判与政治哲学方面的思想联系，乃至于对于当下伦理生活之建构的启示意义。

第一节　马克思论斯宾诺莎的神与实体

从撰写博士论文到《资本论》的写作，马克思长期关注斯宾诺莎哲学。他对斯宾诺莎的著作与思想如数家珍、非常熟悉，我们可以在他的往来书信中得出此结论（详见本书第二章）。大体说来，马克思对斯宾诺莎的关注主要集中在两个时期，第一个也是最主要的时期，即博士论文写作时期（1839—1841），第二个时期是《神圣家族》的写作时期（1844），这两个时期马克思对斯宾诺莎的关注，几乎都与斯宾诺莎的神或实体的概念有关。毕竟，神或实体既是斯宾诺莎形而上学的基础，也是他整个哲学体系的基础。

一、马克思论斯宾诺莎的神,以及人的幸福

众所周知,斯宾诺莎以"神或实体"(Deus sive substentia)①为核心建构起了整个哲学,"神既是他的哲学的起点也是他的哲学的终点,一切事物必须通过神这个终极原因来理解"②。但斯宾诺莎的神并不是超越自然的存在,他有时也将神与自然并称,"在神的无限的理智中除了在自然中有其形式存在的实体外,没有任何其他的实体"③,因此,神就是自然,神的律法就是自然法则,神的力量就是自然力量本身。

斯宾诺莎说,只有神才是实体或自因(causa sui),"自因,我理解为这样的东西,它的本质即包含存在,或者它的本性只能设想为存在着",因而神或实体是绝对自足的,因而也是绝对自由的。而万物只是实体的分殊或样式,"样式(modus),我理解为实体的分殊(affectiones),亦即在他物内通过他物而被认知的东西"④,其本质并不包含存在,所以只能努力保持自身的存在。人作为样式是不自足的,"神是万物的'存在因'"⑤,神也是人的存在因,人不能脱离神而独立存在,只能依赖神而存在,因而人是不自由的,或者说人无法得到彻底的、无限的自由。人的有限的自由和幸福就在于"对神的理智之爱",对神的爱就是对无限的自由的爱,就是在接近无限的自由的同时,获得有限的自由,"我们的得救、幸福或自由……即在于对神之持续的永恒的爱,或在于神对人类的爱"⑥。

马克思一开始对斯宾诺莎的"神"和"对神的理智之爱"极具嘲笑之意。马克思说,"他被赶出教堂并且失去了永恒的精神快乐,于是也不得

---

① [荷]斯宾诺莎:《伦理学》,贺麟译,商务印书馆1958年版,第9页。拉丁文版参见 Baruch de Spinoza, *Ethik in Geometrischer Ordnung Dargestellt* (Lateinisch-Deutsch), Felix Meiner Verlag, 2010, S. 20。
② [美]戴安·斯坦贝格:《斯宾诺莎》,黄启祥译,中华书局2002年版,第2页。
③ [荷]斯宾诺莎:《神、人及其幸福简论》,洪汉鼎、孙祖培译,译林出版社2012年版,第146页。
④ [荷]斯宾诺莎:《伦理学》,贺麟译,商务印书馆1958年版,第1页。
⑤ 同上书,第24页。
⑥ 同上书,第261页。

不以想象中的个人幸福来哄骗自己,夜里梦见自己"①。在马克思看来,斯宾诺莎把实体称为神,把爱神视为幸福,这是一种自我安慰的表现。斯宾诺莎作为哲人被赶出了教堂、革除教门,犹太教和基督教的上帝不再安慰他的心灵,于是他就在自己的哲学中树立起了神的形象,建立了新的宗教,最终得以自我安慰。这一点似乎可以从斯宾诺莎的"幸福"一词的拉丁语使用上得知:他用的是基督教中具有灵修意味的、由上帝恩典的"至福"(或译"极乐")(beatitudo/blessedness)概念,②而不是霍布斯(Thomas Hobbes)已经使用了的、作为快乐的总和的"幸福"(felicitas/felicity),可惜的是这一点在汉译上并没有体现出来。实际上,"felicitas"一词在霍布斯时代之前,指的就是神或命运的庇护,霍布斯只是旧词新用,将幸福一词的神学意味取消了;在基督教之前,beatitudo 或 beatus 的意思就是,一个人的人生充满各种好运,或者说一生都是由神庇佑的,一辈子都有"felicitas";由于基督教的影响,beatitudo 或 beatus 很快就具备了灵修意味。③ 斯宾诺莎使用"beatitudo"一词并不意味着他"对神的理智之爱"就是在祈求上帝的恩典或庇佑,他只是像霍布斯一样故意使用基督教词汇,"旧瓶装新酒",或许是为了掩盖自己学说的激进锋芒。

很显然,马克思在此误解了斯宾诺莎,西方很大一部分学者也是这样误解斯宾诺莎哲学的,他们认为"它给予我们唯一科学地论证了的关于上帝的学说","斯宾诺莎的全部哲学按其精神来说是宗教的,甚至是神秘主义的"。④ 实际上,斯宾诺莎的神只是实体的代名词,它不是受人崇拜的对象,而是哲学研究的对象,是万物的本体。在斯宾诺莎看来,"全知的、仁慈的、智慧的"等宗教信仰中的上帝的属性,"仅仅是能思事

---

① 《马克思恩格斯全集》第 40 卷,人民出版社 1982 年版,第 112 页。
② Cf. Baruch de Spinoza, *Ethik in Geometrischer Ordnung Dargestellt* (Lateinisch-Deutsch), S. 580. *Spinoza: Complete Works*, translated by Samuel Shirley, Hackett Publishing Company, Inc., 2002, p. 378.
③ 参见魏明德、吴雅凌编著《古罗马宗教读本》,商务印书馆 2012 年版,第 138 页。
④ 转引自洪汉鼎《斯宾诺莎哲学研究》,人民出版社 1993 年版,第 695 页。

物的一些样式"①,而不是实体的属性,斯宾诺莎的神不是宗教意义上的人格神,不是按照自己的意志和目的来创造世界的神。"神并不依据意志的自由而活动"②,在斯宾诺莎看来,神没有自己的意志和目的,它只是按照自己固有的法则和理性运行,神对万物都漠不关心,对人也没有特殊的恩惠,"因为说神有意为善,便不免要附会一些与神不相干的东西给它"③。

在此,斯宾诺莎似乎有意采用正统的神学概念(神,以及至福等)来表达自己的思想,这是一种妥协或让步,好让"那些对他的异端陈述感到震惊的人读到多少有点正统的套话,又会感到宽慰"④。但斯宾诺莎的意图是明白无误地反宗教的,"他的目标完全在于宗教及其概念的祛神圣化(desacrilization)和自然化(naturalization)"⑤,与其说他把自然神化了,不如说他把神自然化了。阿尔都塞认为,作为无神论者的斯宾诺莎却以神作为其哲学的起点,这是一种策略,一种打入敌人内部并消灭敌人的策略,"他开始接管敌人的要塞,或者说他在此建构了另一个自己,好像他是他自己的敌人一般,因此他不再怀疑其不共戴天的敌人的存在,并且以此方式重新处理了敌人的理论堡垒并彻底颠覆之,就像一个堡垒的主人反转了大炮来对付自己的堡垒一般"⑥。

但是,阿尔都塞的理解忽视了斯宾诺莎对德国的"理性神学"(rational theology/ Vernunftstheologie)所形成的影响。传统的基督教神学是一种"启示神学"(revelational theology),即以理性的、概念体系

---

① [荷]斯宾诺莎:《神、人及其幸福简论》,洪汉鼎、孙祖培译,译林出版社2012年版,第181页。
② [荷]斯宾诺莎:《伦理学》,贺麟译,商务印书馆1958年版,第30页。
③ 同上书,第33页。
④ [美]施特劳斯:《迫害与写作艺术》,刘锋译,华夏出版社2012年版,第179页。
⑤ [英]史蒂文·纳德勒:《斯宾诺莎传》,冯炳坤译,商务印书馆2011年版,第290页,译文有改动。Cf. Steven Nadler, *Spinoza a Live*, Cambridge: Cambridge University Press, 1999, p.190.
⑥ Louis Althusser, "The Only Materialists Tradition, Part Ⅰ: Spinoza", translated by Ted Stolze, in: Warren Montag, Ted Stolze (ed.), *The New Spinoza*, University of Minnesota Press, 1997, pp.10 - 11.

的方式来论证上帝的启示,上帝从根本上是超理性的,上帝也可能是符合理性的,但是一旦理性与启示相互冲突,理性就只能屈从于启示。因此对传统的启示神学来说,理性或哲学只不过是神学的婢女而已。与传统的神学不同,所谓理性神学,就是把神视为实体的理性,并且要求以理性的方式即概念体系的方式来理解神的神学学说。从这个意义上来说,斯宾诺莎以神为中心所展开的形而上学,无疑是一种理性神学,神不是超越自然和理性的外在实体,而是内在于自然并且以理性的方式来理解的理性的实体。这就可以理解黑格尔所说的"哲学是神学,对它的研究,或更确切地说,它本身就是对神的祭拜"①了,哲学所研究的那个绝对者就是宗教所祭拜的上帝,哲学与宗教的对象是一致的,因此哲学也是神学。甚至正如海德格尔所说,"每一哲学作为形而上学在本原的和本质的意义上都是神学:对整体中存在的东西作概念的理解(λoγs)追问存在根据(亦即原—因),而这种根据被称为 θεos,上帝或神"②。每一哲学或形而上学,只要它把最终的根据或本原称之为神,那么它就是一种神学。所以,无论是把斯宾诺莎的形而上学理解为对宗教的理性辩护并加以批判,还是将之理解为"直捣黄龙"的宗教批判策略并加以赞赏,都是有问题的。

　　神是什么?在斯宾诺莎看来,神就是实体,就是产生万物又为万物规定了必然性规律的最高存在物,它是知识的本原和基础,心灵的本质"纯全为知识所构成,而神又为知识的本源与基础"③。所以,对神的理智之爱,首先就是对真理和智慧的爱,对最高知识的向往,也就是说是对宁静的沉思生活的热爱。尽管这种沉思所得到的宁静相比于神的"永恒的安宁"来说是"短暂的",但聊胜于无,即便宁静短暂也同样值得人去努力追求,"追求这种安宁仍是我们的天职,因为这种安宁也具有这样一种性

---

① 《黑格尔全集》第 17 卷:《讲演手稿Ⅰ(1816—1831)》,梁志学、李理译,商务印书馆 2012 年版,第 32 页。
② [德]海德格尔:《谢林论人类自由的本质》,薛华译,辽宁教育出版社 1999 年版,第 77 页。
③ [荷]斯宾诺莎:《伦理学》,贺麟译,商务印书馆 1958 年版,第 261 页。

质:一旦我们享受了它,我们就不愿拿它同尘世上的任何其他东西交换"①。

马克思之后似乎也意识到了自己的过失。他不再嘲讽斯宾诺莎的神,甚至十分赞赏地说,亚里士多德、斯宾诺莎和黑格尔将对神的激情"燃烧成纯洁的理想的科学之火",批判柏拉图的宗教激情"使他变得如痴如狂"。② 相对于柏拉图哲学中既创造世界又赏善罚恶的神来说,亚里士多德和斯宾诺莎的神是哲学的、理性的对象,而不是受人跪拜的、宗教式的神。柏拉图说,"一个愿意并且热切地追求正义的人……是神一定永远不会忽视的","一个人生前对别人做过的坏事,死后每一件都要受十倍报应"。③ 与亚里士多德和斯宾诺莎的神相比,柏拉图的神更加具有人格性,他有自己的意志和目的,并且干涉着人世的生活,因而能够做到惩恶扬善。因此马克思说,柏拉图以神话的形式为"道德宗教真理"寻找"实证的根据",显示了"柏拉图哲学与一切实证的宗教,特别是基督教……的血缘关系"。④ 而亚里士多德与斯宾诺莎的神不关心人事,它是哲学研究的对象,对神的爱就是哲学研究活动本身。在此马克思正确地看到了斯宾诺莎与亚里士多德之间的联系。亚里士多德的神是没有质料的纯形式,是最高的实体,"必然存在着某种永恒的,不运动的实体"⑤,它是不动的,但又是推动万物运动的最高根据。同时,神或实体是思想的对象,"思想就是对被思想者的接受,对实体的接受","思辨是最大的快乐,是至高无上的。如若我们能一刻享到神所永久享到的至福,那就令人受宠若惊了"。⑥ 沉思是最大的幸福和自由,因为:

---

① [荷]斯宾诺莎:《神、人及其幸福简论》,洪汉鼎、孙祖培译,译林出版社2012年版,第264页。
② 参见《马克思恩格斯全集》第40卷,人民出版社1982年版,第142页。赫尔认为马克思此句是在表达对斯宾诺莎对神的爱的不满。其实并非如此。参见赫尔《马克思对斯宾诺莎的反常阅读》,徐长福译,载刘小枫、陈少明主编《经典与解释12:阅读的德性》,华夏出版社2006年版,第182页。
③ 参见[古希腊]柏拉图《理想国》,郭斌和、张竹明译,商务印书馆1986年版,第416、419页。
④ 参见《马克思恩格斯全集》第40卷,人民出版社1982年版,第143—144页。
⑤ 苗力田主编:《亚里士多德全集》第7卷,中国人民大学出版社1993年版,第275页。
⑥ 同上书,第278—279页。

首先，沉思的生活是对人的神性部分即努斯（nous）的实现。如果努斯是与人的东西所不同的神性的东西，这种生活就是与人的生活所不同的神性的生活。

> 不要理会有人说，人就要想人的事，有死的存在就要想有死的存在的事。应当努力追求不朽的东西，过一种与我们身上最好的部分相适合的生活。①

其次，沉思是人最自由的活动。因为，"沉思中含有最多的我们所说的自足"，智慧者靠自己就可以沉思，而政治生活中的人需要依赖别人的帮助；自足本身就是自由，沉思生活的自足还表现在它以自身为目的，而不是其他目的的手段，"沉思似乎是惟一因其自身故而被人们喜爱的活动"，②这种活动本身就包含快乐，它不是人们为了得到快乐而必须具备的工具或中介，而在实践活动中，人们总是要从中得到某些好处。

最后，沉思生活包含了最大的闲暇。政治的生活总是忙于追求政治之外的好处，即职司和荣誉；而享乐的生活为外物所奴役，整日忙于得到外物、享用外物，依然没有闲暇，"一般人显然是奴性的，他们宁愿过动物式的生活"。③ 所以说，只有沉思是最自由、最幸福的生活，"只因人本自由，为自己的生存而生存，不为别人的生存而生存，所以我们认取哲学为唯一的自由学术而深加探讨，这正是为学术自身而成立的唯一学术"④。亚里士多德的幸福是"eudaimonia"，表面意思是"拥有一个好的守护神"，寓意为拥有幸福犹如神助，人的幸福源于神的庇护。亚里士多德显然也是旧词新用，幸福不是神的庇护，而是对神的沉思，或者是实现人身上的神性的品质。

马克思说，"理论上的宁静正是希腊众神性格上的主要因素"⑤，斯宾

---

① ［古希腊］亚里士多德：《尼各马可伦理学》，廖申白译注，商务印书馆2003年版，第307页。
② 参见同上书，第306页。
③ 参见同上书，第11页。
④ ［古希腊］亚里士多德：《形而上学》，吴寿彭译，商务印书馆1959年版，第6页。
⑤ 《马克思恩格斯全集》第1卷，人民出版社1995年版，第36页。

诺莎的神就具有这种古希腊的特性。斯宾诺莎认为自己关于神的学说"足以使心灵随处恬静",①而他的学说所体现的不过是一种"对宁静生活的爱"。②虽然斯宾诺莎把神或实体理解为自然,而亚里士多德把神或实体理解为纯形式,但他们都把沉思视为最幸福、最自由的活动,这就体现了斯宾诺莎哲学的古典性质。斯宾诺莎的《伦理学》和亚里士多德的伦理学共同在探讨的就是,什么是好的生活(即幸福),他们的答案都是:沉思的生活才是最好的生活。斯宾诺莎把自己整个哲学体系称为"伦理学",并非由于其形而上学最终为其伦理学说奠基,而是因为无论是形而上学还是认识论、伦理学和政治哲学,斯宾诺莎认为它们的目标都是一致的,那就是获得幸福。施特劳斯说,斯宾诺莎在哲学中"回归到有关theria[理论/静观]的古典构想"。③斯宾诺莎的《伦理学》(*Ethics*)绝不是像德勒兹所言是一种"行为生态学(ethologie)",即"对于人和动物这两种情况而言,它分别予以考虑的只是它们的接受影响的性能"④,而是对何为幸福或"好的生活"的研究。

二、马克思论斯宾诺莎的神,以及人的道德

神是斯宾诺莎哲学的核心概念,而伦理的建构则是斯宾诺莎哲学的归宿。因此,斯宾诺莎把从神出发建构出来的一整套包罗万象的总体性哲学称为"伦理学"。那么,斯宾诺莎的神与伦理是什么关系?在伦理建构的过程中,道德又起着什么作用,与神又有什么关联?

1. 斯宾诺莎的自由:非道德性的自律

在斯宾诺莎看来,对神的理智之爱,就是听从理智的指导,从感官享受的、激情生活的奴役中摆脱出来,从而获得真正的自由,"既然经验告

---

① [荷]斯宾诺莎:《伦理学》,贺麟译,商务印书馆1958年版,第93页。
② 《斯宾诺莎书信集》,洪汉鼎译,商务印书馆1993年版,第223页。在此信中,斯宾诺莎为了宁静的生活不被打扰,断然拒绝了帕拉庭选帝侯希望他担任海德堡大学的教职的邀请。
③ [美]施特劳斯:《斯宾诺莎的宗教批判》,李永晶译,华夏出版社2013年版,第30页。
④ [法]德勒兹:《斯宾诺莎的实践哲学》,冯炳昆译,商务印书馆2004年版,第31页。

诉我们,当我们追求感官享受、肉体快乐以及尘世里的种种事物时,我们从中得到的并不是我们的幸福,而只是我们的毁灭,所以我们就听从我们的理智的指导"。① 感官享受服从的是外在之物的命令,是受外物奴役的表现;而听从理性的指导,就是服从我们自己的理性的命令,自由就在于自己服从于由自己所发出的命令,就在于自我立法,"自由意味着行动出于理性的法则……自由等于自我立法"②。自由就意味着我是我的行动和思想的唯一的、自足的原因,我的思想和行动不是出于或依赖于他人、他物乃至上帝的命令,因此自由就是无所凭依、自成因果的立法能力。

马克思也是这样来理解斯宾诺莎的"自由"概念的,所以他在《评普鲁士最近的书报检查令》中,称斯宾诺莎与康德、费希特一样是"道德领域内的思想巨人","因为他们不信仰宗教,并且要损害礼仪、习俗和外表礼貌。所有这些道德家都是从道德和宗教之间的根本矛盾出发的,因为道德的基础是人类精神的自律,而宗教的基础则是人类精神的他律"。③

在马克思看来,斯宾诺莎与康德一样,认为自由就在于自律,在于每个人都只服从于自己所制定的普遍理性的命令。康德说:

> 德性的唯一原则就在于**对法则的一切质料(也就是说对一个欲求的客体)有独立性**,同时却又通过某个准则必须能胜任的**单纯普遍立法形式**来规定任意。但那种独立性是消极理解的自由,而纯粹的且本身实践的理性的这种自己立法则是积极理解的自由。所以道德律仅仅表达了纯粹实践理性的自律,亦即**自由的自律**,而这种自律本身是一切准则的这样的形式条件,只有在这条件之下一切准则才能与最高的实践法则相一致。④(黑体为引者所加)

---

① [荷]斯宾诺莎:《神、人及其幸福简论》,洪汉鼎、孙祖培译,译林出版社2012年版,第264页。
② Steven B. Smith, *Spinoza's Book of Life: Freedom and Redemption in the Ethics*, Yale University Press, 2003, p. 146.
③ 参见《马克思恩格斯全集》第1卷,人民出版社1995年版,第119页。
④ [德]康德:《实践理性批判》,邓晓芒译,人民出版社2003年版,第43—44页。

但马克思并没有看到斯宾诺莎与康德之间的区别。首先,康德的自律概念要求在实践领域之内完成"哥白尼式的革命",即以往的实践其原因在于对幸福的追求,人为了获得感官享受的幸福,就不得不把外物作为实践的中心和目的;而现在,人为自身立法,人的实践仅仅遵从于自立之法,因此人的实践的原因仅仅在于人自身,而幸福会随着人的配享而自行获得(当然是在上帝存在、灵魂不朽公设的保证之下才能获得这种至善),因此外物开始以人为中心地运行着。也就是说,康德是要在自然因果性之外独立地开启一种自由的因果关系,人是人的实践的唯一原因,因此人是自由的;而人对自然因果性的遵循,就是说人的实践的原因是人之外的自然物质,正是由于自然物质对人的感官的刺激,所以人才有了实践,这种状态就意味着外物对人的奴役。而在斯宾诺莎那里,人的自立之法与自然法则在根本上是一致的,人并不在自然之外,毋宁说人始终都是自然中的一部分,因此自然因果性是人始终都要遵循的法则,幸福始终都是人应该去追寻的、无辜的目的。但是,幸福要有理性的限度:其一,一个人的感官享受和肉体欢愉不能荒淫到损害身体乃至于影响人的自我保存;其二,一个人对幸福的追求不能危害其他人的幸福,不能威胁到共同体的生死存亡;其三,一个人要有清醒的认识,知道自己的幸福不是在受奴役的状态下获得的。人只有在放弃了理性限度的前提下对幸福、对感官享受的追求才是人为外物所奴役的状态;人只要在理性的限度内追求感官享受的幸福,外物就始终都是为人的自由而服务的。

其次,在斯宾诺莎那里,听从理性的指导,不是一种道德的、主观应然的要求,而是一种对客观事实的描述。而在康德那里,道德只是一种主观性应然的法则,它处于现实生活之外,但却要求着现实生活的人去符合它、去满足它的要求,或言之,道德并没有落实到现实生活中去,正如黑格尔对康德的道德概念的批判一样,"这种主观性没有达到定在,也没有达到行为的客观规定性,而仍停留在自己内部,并缺乏现实性"①。在斯宾诺莎看来,一个人遵从理性的指导,不是出于道德或主观的应然,而只是出于这样一个现实,即理性可以增强人的身体或心灵的力量,"理性所真正要求的,在于每个人都爱他自己,都寻求自己的利益——寻求对自己真正有利益的东西,并且人人都力求一切足以引导人达到较大圆满性的东西"②。因此,听从理性的指导,斯宾诺莎只是在描述一个事实而已,这个事实就是,只有遵从理性,人的身心力量才会增强。

在康德那里则不同,实践理性的自律是一种道德法则,是一种主观的应然。康德强调实践理性的可普遍化形式,"要只按照你同时认为也能成为普遍规律的准则去行动"③,亦即,理性就意味着不自相矛盾地行动。例如,当一个人为了一己之私而选择是否要撒谎的时候,理性的考虑是,如果把撒谎这个行为普遍化即人人都撒谎的话,我还能否达到我原本的目的,能否保全我的一己之私?如果不能,那我选择撒谎其实是违背了我原初选择撒谎时的目的,所以选择撒谎就意味着自相矛盾。但康德道德法则的危险性就在于,道德之人会为了遵循这个形式化的定言命令而牺牲自我的利益(甚至是正当的利益)。所以说,幸福与道德是一对二律背反,幸福之人没有道德,道德之人没有幸福,只有上帝存在才能保证德福一致的实现。④ 从客观的实然上来讲,人们确实在追求幸福,在追求功利,而康德的理性法则就是要让人去遵从道德、拒斥幸福。所以说,与斯宾诺莎相比,康德的理性法则只是一种主观应然的要求,而不是对事实的描述。

总之,康德强调理性的可普遍化形式而拒绝为理性和道德提供实质性的、内容性的利益考量;而斯宾诺莎强调理性所提供的内容或质料,以至于使理性摆脱了道德内涵。斯宾诺莎自己似乎十分希望他的读者误

---

① [德]黑格尔:《法哲学原理》,范扬、张企泰译,商务印书馆1961年版,第168页。
② [荷]斯宾诺莎:《伦理学》,贺麟译,商务印书馆1958年版,第183页。
③ [德]康德:《道德形而上学原理》,苗力田译,上海人民出版社2005年版,第39页。
④ 参见[德]康德《实践理性批判》,邓晓芒译,人民出版社2003年版,第170—180页。

解他,误解他所言的理性是具有道德意义的,他说,"心灵的最高的善是对神的知识,心灵的最高的德性是认识神"①,这样说来,听从理性的指导就是善的、有德性的。斯宾诺莎采用了传统的道德概念,即"善"和"德性",然而斯宾诺莎所说的善与德性又绝非道德意义上的,因为,善与恶指的是某事物对人的身体和心灵的利害关系,它们是一种实然的描述,而不是一种应然的判断,"所谓善或恶是指对于我们的存在的保持有补益或有妨碍之物而言,这就是说,是指对于我们的活动力量足以增加或减少,助长或阻碍之物而言"②;而德性就是人身心的力量,"德性与力量我理解为同一的东西"③。所以说,听从理性的指导,并不是一种道德的应然,而只是在描述某种事物对增强身心力量方面的有益而已,"德性,换句话说,就是成功地自我保存的努力"④。而康德的德性概念则极具道德含义,"反抗一个强大但却不义的敌人的能力和深思熟虑的决心是勇气(fortitudo),就我们心中的道德意向的敌人而言是德性(virtus, fortitudo moralis[道德上的勇气])"⑤。在康德看来,德性也是一种力量,但却是反抗感官享乐的道德力量,是主体反抗现实的力量。

因此,德勒兹认为,斯宾诺莎实际上用"好与坏"(good and bad)的差别取代了"善与恶"(good and evil)的差别,"存在之诸样式之质的差别(好—坏)取代了诸价值之对立(善—恶)"⑥。

> 所谓好就是指一个物体[身体]把它的关系直接与我们的关系相组合,而且,以它的力量之全部或一部分,增益我们的力量。一个实例便是食品。在我们看来,所谓坏就是指一个物体[身体]消解我们的身体之关系,即使它还与我们的诸部分相组合,但是以不符合

---

① [荷]斯宾诺莎:《伦理学》,贺麟译,商务印书馆1958年版,第189页。
② 同上书,第176页。
③ 同上书,第171页。
④ Steven Nadler, *Spinoza's Ethics: An Introduction*, Cambridge University Press, 2006, p. 226.
⑤ 李秋零主编:《康德著作全集》第6卷,中国人民大学出版社2007年版,第392页。
⑥ [法]德勒兹:《斯宾诺莎的实践哲学》,冯炳昆译,商务印书馆2004年版,第27页。

我们的本质的方式,如破坏血液的毒药。①

关于斯宾诺莎对道德的批判,马克思直到论及斯宾诺莎的"权力"概念时才认识到(详见本章第三节)。而且马克思本人也遵从了斯宾诺莎对道德的态度,在马克思那里,"无论如何人性的解放都要诉诸内在运行的、现实本身的内在性法则(inner working and immanent laws of reality itself),而不是像康德和空想社会主义者那样,诉诸现实之外的道德意志(external moral will upon reality)"②。马克思批判那些"想用关于正义、自由、平等和博爱的女神的现代神话来代替它的唯物主义的基础"③的社会主义者,反对那些诉诸主观应然的道德来实现人的解放的革命活动,而主张理性地研究社会现实,从而得出实效性的真理即社会历史规律,并利用这些规律实现共产主义社会。可见,马克思对道德的批判态度,以及对现实的关注,都与斯宾诺莎具有十分密切的关系。

2. 斯宾诺莎对道德的维护

但问题的复杂性在于,斯宾诺莎虽然在人的自由之中取消了道德,但却极力地维护社会状态下的道德,"在自然状态下,即无所谓公正或不公正,唯有在社会状态下,经过公共的承认,确定了何者属于这人,何者属于那人,才有所谓公正或不公正的观念"④。自然状态之中,道德是不存在的,而一旦经过社会契约、国家的产生,"所谓人人共同一致承认的善或恶"的道德就产生了。道德是维持国家或共同体存在的基础,为了维护国家或共同体的存在,每个人都必须服从道德的要求。因为,"就人类共同的社会生活而言,还是利多而害少"⑤,他甚至断言,对人最有益的只有人(有理性的人),人的共同体或社会生活更加有益于人的自我保

---

① [法]德勒兹:《斯宾诺莎的实践哲学》,冯炳昆译,商务印书馆2004年版,第26页。
② Yirmiyahu Yovel, *Spinoza and Other Heretics*, 2nd vol., Princeton: Princeton University Press, 1989, p. 98.
③ 《马克思恩格斯选集》第4卷,人民出版社1995年版,第627页。
④ [荷]斯宾诺莎:《伦理学》,贺麟译,商务印书馆1958年版,第201页。
⑤ 同上书,第195页。

存,"假如有两个本性完全相同的个人联合在一起,则他们将构成一个个体,比较各人单独孤立,必是加倍的强而有力。所以除了人外,没有别的东西比人更为有益"①。

维护道德尤其是在大众面前维护道德,就是在维护共同体或社会本身。但是,哲人并不需要道德,哲人根据(普遍性的、符合公共利益的)理性而行动,"理性的命令,只教为我们尊重自己的利益起见,应与他人结为友谊"②。理性告诉哲人,与他人的友谊以及共同体对他是有益的,而且这种有益的作用是普遍性的、符合所有人的利益的,所以他会自觉地维护共同体的利益,这样就在行为上符合了道德的要求,但他做出这样的行为却并非出于主观应然的道德。而大众根据(一旦普遍化便自相矛盾的,因而只为一己之私的)激情行动,所以其行为需要共同体的理性约束,而共同体的理性不仅表现在法律上,还表现在道德上,"社会契约不仅是法律的设置,同时也是道德风俗"③。

为了使大众得以服从道德戒律,斯宾诺莎不惜在宗教批判之后保留了"道德宗教"的可能性,这就是他所谓的"普遍的宗教"(universal religion),其基本教义是:"有一上帝存在,就是,最高的存在,他爱正义与博爱,凡欲得救的就必须顺从他,崇拜这个存在在于实行公正与爱人"④。既然大众青睐宗教,那么不如创造一种道德的宗教,在这种宗教中,信仰上帝的方式就是服从道德命令。这一点也与康德相似,康德在理论理性中否定了上帝存在、灵魂不朽之后,又在实践理性中预设了上帝存在与灵魂不朽,"道德不可避免地要导致宗教。这样一来,道德也就延伸到了人之外的一个有权威的道德立法者的理念。在这个立法者的意志中,(创世的)终极目的也就是那种同时能够并且应该是人的终极目的的东

---

① [荷]斯宾诺莎:《伦理学》,贺麟译,商务印书馆1958年版,第184页。
② 同上书,第198页。
③ Steven B. Smith, *Spinoza's Book of Life: Freedom and Redemption in the Ethics*, Yale University Press, 2003, p.145.
④ [荷]斯宾诺莎:《神学政治论》,温锡增译,商务印书馆1963年版,第198页。

西"①。要使人服从道德,就必须为道德的实现做出承诺,但在现象界,这种德福一致的承诺是不现实的,因此就必须公设灵魂的不朽和上帝的存在,以保证人的道德可以在本体界最终实现,因此"道德宗教"就不可避免地产生了。在康德看来,所谓"道德宗教"(moralische Religion)就是把道德行为视为崇敬上帝的唯一方式,获得恩典和救赎的唯一法门的理性宗教,"凡是人自以为为了让上帝喜悦,除了善的生活方式之外还能够做的事情,都是纯然的宗教妄想和对上帝的伪事奉"②。只有道德宗教才是纯然理性界限内的宗教,是"普遍的理性宗教",因为它是实践理性的必然要求,它所追求的目标即道德上的善也是实践理性的追求,"由于他们(宗教信徒——引者注)与哲学家追求的是同一个目的,即道德上的善,所以,使哲学家凭借自己的理性达到他们想沿着别的途径达到的目的,这对于他们来说是有利的"③。马克思说,"道德只承认自己普遍的和合乎理性的宗教,宗教则只承认自己特殊的现实的道德"④,道德与宗教总是相互纠缠、相互提携。斯宾诺莎当然不会同意康德所说的,哲学家与宗教信徒所追求的目标都是道德上的善。在他看来,哲学家或理性追求的是真理,是对神的理智之爱;虽然哲学家通过理性做出合乎道德的行为,但道德并非哲学家的目标,合乎理性的道德宗教是为缺乏理性的大众保留的。

但无论如何,斯宾诺莎对道德的维护并非缘于道德本身,而在于道德有利于维持共同体的存在,而共同体的存在有利于人的自身力量的增强,也就是说,道德只具有工具价值,它为人的共同体和人的力量之增强而服务,为道德而道德在斯宾诺莎那里是行不通的。在斯宾诺莎看来,道德并非因其本身就是好的,道德并不具有独立、自足的价值。所以,笔者并不认同洪汉鼎先生所言,"最高的知识和最好的知识,即道德和宗教

---

① 李秋零主编:《康德著作全集》第6卷,中国人民大学出版社2007年版,第7—8页。
② 同上书,第174页。
③ 同上书,第159页。
④《马克思恩格斯全集》第1卷,人民出版社1995年版,第119页。

之间的差别,对于斯宾诺莎来说,是不存在的,这三者,即哲学、道德和宗教,是同一个东西"①。因为,在斯宾诺莎看来,道德的地位是相当低下的,道德只是对大众来说才是必要的,它对哲人来说则是一种虚无,所以道德的地位根本没有办法与哲学相提并论。

三、马克思论斯宾诺莎的实体与自然

马克思关注斯宾诺莎的第二个时期是《神圣家族》的写作时期(1844),在此马克思关注的是斯宾诺莎与18世纪法国唯物主义以及与黑格尔哲学之间的关联。布鲁诺·鲍威尔(Bruno Bauer)把18世纪的法国唯物主义称为"法国的斯宾诺莎学派",而马克思则针锋相对地把法国唯物主义的渊源追溯到了笛卡尔与洛克。② 另外,马克思评价霍布斯的唯物主义时说,"感性失去了它的鲜明色彩,变成了几何学家的抽象的感性。物理运动成为机械运动或数学运动的牺牲品;几何学被宣布为主要的科学。唯物主义变得漠视人了"③。这个评价同样也适用于马克思对斯宾诺莎的"实体"的理解。因为没有谁比斯宾诺莎更加注重几何学的方法,他的哲学体系就是以几何学的方法建构的。几何学表达下的唯物主义是对人的敌视,因为它所理解的自然已然脱离了人。

马克思说,"在黑格尔的体系中有三个要素:斯宾诺莎的实体,费希特的自我意识以及前两个要素在黑格尔那里的必然充满矛盾的统一,即绝对精神。第一个要素是形而上学地改了装的、同人分离的自然。第二个要素是形而上学地改了装的、同自然分离的精神。第三个要素是形而上学地改了装的以上两个要素的统一,即现实的人和现实的人类"④。马克思把斯宾诺莎的实体理解为"形而上学地改了装的、同人分离的自然",即被提升为万物的本体,但又根本不具有人的精神、只遵循机械论

---

① 洪汉鼎:《斯宾诺莎哲学研究》,人民出版社1993年版,第694页。
② 参见《马克思恩格斯文集》第1卷,人民出版社2009年版,第326、330页。
③ 同上书,第331页。
④ 同上书,第341—342页。

的因果必然规律的、僵死的自然。

所谓机械论,就是仅仅把事物视为广延,可量化、可分割(因而符合数学和几何学的公理和定律),没有生命、目的、意志、情感等人格性,对人也无所关心;同时,事物仅仅从事着简单的位置变化的运动,或者一切复杂的运动如有机体的生长、人的情感变化都可以视为诸多简单的位置变化运动的综合;事物仅从事的位置变化运动服从于因果必然规律,即任何事物的发生都必然有其原因,事物发生位置变化的运动是因为有推动者,位置变化的运动的停止是因为有阻碍者。霍布斯就曾把钟表比喻为人体,是一种"自动机械结构","'心脏'无非就是'发条','神经'只是一些'游丝',而'关节'不过是一些齿轮"①。反过来理解亦然,人体也不过是钟表一样的机械罢了。

在此马克思并没有真正地理解斯宾诺莎的实体概念。

斯宾诺莎说,神即自然,但神是"能生的自然"(natura naturans),而自然界本身是"被生的自然"(natura naturata)。斯宾诺莎说,"'被生的自然'则是指出于神或神的任何属性的必然性的一切事物,换言之,就是指神的属性的全部样式"②。也就是说,神是有生命的、能动的、生产性的实体,而机械性的、僵死的自然只是样式或样态(贺麟先生将 modus 翻译为"样式",而洪汉鼎先生翻译为"样态"),前者是后者的存在因和动力因。"实体,我理解为在自身内并通过自身而被认识的东西"③,实体是唯一的,在它之外别无他物,因此它不能通过它之外的东西而得到认知,它只能在它之内并通过它自身而被认识到;而样式或样态作为实体的分殊,则只能通过实体而被认识。实体与实体的分殊是截然不同的,要想认识实体,就必须在它之内,但不是通过它之内的样式来理解它。因此,

---

① [英]霍布斯:《利维坦》,黎思复、黎廷弼译,商务印书馆1985年版,第1页。
② Baruch de Spinoza, *Ethik in Geometrischer Ordnung Dargestellt* (Lateinisch-Deutsch), Felix Meiner Verlag, 2010, S. 62. 参见[荷]斯宾诺莎《伦理学》,贺麟译,商务印书馆1958年版,第28页,译文有改动。
③ [荷]斯宾诺莎:《伦理学》,贺麟译,商务印书馆1958年版,第1页。

我们不能通过机械的、被动的、僵死的样态来认识实体，从而认为实体也是机械的、被动的和僵死的。被称为"德国历史主义之父"的赫尔德（Johann Gottfried Herder，1744—1803）就是这样来理解斯宾诺莎的神或实体的，"神乃是最真实、最活跃的那个'一'"①，"只有它是真实存在的；我的存在要依赖它，像生命之树永恒而无止尽的深根上的一小枝，才能花繁叶茂"②。神或实体是纯粹的生命，是最具生机的力量，是它赋予了世间万物以生命和生机，因此我们所看到的大自然才有春生、夏长、秋收和冬藏的生命律动。但问题就在于，样式是如何从实体中产生出来的呢？具有主动性和生产性的神或实体如何产生了机械论的、僵死的自然？具有主动性和生产性的神或实体又是否遵循必然性的几何规律呢？

斯宾诺莎没有回答这些问题，也因此在这些问题上产生了不同的回答。洪汉鼎先生认为，实体和样态是"一体两面"的关系，即实体和样态是"同一个存在物的两个不同方面，或者说是对同一个实在的两种不同的说法或表述"。实体是样态相互联系的总体，所以表现为"一"；而样态是总体中的万物，因此表现为"多"，"从其整体统一性看，是在自身内的东西，是神或实体，从其部分多样性看，则是在他物内的东西，是世界或样态"。③ 神或实体就是自然的总体，而样态就是多样的、具体的自然万物个体。这样说来，神和样态一样，都要遵循必然性的、机械论的自然规律，神也不具备能动性和生产性。洪汉鼎先生的解释强调了神和自然的同一性，即神就是自然总体。

但是，这种解释恰恰误解了斯宾诺莎式的泛神论所强调的"同一性"的意义，忽视了神与自然之间的绝对区分。在斯宾诺莎那里，神是自然，但这并不意味着神等于自然，而是说自然作为神的谓词是源于神的。正如谢林为斯宾诺莎式的泛神论所做的辩护一样：人们通常认为泛神论在于把神与物完全"等同"（Identifikation），在于混淆造化者和造化物，然

---

① ［德］赫尔德：《反纯粹理性》，张晓梅译，商务印书馆2010年版，第118页。
② 同上书，第120页。
③ 参见洪汉鼎《斯宾诺莎哲学研究》，人民出版社1993年版，第269页。

而,"神按本性就是永恒的,而事物只有与神相关联并作为神的亲在之结果,即以被派生的方式才有永恒性。正是由于这种区别,就不能……把所有个别的事物一起构成为神,因为不能通过综合的方式,把按其本性是被派生的东西转化为按其本性是本源性的东西"①。在谢林看来,神是本源性的存在,而自然万物是派生性的存在,神是(ist)自然并不意味着本源性与派生性之间的混淆。因为在主语和谓语同一性的命题(S 是 P)中,并不意味着主语等同于谓语(S=P),而是表示主语给谓语以根据,"意味着 S 给 P 的存在可能性提供根据,是 P 依以为基础的、因而先于 P 的根据。'S 是 P'意指 S'建根据',给 P 以根据"②。因此所谓"泛神论"(Pantheismus),并不是说神与世间万物是完全等同的,或者说神是自然的总体,而是说,神作为万物的根据并内在(Immanenz)于万物之中,即"泛神论是这样一种思想:它认为神寓于世界万物之中,或是世界自身的生成变化原则,或是事物的本质、本性,因此神无处不在,每一事物都包含神的本质,甚至存在"③。但赵敦华先生援引斯宾诺莎 natura naturans 与 natura naturata 之间的区分,认为"前者是超越事物的自然,后者是内在于事物的自然",神作为能生的自然则是超越性的,所以,斯宾诺莎根本不是泛神论者。④ 如此说来,神与遵循必然性和机械论的自然规律的样态不同,神或实体具有能动性和生产性。但即便如此,斯宾诺莎的神或"能生的自然"也是内在于万物之中的神,它绝不是超绝于现世之外的神,"一切存在的东西,都存在于神之内,没有神就不能有任何东西存在"⑤。所以判定斯宾诺莎并非泛神论者,依然具有忽视其内在性的风险。

与赵敦华先生的观点类似,奈格里认为,斯宾诺莎可能的回答是"新

---

① [德]谢林:《对人类自由的本质及其相关对象的哲学研究》,邓安庆译,商务印书馆 2008 年版,第 52 页。
② [德]海德格尔:《谢林论人类自由的本质》,薛华译,辽宁教育出版社 1999 年版,第 119 页。
③ 赵敦华:《基督教哲学 1500 年》,人民出版社 1994 年版,第 215—216 页。
④ 参见同上书,第 218 页。
⑤ [荷]斯宾诺莎:《伦理学》,贺麟译,商务印书馆 1958 年版,第 13 页。

柏拉图主义式"①(Neoplatonic)的,斯宾诺莎的神或实体如同普罗提诺(Plotinus)的"太一",万物从太一之中流溢出来,在斯宾诺莎那里,万物或样态就以永恒的必然性自神或实体中流露出来。这样,我们所看到的自然万物都不是斯宾诺莎所说的神,那么他的神身在何处呢？纳德勒认为,神作为"自然之主动的、永恒的和不变的方面",必然是"无形的","它存在于思想与广延——一切存在物的两种为我们所知的本性——之看不见的但是普遍的属性中,以及支配每个属性的规律：思想之规律和广延之规律(即几何学)"②。神虽然具有广延的属性,但神的广延只是"抽象的感性",能产生一切广延之物的广延本身并没有广延可言,否则它的广延又必须有另外的源头,而实体是唯一的。所以神给万物赋予形象和广延,而它本身是无形的。同理,它为万物赋予思想,而它本身并没有思想,所以人虽然有意志和目的,而神却不具有意志和目的。

但情况也没有那么简单,问题的复杂性就在于,"样态"一词具有多样性的理解以及多种可能性的翻译。谭鑫田先生说,"所谓样态,斯宾诺莎在《伦理学》中使用的拉丁文是modus。它相当于英文中的way,其基本含义是方式。《伦理学》的英译者只是在它指有限事物时,才译为mode(样态),一般情况下都译为way(方式)"③。一种可能性的理解是,斯宾诺莎把特殊事物理解为实体存在的方式,"能生的自然"以"被生的自然"的方式存在,同时"被生的自然"以某种方式表现"能生的自然","一切存在的事物莫不以某种一定的方式来表现(exprimit/expresses)神的本性或本质,换言之,一切存在的事物莫不以某种一定的方式表现神

---

① Antonio Negri, *The Savage Anomaly: The Power of Spinoza's Metaphysics and Politics*, translated by Michael Hardt, University of Minnesota Press, 1991, p.54.
② [英]史蒂文·纳德勒：《斯宾诺莎传》,冯炳坤译,商务印书馆2011年版,第287页。
③ 谭鑫田：《知识·心灵·幸福——斯宾诺莎哲学思想研究》,中国人民大学出版社2008年版,第71页。

的力量,而神的力量即是万物的原因"①。样态是如何表现实体的呢？德勒兹认为,表现(exprimer)有两个方面,"一方面表现是展开(expliquer),即其表现自身之展开,一展现自身于多……另一方面,表现性的多元内涵指涉了统合(l'Un)。表现统一性(L'un)之个物涉入(involvere)该统一性,统一性刻印于、内在于彰显其自身之诸个物:从这个角度来说,表现就是一种共同涉入"②。也就是说,表现既是一展开为多的过程,也是多统合于一的过程。表现问题可以说就是所有形而上学的最根本的问题,也是最难以解释的问题,由于人缺乏创世的经验,所以任何一种解释都可能陷入神秘主义之中。

斯宾诺莎的自知之明在于,他为自然的神秘性留有余地。属性表现实体,但属性只是在理智(intellectus)看来是构成实体的本质的东西,③但依然有可能存在理智无法把握的、构成实体的本质的东西,这就为自然的神秘性留下了广阔的空间。另一方面,实体与样态的关系是产生与被产生的关系,因此斯宾诺莎在此强调的恰恰是实体的生产的能动性,因此奈格里认为斯宾诺莎的形而上学是一种"生产性力量的形而上学"(a metaphysics of productive force),斯宾诺莎的自然概念强调的是生产的能动性而不是机械规律或"机械主义"(mechanism)。④ 这是斯宾诺莎的泛神论或内在论(immannentism)的必然结果,机械规律只是事物的外在关系；而神在万物之中,万物也分有了神的独异性和能动性,"斯宾诺莎的内在论彻底超越了古典的和现代的唯物主义:它包含了独异性(singular)的成分——或者更确切地说包含了这种独异性的生产","生

---

① Baruch de Spinoza, *Ethik in Geometrischer Ordnung Dargestellt* (Lateinisch-Deutsch), Felix Meiner Verlag, 2010, S. 78. *Spinoza: Complete Works*, translated by Samuel Shirley, edited with introduction and notes by Michael L. Morgan, Hackett Publishing Company, Inc., 2002, p. 238. 参见[荷]斯宾诺莎《伦理学》,贺麟译,商务印书馆1958年版,第34页,译文有改动。
② [法]德勒兹:《斯宾诺莎与表现问题》,龚重林译,商务印书馆2013年版,第5页。
③ 参见[荷]斯宾诺莎《伦理学》,贺麟译,商务印书馆1958年版,第1页。
④ See Antonio Negri, *The Savage Anomaly: The Power of Spinoza's Metaphysics and Politics*, translated by Michael Hardt, University of Minnesota Press, 1991, p. 218.

产存在的革新(produces the innovation of being)"。① 总之,斯宾诺莎的神的概念,为自然的神秘性和能动性留下了空间,也难怪施勒格尔认为不懂斯宾诺莎就不能成为诗人,诗人笔下的自然就是生机和生命的整体,具有蓬勃盎然的律动,而不是机械论的规律。

而当马克思说斯宾诺莎的实体是"同人分离的自然"时,说明马克思仍然停留在黑格尔对斯宾诺莎的理解之内。黑格尔认为,斯宾诺莎的实体概念只是停留在僵死的自然的层面,所以达不到任何发展,任何精神性、能动性,"他的哲学讲的只是死板的实体,还不是精神"②。黑格尔很有可能是把自己对自然的理解强加给了斯宾诺莎,"自然界是自我异化的精神……自然从理念异化出来,只是知性处置的尸体"③,自然作为绝对精神发展的第二个阶段,是对前一阶段即"逻辑学"中的活生生的理念的辩证否定,也是最为僵化的阶段。自然是僵死的理念,它仅仅服从于机械论的、必然的因果规律,因而没有任何精神性和能动性,黑格尔甚至以"尸体"来比喻它。而到了第三阶段的"精神哲学",精神就是前两个阶段即理念与自然的合题,其最高的绝对精神就是主体与实体的统一。

而在海涅看来,斯宾诺莎所言的实体的两个属性,"思想是看不见的广延,广延是看得见的思想",斯宾诺莎的实体本身就是思维与广延、"实体与主体"的同一体。④ 所以斯宾诺莎的实体概念无论如何都与黑格尔的"绝对精神"相类似。所以,海涅的理解要比黑格尔和马克思的理解更加接近于斯宾诺莎。黑格尔与马克思对斯宾诺莎的误解,恰恰就在于他们忽视了斯宾诺莎对"能生的自然"与"被生的自然"的区分,"马克思取消了斯宾诺莎的'能生的自然'。所剩下的只是'被生的自然'了,即从有

---

① See Antonio Negri, *Spinoza for Our Time: Politics and Postmodernity*, translated by William McCuaig, Columbia University Press, 2013, pp. 80 – 81.
② [德]黑格尔:《哲学史讲演录》第4卷,贺麟、王太庆译,商务印书馆1978年版,第102页。
③ [德]黑格尔:《自然哲学》,梁志学等译,商务印书馆1980年版,第21页。
④ 参见章国锋、胡其鼎主编《海涅全集》第8卷,河北教育出版社2003年版,第241页。

限性的立场来看的内在性的总体性(immanent totality)"①。而这一点,随着马克思对解释世界的哲学的放弃,对斯宾诺莎的"实体"这一哲学概念的理解的纠正,也就更是无从谈起了。

第二节 马克思对"无知不是论据"的引用

在展开论述斯宾诺莎的宗教批判及其与马克思的宗教批判的思想关联之前,笔者需要澄清一下斯宾诺莎宗教批判的哲学基础。

所谓批判(Kritik/critique),不仅仅是对其批判对象的缺陷的批评,对其批判对象的合理性与正当性的质疑,更重要的是为其批判对象的作用和意义划清界限,"对它的根源、范围和界限加以规定"②。斯宾诺莎的宗教批判,不是站在宗教的立场上批评其他宗教或教派,而是在哲学上为宗教的效用划分界限,使宗教不至于染指哲学,企图为理性提供更高的知识;同时也隐含着对哲学的批判,他希望在为宗教效用划分界限的同时,也为哲学的效用划分界限,让哲学不至于染指大众的道德实践,进而破坏伦理生活。

斯宾诺莎对宗教和哲学的双重批判,源于他对想象和理性的划分。在理论知识方面,理性高于想象;而在引起大众的道德实践,使大众服从于伦理生活方面,想象的效力则强于理性。因此,想象和理性的划分,就是斯宾诺莎的宗教批判的哲学基础,尤其是认识论的基础。从这个基础出发,我们才能进一步理解他对宗教和迷信的划分,理解斯宾诺莎何以把传统的启示宗教批评为迷信,为接下来论述斯宾诺莎对圣经的研究奠定基础。

---

① Yirmiyahu Yovel, *Spinoza and Other Heretics*, vol. 2, Princeton University Press, 1989, pp. 87 - 88.
② [德]康德:《纯粹理性批判》,邓晓芒译,人民出版社 2004 年版,第 4 页。

一、马克思对斯宾诺莎的"无知不是论据"的引用情况

斯宾诺莎认为在理论知识方面,想象相对于理性而言就是一种无知,马克思与恩格斯特别喜欢引用一句据说是斯宾诺莎的名言,即"无知不是论据/理由",来反驳自己的论辩对手,讽刺对手的无知。

(1) 马克思在他的博士论文里提到,有些学者提出伊壁鸠鲁不认为原子具有质,其理由是他们不知道如何将原子的质和它的概念结合起来。马克思说:"斯宾诺莎说,无知不是论据(Die Ignoranz sei kein Argument)。如果每个人都把古代人著作中他所不理解的地方删去,我们很快就会得到一张白板!"①

(2) 马克思在《德意志意识形态》中认为,施蒂纳把罗伯斯庇尔比喻为"革命的僧侣",并且把他的专政所从事的砍头的现实经验归结于世俗的利益,即"群众"的利益,这是"圣麦克斯"即施蒂纳对历史的无知的表现。马克思说:"一位较早期的'僧侣'斯宾诺莎早在17世纪就毫不客气地作了圣麦克斯的'训育员',他说:'无知不是理由(Die Ignoranz ist kein Argument)。'"②

(3) 在《反杜林论》中,面对杜林对法兰西现代法和英吉利法的无知,恩格斯说,"对此,我们只能用斯宾诺莎的话来回答:Ignorantia non est argumentum,无知并不是论据"③。

马克思和恩格斯既然引斯宾诺莎的命题为论据来反驳对手,说明他们对该命题是十分认同的。但是,奇怪的是,"无知不是论据"这句话,在斯宾诺莎的著作中并不存在。洪汉鼎先生也说,"我们在公开出版的斯

---

① 《马克思恩格斯全集》第1卷,人民出版社1995年版,第39页。*Karl Marx /Friedrich Engels Gesamtausgabe*,Erste Abteilung,Band 1,Dietz Verlag,1975,S. 40.
② 《马克思恩格斯全集》第3卷,人民出版社1960年版,第194页。*Karl Marx /Friedrich Engels Werke*,Band 3,Dietz Verlag,1958,S. 162.
③ 《马克思恩格斯选集》第3卷,人民出版社1995年版,第452页。

宾诺莎著作中并未找到该句"①。那么马克思和恩格斯所引用的这句话要么是自己杜撰的,要么就是对斯宾诺莎某个命题的改写。前者的可能性不大,因为马克思和恩格斯不可能在他们公开出版的或打算公开出版的著作中任意杜撰斯宾诺莎的命题;因此唯一的可能性就是后者。马克思恩格斯历史考证版全集(MEGA 2)的编者认为,该句是对斯宾诺莎《伦理学》第一部分命题三十六附录的"自由引用",②中文全集第二版也采用了该说法,但它们都没有具体指明"无知不是论据"到底是对斯宾诺莎哪句话的改写。

《马克思恩格斯全集》德文版(MEW)的编者反而对马克思该句的引用做了更多的解释,"在《伦理学》(第一部分'论神,命题 36 附录')中,斯宾诺莎批评了这样一些人,他们把'神意'即'无知的避难所'视为一切现象的原因中的原因,并且由于不知道引证其他原因所以他们唯一的论据就是无知"③。因此笔者怀疑,"无知不是论据"是马克思对斯宾诺莎以下句子的改写,即"这些煞费巧心说神想证明事物都有目的的人,还发明了一种新的论证方法(modum argumentandi),即他们不是穷诘至不可能(reduction ad impossibile),而是穷诘至无知(ignorantium)"④。斯宾诺莎认为神没有意志和目的,那些认为神有意志和目的的人都是因为不知道事物的原因,因此就认为这是神有意为之的;那些把神的意志或目的视为事物的原因的人,其实就是把无知当作了论证的根据。这是一种极其荒诞不经的做法。

---

① Hong Han-ding, *Spinoza und die Deutsche Philosophie*, Scientia Verlag Aalen, 1989, S. 261.
② *Karl Marx / Friedrich Engels Gesamtausgabe*, Erste Abteilung, Band 1, Dietz Verlag, 1975, S. 938.
③ *Karl Marx / Friedrich Engels Werke*, Band 40, Dietz Verlag, 1968, S. 665 - 666.
④ Baruch de Spinoza, *Ethik in Geometrischer Ordnung Dargestellt* (Lateinisch-Deutsch), Felix Meiner Verlag, 2010, S. 86. 参见[荷]斯宾诺莎《伦理学》,贺麟译,商务印书馆 1958 年版,第 38 页,译文有改动。

二、斯宾诺莎论无知:宗教与迷信的区分

斯宾诺莎的神的概念即自然化了的神迥然不同于启示宗教(如犹太教和基督教)的上帝。启示宗教的上帝是超越于自然的人格神,是人们信仰和崇拜的对象;这些启示宗教甚至不同于斯宾诺莎所言的"普遍的宗教","普遍的宗教"仅仅教导道德,而启示宗教除了道德之外,还要为信众传授关于世间万物的根本知识,即关于世界的起源(创世)以及万物的本质的知识。

我们从斯宾诺莎对宗教的定义就可以看出他的形而上学或"理性神学"与启示宗教及其神学的不同,"当我们具有神的观念或当我们认识神的时候,我们一切的欲望和行为,皆以我们自己为原因,我认为这就算是宗教"①。宗教就是对神的认识,并且人因为有此认知而获得自由。很显然,斯宾诺莎在此根本不是在界说通常意义上的宗教,他的宗教其实就是哲学或形而上学。因为神就是实体,就是万物的本体和本原,所谓"认识神"即"具有神的观念"就是人的理性对万物之本体、根基的探索,这也就是哲学尤其是形而上学的本意。

什么是宗教? 宗教(religio/religion)从词源学的角度来看具有两层意思:一是它与 religare(连接)同根,强调人与神之间所建立的联系;二是它与 religere(复兴、控制)同根,强调围绕神所建立的组织和教规、仪式等。② 如果从宗教一词的第一层含义即人与神之间的关系上来看,斯宾诺莎以哲学或理性神学的方式所建立的人与神之间的关系,可以视为一种宗教;但斯宾诺莎对宗教的定义并不适用于宗教的第二个层面,即斯宾诺莎并没有也并不要求建立人与神共存的团体,更别说建立团体所具有的组织结构、教规和仪式了。

既然在斯宾诺莎看来,宗教就是哲学或形而上学,那么大众所信仰

---

① [荷]斯宾诺莎:《伦理学》,贺麟译,商务印书馆 1958 年版,第 198 页。
② 参见魏明德、吴雅凌编著《古罗马宗教读本》,商务印书馆 2012 年版,第 42 页。

的通常意义的宗教又是什么呢？在斯宾诺莎看来，与宗教相对的概念是迷信（superstitio/superstition）。虽然他并没有给迷信以清晰的界定，但指出了它的几个特点。

首先，迷信虚构了关于神的诸多错误观念。

在斯宾诺莎看来，"心灵所知愈少，而所感觉愈多，则它虚构的可能性必定愈大，反之心灵所知愈多，则其虚构的可能性也必定愈小"①。许多人由于缺乏关于神的知识，往往"以己度神"，把人的诸多属性强加于神，这就虚构了一个具有人格（person）的神，即拥有人的特性并放大了人的特性（如目的、情感、意志、能力、知识等）的神，"有许多人妄自揣想，以为神与人一样，具有形体与心灵，也受情欲的支配"；而从上一节我们得知，作为"能生的自然"，神是无形的，"凡对于神的本性多少用心思考过的人，都否认神是有形体的"。② 作为广延的原因，神没有广延；作为思想的原因，神也没有思想。因此具有形体和思想的神，不是真神，而只是人对神的想象罢了。

神既然没有形体，当然也就不会有情欲、目的和意志等这些作为样态的人的属性。但人们往往抱有这种成见，"人们一般地认定自然万物，与人一样，都是为着达到某种目的（finis）而行动"，"并且他们相信神作育万物皆导向一定的目的。他们说神造万物是为了人，而神之造人又为了要人崇奉神"。但实际情况是，"自然本身没有预定的目的，而一切目的因只不过是人心的幻象"，如上一节我们所知，神对包括人在内的万物都是漠然的，"神根据必然性而认识自己，也根据同样的必然性而动作"，③神并不关心人。为什么多数人会抱有这种成见呢？斯宾诺莎认为，原因在于，"人们生来就昧于事物的原因；人们都有一种欲望要追求对自己有利的东西，并且自己意识到这种欲望"。一方面，人生来是无知的，对神的理解往往依赖于想象，人们意识到自己是有意志和欲望的，于

---

① ［荷］斯宾诺莎：《知性改进论》，贺麟译，商务印书馆1960年版，第43页。
② 参见［荷］斯宾诺莎《伦理学》，贺麟译，商务印书馆1958年版，第13页。
③ 参见同上书，第35、37、46页。

是就主观揣想神也是有意志和欲望的;另一方面,人对神的想象往往为了满足人自己的欲望,他们想象神有意志和欲望,是为了能够通过讨好神以满足人的意志和欲望。人们首先把神视为有自由意志的,然后把神的力量视为管辖一切事物的权力,即"他们又常以神的力量与国王的力量相比拟",目的是为了像讨好国王一样来讨好神,"因此人们莫不竭尽心思,多方铺张,以媚祀天神,冀博上帝欢心,使得上帝拿出整个自然界来满足他们盲目的欲望与无餍的贪心。于是,这种成见就逐渐变成迷信,深入人心,而难于拔除"。① 换言之,迷信对人格神的虚构源于对神的无知,"对迷信的诉求与一个人对世界的理解和体验相联。迷信的人对自然秩序及其运行一无所知"②。不仅如此,迷信还与理性本身格格不入,"迷信教人蔑视理智和自然,凡与此二者相背的,迷信都加以提倡、崇拜和尊仰"③。

其次,迷信来源于恐惧。

斯宾诺莎说,"迷信是由恐惧而生,由恐惧维系和助长的"④。然而,人的恐惧又是怎么产生的呢? 在他看来,人由于生来昧于事物的原因,往往缺乏确定的判断来处理自己的事务,因此便往往陷于困境之中,在恐惧与希望之间摇摆不定。"人若能用确定的判断(certo consilio/sure judgment)来控制他们自己的事务(res/affairs),或如果命运(fortuna/fortune)总是青睐于他们,那么他们就不会受迷信(superstitio/superstition)的支配了。但由于人们不能达到确定的判断,而且他们所欲想的好运又是不确定的,所以人们常常陷于绝望的困境之中,他们极

---

① 参见[荷]斯宾诺莎《伦理学》,贺麟译,商务印书馆1958年版,第35、46、36页。
② 巴格利:《何谓"凭可靠的慎虑操持自己的全部事务"——注意斯宾诺莎〈神学—政治论〉的一个细节》,刘锋译,载刘小枫选编《古典诗文绎读·西学卷·现代编》(上),华夏出版社2009年版,第390页。
③ [荷]斯宾诺莎:《神学政治论》,温锡增译,商务印书馆1963年版,第107页。
④ 同上书,第10页。

其可怜地反复于希望和恐惧之间"①。一旦在希望与恐惧相持不下之时，在困境中的人们就往往容易听信他人的意见，"无论多么无用、背理昏庸的谋画，他们都会采用"②，这时迷信就会趁虚而入。所以说，恐惧导致迷信的产生，"当命运没有把一个人期盼的东西给他时，他就转向迷信"③。

什么是恐惧？斯宾诺莎说，"恐惧是一种不稳定的痛苦，此种痛苦起于关于将来或过去某一事物的观念，而对于那一事物的前途，我们还有一些怀疑"；与恐惧相对，"希望是一种不稳定的快乐，此种快乐起于关于将来或过去某一事物的观念，而对于那一事物的前途，我们还有一些怀疑"④。恐惧和希望的共同之处在于"不稳定"，而不稳定的原因在于对事物的前途的怀疑，"我们希望一个事物的出现以带来快乐，但它的出现是不确定的(uncertain)。我们害怕一个事物的出现，它会给我们带来悲伤，同样地，它的出现也是不确定的。当事情的结果由怀疑到确定时，希望就变成了确信(confidence)，恐惧就变成了绝望(despair)"⑤。而对事物的结果的怀疑起源于对事物的必然规律的知识的缺乏，也就是说，无知导致恐惧，而恐惧导致迷信。

最后，迷信不仅要提供道德戒律，而且还企图提供比理性更高的知识，即启示真理。

这一点是斯宾诺莎所谓的"普遍的宗教"与启示宗教之间的根本不同之处。"普遍的宗教"仅仅提供道德戒律，仅仅要求人们在行为上的顺

---

① Pierre-F. Moreau (ed.), *Spinoza Oeuvres*, Ⅲ: *Tractatus Theologico-Politicus*, Presses Universitaire de France, 1999, p. 56. Spinoza, *Theological-Political Treatise*, translated by Michael Silverthorne and Jonathan Israel, Cambridge University Press, 2007, p. 3. 参见[荷]斯宾诺莎《神学政治论》，温锡增译，商务印书馆1963年版，第9页，译文有改动。
② [荷]斯宾诺莎：《神学政治论》，温锡增译，商务印书馆1963年版，第9页。
③ 巴格利：《何谓"凭可靠的慎虑操持自己的全部事务"——注意斯宾诺莎〈神学—政治论〉的一个细节》，刘锋译，载刘小枫选编《古典诗文绎读·西学卷·现代编》(上)，华夏出版社2009年版，第390页。
④ [荷]斯宾诺莎：《伦理学》，贺麟译，商务印书馆1958年版，第154页。
⑤ Steven Nadler, *Spinoza's Ethics: An Introduction*, Cambridge University Press, 2006, p. 205.

从,它并不提供理论知识;知识是哲学研究的对象,斯宾诺莎就是要在宗教和哲学之间加以清晰的划界,使不互相侵犯。斯宾诺莎赞赏使徒们所传的宗教与哲学的思辨完全无关,尔后感慨道,"我们这个时代若能见到有种宗教也免于迷信的束缚,那么我们这个时代又会多么幸福呢!"① 可见,在他看来,宗教一旦染指哲学思辨就成了迷信。

为此,斯宾诺莎还批判了中世纪以来的经院哲学家们将希腊哲学与基督宗教相结合的努力,"我承认他们对于《圣经》的神秘表示惊讶不已,但我见他们教导的只是柏拉图和亚里士多德派的思辨。即便他们并不想显得对那些异教徒的遵从,但他们却使圣经迁就这些异教徒。他们自己胡说还不够,他们还希望和希腊人一起,中伤先知也和他们一样地胡说乱道"②。这些经院哲学家将哲学与基督教相结合的努力,实际上既伤害了哲学,也伤害了基督教。

第一,这种结合的努力损坏了哲学的思辨性,并将启示的真理强加于理性之上。而理性知识之外的启示,在斯宾诺莎看来,不过是幻想与梦境以及其他幼稚可笑的事物,"他们惯于用祷告或象妇女似的哭泣来求援于上帝(特别是在危急不知所措的时候)。他们骂理智是盲目的,因为理智不能给他们所追求的幻影指示一条正路。他们舍人类的智慧而不用,以为是无益的。他们倒以为幻想、梦、和一些特别的幼稚可笑的事是上天的启示。这俨然好象上帝避开聪明的人,不把他的意旨写在人的心上,而写在畜类的脏腑上,或者让一些呆子、疯子与鸟类的灵觉与本能来宣示"③。

可见,斯宾诺莎把理性知识之外的启示视为可笑的、幼稚的意见,远非高于理性的知识。那么经院哲学家把启示强加于理性的做法,无异于

---

① [荷]斯宾诺莎:《神学政治论》,温锡增译,商务印书馆1963年版,第177页。
② Pierre-F. Moreau (ed.), *Spinoza Oeuvres*, Ⅲ: *Tractatus Theologico-Politicus*, Presses Universitaire de France, 1999, p. 66. Spinoza, *Theological-Political Treatise*, translated by Michael Silverthorne and Jonathan Israel, Cambridge University Press, 2007, p. 8. 参见[荷]斯宾诺莎《神学政治论》,温锡增译,商务印书馆1963年版,第13页,译文有改动。
③ [荷]斯宾诺莎:《神学政治论》,温锡增译,商务印书馆1963年版,第10页。

"把人从有理性之物降为畜生"①。迷信损害了人的智识的发展和精神的自由。

第二,经院哲学家不仅损害了哲学的思辨,而且还损害了人们的道德生活。在斯宾诺莎看来,神学理论的公开争论往往导致宗教迫害和宗教战争,"在教会中和在国家中哲学家热烈的争论着,这是深切的仇恨与纷争的来源"②。神学的争论导致提倡"邻人之爱"的宗教,变成教人迫害他人、仇恨他人,甚至发动"圣战"、乐于杀人的宗教,"我常惊讶地发现,那些自夸信从基督宗教的人,在所有人面前自称仁爱(amorem/love)、欣悦、和平、自制(continentiam/temperance)与忠诚(fidem/honest)的人,竟激烈地与人争吵,并终日给予对方最严酷的仇恨(odium/hatred)"③,这不得不说是启示宗教对人们的道德生活的损害。

总之,在斯宾诺莎看来,迷信源于无知,而宗教就是哲学,它是最大的知,因为它是对神的知。按照这个标准来看,一般而言的宗教,即启示宗教,包括犹太教、基督教和伊斯兰教都是斯宾诺莎所言的迷信。这主要是因为它们对人格神的崇拜,以及对非理性的启示真理的信仰。而他所谓的"普遍的宗教"或道德宗教,则介于迷信和宗教之间。真正的宗教是哲人的哲学,是少数人的宗教;而"普遍的宗教"则是大众应该普遍信仰的宗教。

三、斯宾诺莎论无知:想象与理性的区别

斯宾诺莎对"无知"的论断不仅仅是在神学意义上对宗教与迷信的区分,更重要的是他在认识论上对理性与想象的区别,而这构成了斯宾

---

① [荷]斯宾诺莎:《神学政治论》,温锡增译,商务印书馆1963年版,第13页。
② 同上书,第14页。
③ Pierre-F. Moreau (ed.), *Spinoza Oeuvres*, Ⅲ: *Tractatus Theologico-Politicus*, Presses Universitaire de France, 1999, p. 64. *Spinoza: Complete Works*, translated by Samuel Shirley, edited with introduction and notes by Michael L. Morgan, Hackett Publishing Company, Inc., 2002, p.390. 参见[荷]斯宾诺莎《神学政治论》,温锡增译,商务印书馆1963年版,第12页,译文有改动。

诺莎宗教批判的认识论基础。同时,理性与想象的认识论区别在斯宾诺莎那里还带有政治意义,即理性使人获得自由,而想象使人遭受奴役。

1. 想象与奴役

斯宾诺莎把一般而言的宗教归结于人的无知,而无知不仅产生恐惧,也产生想象。斯宾诺莎在此显然继承了伊壁鸠鲁与霍布斯对宗教的批判,卢克莱修(Lucretius)说:"恐惧所以能统治亿万众生,/只是因为人们看见大地寰宇/有无数他们不懂其原因的现象,/因此以为有神灵操纵其间。"① 霍布斯则把神理解为"想象出来的不可见力量的物质或实体"②。

什么是想象?斯宾诺莎说,"一个想象就是一个观念,这观念正所以表示人的身体现时的情状,而不表示外界物体的性质,并且表示得模糊而不清晰"。③ 想象就是当外界事物刺激身体感官时,心灵通过身体的情状(情况)所获得的关于外物的形象或关于形象的观念,即"当心灵(mind)拥有了身体的观念,即外部事物对身体产生影响时,心灵就是在'想象'"④。初读起来,斯宾诺莎对想象的界说显得有些难于理解,要想理解"想象"为何物还需理解斯宾诺莎特有的"身心平行论"。

在斯宾诺莎看来,身体和心灵是严格区分开来的,身体是广延属性的样态,而心灵是思想属性的样态,二者相互独立而无相互作用,"身体不能决定心灵,使它思想,心灵也不能决定身体,使它动或静"。决定心灵去思想的只有神的思想属性,决定身体动静的只有神的广延属性。另一方面,身体与心灵又是同一的。由于广延与思想是同一个实体的不同属性,所以身体和心灵只是同一个实体的不同属性的各自样态,所以身体与心灵其实是同一的,"心与身乃是同一的东西,不过有时借思想的属

---

① [古罗马]卢克莱修:《物性论》,方书春译,商务印书馆1981年版,第9页。
② [英]霍布斯:《利维坦》,黎思复、黎廷弼译,商务印书馆1985年版,第81页。
③ [荷]斯宾诺莎:《伦理学》,贺麟译,商务印书馆1958年版,第172页。
④ Michael Lebuffe, "The Anatomy of the Passions", in Olli Koistinen (ed.), *The Cambridge Companion to Spinoza's Ethics*, Cambridge University Press, 2009, p. 191.

性、有时借广延的属性去理解罢了"。所以说,"人心就是人身的观念或知识",①思想中的观念都是关于身体的观念。

或言之,由于心灵与身体是同一的,心灵就是对身体的观念,所以心灵能够自然而然地形成关于身体情况的正确观念。然而,心灵不能通过外界事物对身体的刺激而形成关于外界事物的正确观念,除非心灵对外界事物的观念源于理性或理智。正确的观念不能源于身体的感觉,"心灵产生各种恰切思想和行为的根源是理智,与身体的感觉毫无关联"。因为外界事物对身体的刺激只能产生出形象(image)而不是观念(idea),"形象是身体的感触或人体的情状,它们是广延属性的样态,这种形象当然不能给我们提供任何关于外界物体的知识或信息"②;正是由于身体与心灵是严格区分开来的,所以产生于广延属性的样态即身体感触的形象,并不能使思想属性样态的心灵产生正确的观念。

心灵因身体的刺激而形成的关于外部事物的形象或关于形象的观念都是心灵想象或猜测的结果,"想象只是以混乱的意象传达身体的感觉"③。当外界事物通过身体感觉影响心灵时,心灵就会通过身体此时的情况去想象或猜测外部事物的性质,所以此时产生的观念只能表示人的身体现时的情状,而不表示外界事物的性质。并且,正是由于心灵只是在用身体产生的形象来猜测外界事物的性质,而不是出于理智的对外界事物的理性认识,所以想象必然表示得模糊不清、因人而异,"由于形象起源于身体的运动,不同的身体对同一个事物可以形成不同的形象,因而这些形象是因人而异的";反之,理性的观念则出于必然的理智次序,所以理性的观念是统一的、清晰明确的,"观念由于起源于心灵的活动,并且都按照人人皆相同的理智次序而产生观念联系,因而观念不是因人而异的,所有的人对同一事物都可以形成同一

---

① 参见[荷]斯宾诺莎《伦理学》,贺麟译,商务印书馆 1958 年版,第 99、65 页。
② 洪汉鼎:《斯宾诺莎哲学研究》,人民出版社 1993 年版,第 445 页。
③ 普鲁斯:《斯宾诺莎、维柯与宗教想象》,林志猛译,载刘小枫、陈少明主编《经典与解释 25:维柯与古今之争》,华夏出版社 2008 年版,第 74 页。

的概念"。①

斯宾诺莎举例说,彼得的心灵中的"彼得"的观念,与保罗的心灵中的"彼得"的观念是不同的。前者直接表示彼得本人的身体本质,而后者是对彼得的形象的观念,它表示的只是保罗本人的身体状况,而不表示彼得的本性。因此只要保罗的身体状况还在继续,那么彼得即便不在保罗眼前,保罗也能通过心灵中"彼得"的观念想象彼得就在眼前。② 所以,吴增定认为,"想象的根本特点就是'以己度物',也就是说,想象把关于外物的形象误认为是外物本身,却不知它只是人的身体状态"③。

总之,想象是一种由外部事物引起的,在心灵中产生的不充分或不明晰的观念。而"心灵的主动只是起于正确的观念,而心灵的被动则只是基于不正确的观念"④,想象既然是不正确的观念,那么它必然促使心灵变得被动。"所谓主动就是当我们内部或外部有什么事情发生,其发生乃是出于我们的本性,单是通过我们的本性,对这事便可得到清楚明晰的理解。反之,假如有什么事情在我们内部发生,或者说,有什么事情出于我们的本性,而我们只是这事的部分原因,这样我们便称之为被动"⑤。心灵只是想象的部分原因,而并非完全出于心灵的本性,想象的另外一部分原因是外界事物,所以想象使心灵受动于外界事物。斯宾诺莎的"被动"概念,令人想起他的另一个概念,即"奴役","我把人在控制和克制情感上的软弱无力称为奴役。因为一个人为情感所支配,行为便没有自主之权,而受命运的宰割"⑥。这里的情感就是指被动的情感即激情(passion),即产生该情感的原因只是部分出于我们的本性,即由外界

---

① 参见洪汉鼎《斯宾诺莎哲学研究》,人民出版社1993年版,第449页。
② 参见[荷]斯宾诺莎《伦理学》,贺麟译,商务印书馆1958年版,第63页。
③ 吴增定:《斯宾诺莎的理性启蒙》,上海人民出版社2012年版,第48页。
④ [荷]斯宾诺莎:《伦理学》,贺麟译,商务印书馆1958年版,第103页。
⑤ 同上书,第97页。
⑥ 同上书,第166页。

事物所引起的身体情状，"我把情感（affect）理解为身体的情状（affections）"①。行动出于情感或激情，就是在服从外界事物的偶然而专断的命令，而不是在服从自己的本性。想象必然与激情相互关联，"不切实际的想象只能导致激情的出现，而激情亦只能从不切实际的想象中产生"②，想象和激情使人依赖于外界事物，却无法让人使用自己的力量去控制外物。所以说，"希望与恐惧使我们成为外界事物的奴隶，对其对象我们评价如此之高，但它的来去我们根本无法控制。同时它们可能产生次级的、常见的束缚即宗教。希望与恐惧使我们处于对牧师的服从性期待之中，而这牧师懂得如何用终极性的赏罚来操控我们的希望与恐惧"③。想象和激情往往产生启示宗教，牧师特别懂得利用和操控人的想象与激情，以便使所有人都失去自由而服从于教会及其利益，"基于想象—激情的生活的具体语境……就是启示宗教得以形成的温床"④。

可见启示宗教必然会产生想象与激情所产生的结果，即使人丧失自由，"迷信完全出于强烈激情（ex solo affectu）的变迁，而不是来自理性（non ex ratione）"⑤。信奉启示宗教的人，总是被希望和恐惧束缚着，"所有激情当中最强烈的是恐惧"⑥，启示宗教正是出于强烈的激情，而激情使人受到外物的奴役，使人服从于外在的必然性，而无法理性地认识到其自身本性的必然性所在，认识不到自身的利益所在，反而为了教会和君主的利益而不惜以身相殉，这是多么可怜、可悲的奴役状态！总之，启

---

① Baruch de Spinoza，*Ethik in Geometrischer Ordnung Dargestellt* (Lateinisch-Deutsch)，Felix Meiner Verlag，2010，S. 139. 参见［荷］斯宾诺莎《伦理学》，贺麟译，商务印书馆 1958 年版，第 97 页，译文有改动。
② ［美］施特劳斯：《斯宾诺莎的宗教批判》，李永晶译，华夏出版社 2013 年版，第 292 页。
③ Susan James，"Freedom, Slavery, and the Passions"，in Olli Koistinen （ed.），*The Cambridge Companion to Spinoza's Ethics*，Cambridge University Press，2009，p. 206.
④ ［美］施特劳斯：《斯宾诺莎的宗教批判》，李永晶译，华夏出版社 2013 年版，第 292 页。
⑤ Pierre-F. Moreau （ed.），*Spinoza Oeuvres*，Ⅲ：*Tractatus Theologico-Politicus*，Presses Universitaire de France，1999，p. 60. 参见［荷］斯宾诺莎《神学政治论》，温锡增译，商务印书馆 1963 年版，第 10 页，译文有改动。
⑥ ［美］施特劳斯：《斯宾诺莎的宗教批判》，李永晶译，华夏出版社 2013 年版，第 198 页。

示宗教必然导致人的奴役状态。

启示宗教就意味着奴役,这也是斯宾诺莎的宗教批判的政治哲学含义,君主和启示宗教的神都是外在于人的又奴役着人的外界事物,并通过操纵人们的恐惧对人加以统治。"君主统治(regiminis monarchici/monarchical government)的最高秘密与最终本质就在于欺骗人们,用宗教的华丽名义来掩饰恐惧并统治他们,这样他们就可以为自己的奴役而战,犹如为他们的救赎(salute/deliverance)而战一样,并且不以为耻、反而无上荣光地为某个个人(unius hominis/a single man)的荣誉而流血牺牲"①。理性则可以拆穿宗教的华丽谎言,认清楚君主政制的奴役本质,并将其推翻,建立起自我立法的民主制度。

2. 理性与自由

与"从泛泛的经验得来的知识"即想象不同,理性(rationem/reason)则是"从对于事物的特质(propria/properties)具有共同概念和正确观念而得来的观念"②。也就是说,理性作为一种认知能力,它从事物的普遍性和必然性出发,形成适用于该事物的共同概念即定义或界说,并把这些界说通过严格的推理、论证组成观念的体系。

与作为"被动的观念"的想象不同,理性则是"主动的",因为理性的知识是明晰的,因此就是正确的知识,"理性对事物的这种必然性具有真知识,或者能够认知事物的自身"③,而正确的知识就是主动的心灵;另一方面,理性的知识就是心灵所产生的观念之间的普遍必然的联系,因而

---

① Pierre-F. Moreau (ed.), *Spinoza Oeuvres*, Ⅲ: *Tractatus Theologico-Politicus*, Presses Universitaire de France, 1999, pp. 60 – 62. Spinoza, *Theological-Political Treatise*, translated by Michael Silverthorne and Jonathan Israel, Cambridge University Press, 2007, p. 6. 参见[荷]斯宾诺莎《神学政治论》,温锡增译,商务印书馆1963年版,第11页,译文有改动。
② Baruch de Spinoza, *Ethik in Geometrischer Ordnung Dargestellt* (Lateinisch-Deutsch), Felix Meiner Verlag, 2010, S. 180 – 182. *Spinoza: Complete Works*, translated by Samuel Shirley, edited with introduction and notes by Michael L. Morgan, Hackett Publishing Company, Inc., 2002, p. 267. [荷]斯宾诺莎:《伦理学》,贺麟译,商务印书馆1958年版,第79页。
③ [荷]斯宾诺莎:《伦理学》,贺麟译,商务印书馆1958年版,第83页。

并不随情绪的变动而变动,所以理性的知识或理智仅仅出于心灵的本性而不受外物的影响,"理智基于人心自身形成的观念,而其观念联系又依据纯粹的理智次序,因而只为理智本身的内在本质所决定,而不为外物所决定,所以理智是一种主动的认识过程"①。换句话说,理性就是人自身的法则,它不仅是人认识的法则,还是人的实践的法则。因为人的本性与自然一样都要遵循必然性的自然法则,而理性知识则揭示了这种必然性。如果说想象意味着奴役的话,那么理性就意味着自由,"凡是仅仅由自身本性的必然性而存在、其行为仅仅由它自身决定的东西叫做自由(libera)"②。想象使我们为外物所左右,而理性使我们出于自身本性的必然性而行动,因而理性使我们获得自由。斯宾诺莎说,"只要思想可能受到他人的欺骗,其判断能力便处于他人的权利之下。由此可见,只要能够正确运用理性,思想便完全处于自己的权利之下,或得到完全的自由。……凡是最有理性和最受理性指导的人,也就是最充分掌握自己权利的人。因此之故,只要是在理性指导下生活的人,我便称他为完全自由的人"③。

想象和激情使人受到外物的奴役,而想象和激情所孕生的迷信或启示宗教本身就是一种华丽的谎言,所以信仰启示宗教就是在受到他人的欺骗,就是让他人来操控自己的判断,使自己无法认识到并且更加无法遵从自身本性的必然性,从而产生了奴役。所以,理性就意味着自由,"自由即主动(to be free is to be active)",自由就是不受外部事物的奴役,不受那些依赖于外部事物的激情和欲望的束缚,自由就是要依据理性来生活,但是自由并不意味着人可以为所欲为,"并不是说他的意志和行为是非决定了的(undetermined)",自由要遵循理性的必然性,但理性的必然性并非外在强加给人的强制规范,而是人内在的本性,"自由意味着意志与行动出于他自己的本性——一个人自己内在的保存自我的努

---

① 洪汉鼎:《斯宾诺莎哲学研究》,人民出版社 1993 年版,第 469 页。
② [荷]斯宾诺莎:《伦理学》,贺麟译,商务印书馆 1958 年版,第 2 页。
③ [荷]斯宾诺莎:《政治论》,冯炳坤译,商务印书馆 1999 年版,第 16 页。

力——和理性"。① 总之,自由即自我决定或遵循自身的法则,就是行动出于自己的必然本性或利益的生活状态。

吊诡的是,斯宾诺莎主张自由,但又同时否定了意志的自由,那么他所宣扬的自由与自由意志到底有什么区别呢? 在斯宾诺莎看来,意志并非是自由的,"意志不能说是自由因,只能说是必然的",因为"无论怎样理解意志……都有原因以决定它的存在与动作"。意志的自由选择都是由充足的原因导致的(或决定的);人认为自己的意志是自由的,那是因为他并不知道他做出某种选择的原因何在,"人之被欺骗由于他们自以为他们是自由的,而唯一使他们作如是想的原因,即由于他们意识到他们自己的行为,而不知道决定这些行为的原因"。② 换句话说,无知导致了自由意志的幻象。

在舍斯托夫看来,斯宾诺莎早年和晚年对意志自由问题的论断有所断裂。舍斯托夫说,"当斯宾诺莎写 cogitata metaphysica(形而上学的沉思)时,他的意志还是自由的。当他写《伦理学》时,他的意志已经被奴役:他的意志受到某种力量的控制,他顺从地服从这种力量,就像石头服从下落规律或引力规律一样"③。斯宾诺莎早年撰写《形而上学的沉思》,附在《笛卡尔哲学原理》之后出版,在其中他论证了意志是自由的,"任何一个事物都没有力量毁灭心灵的本质;因此它作肯定或否定永远是自由的"④。这似乎是与斯宾诺莎晚年的对意志自由的否定是相悖的。但斯宾诺莎并不承认他早年和晚年之间的思想断裂,他并不承认在《笛卡尔哲学原理》中所阐述的观点是他自己的,"因为在这部著作中我所写的许多东西正与我自己的看法相反"⑤。斯宾诺莎在《笛卡尔哲学原理》以及所附的《形而上学的沉思》中阐述的只是笛卡尔的思想,而不是他自己的

---

① See Steven Nadler, *Spinoza's Ethics : An Introduction*, Cambridge University Press, 2006, p.236.
② 参见[荷]斯宾诺莎《伦理学》,贺麟译,商务印书馆1958年版,第29、74页。
③ [俄]舍斯托夫:《在约伯的天平上》,董友等译,三联书店1989年版,第277页。
④ [荷]斯宾诺莎:《笛卡尔哲学原理》,王荫庭、洪汉鼎译,商务印书馆1980年版,第183页。
⑤ 《斯宾诺莎书信集》,洪汉鼎译,商务印书馆1993年版,第64页。

思想;他只是说笛卡尔认为意志自由,而他自己则否认之。

雅可比就因为斯宾诺莎对意志自由的否定而声称,斯宾诺莎主义必然导致宿命论,"莱布尼茨—沃尔夫哲学并不比斯宾诺莎主义哲学更少地具有宿命论色彩……任何一种理论论证(Demostration)的道路必将终结于宿命论(fatalismus)"①。很显然,雅可比认为斯宾诺莎哲学和莱布尼茨—沃尔夫体系一样,其背后主导的原则就是"充足理由律",即一切事物的发生都必须满足一定的条件、具备充分的原因,只要这些条件和原因都具备了,该事物的发生就是必然的。人在具备充分理由、必然发生的事物面前毫无作为,只能听任命运的摆布,人在事物面前毫无自由可言。

不仅如此,充足理由律还使人相信理性可以解释一切,包括常识、道德和宗教,但理性在解释的同时也是对其所解释的对象的消解,因为有些对象本身就是非理性的,如上帝、信仰和宗教等。强行用理性来解释上帝、宗教的话,就只能将上帝和宗教以及信仰消解掉,并导致无神论,"斯宾诺莎主义是无神论(Atheismus)","斯宾诺莎的学说并不承认任何一种宗教"。② 而上帝是"绝对非决定的"(absolut Unbestimmten)即绝对自由意志的存在,但理性解释中的上帝要么被认为是一个虚构的形象,要么只是一个受必然性规律支配的理性存在,所以无论如何,用理性来解释一切,必然导致的就是对自由的消解。

但是,斯宾诺莎对自由意志的批判并没有取消人的自由。意志是必然的,并不意味着人就是命运或必然性的奴隶,充足理由律并不意味着人在现实面前毫无作为。自由不是意志的特征,而是理性的结果,一个自由的人知道是什么原因在影响或决定着他意志的选择,并且也知道做出某种选择之后会出现何种相应的后果。所以他的选择不是盲目的、犹豫不决的,他更不会为这种盲目和犹豫不决寻找被称为"意志自由"的美

---

① Friedrich Heinrich Jacobi, *Über die Lehre des Spinoza in Briefen an den Herrn Moses Mendelssohn*, Felix Meiner Verlag, 2000, S. 121-122.
② Ebda, S. 118.

丽借口,而是确定地、决绝地选择对他而言最为有益的选项,因为他的理性能力使他得知什么选项对他的本性而言是最佳的。因此,费尔巴哈解释说,"斯宾诺莎哲学在意志方面从我们这里拿走的东西,它又在认识方面绰绰有余地还给我们了。它从我们这里拿走了意志自由,却给与我们以最高的善,即理智的自由"①。斯宾诺莎从认识入手促进人的自由,只有认识到什么对我们而言是善好的,当我们选择它时,才会真正促进我们的主动性和行动、实践。

恩格斯说,"人对一定问题的判断越是自由,这个判断的内容所具有的必然性就越大;而犹豫不决是以不知为基础的,它看来好像是在许多不同的和相互矛盾的可能的决定中任意进行选择,但恰好由此证明它的不自由,证明它被正好应该由它支配的对象所支配"②。无知导致犹豫不决,而犹豫不决却看起来像是意志的自由选择。但实际上犹豫不决恰好是不自由的表现,他不知道应该如何在各对象之间做出正确的选择,所以他不能支配这些对象,反而只能被这些对象支配。

真正的自由是理性地判断的自由,是自我决定、自我立法。人只有通过自己的理性能力掌握了事物发生、发展的条件、原因和规律,才可以利用这些原因、运用这些规律改变现实的条件,从而使事物的发展进程逐渐有利于人的利益。所以,斯宾诺莎虽然取消了意志的自由,但同时树立了理性地判断的自由,自由并不与必然性相对立,自由恰恰是对必然性的有意识的把握和利用,"自由的对立面不是必然性而是奴役,奴役意味着任意的统治(arbitrary rule)或依赖于他人的意志……我们只有受理性的指导才能是真正主动的,现实地活着的。理性行动是无法(lawlessness)的对立面;理性行动意味着行动出于我们赋予自己的法律。自由等于自我立法"③。自由与奴役相对,而不是与必然性相对,自

---

① 《费尔巴哈哲学史著作选》第1卷,涂纪亮译,商务印书馆1978年版,第325页。
② 《马克思恩格斯全集》第26卷,人民出版社2014年版,第121页。
③ Steven B. Smith, *Spinoza's Book of Life: Freedom and Redemption in the Ethics*, Yale University Press, 2003, p.146.

由就是出于对必然性的把握和利用才得以摆脱外部事物对人的奴役。由此可见,在斯宾诺莎看来,理性就是自由,而想象就是一种奴役,那么,想象与理性、恐惧与希望、无知与知识等在认识论上具有重要地位的概念,同时在斯宾诺莎的政治哲学之中也起着重要作用。因此普鲁斯(J. Samuel Preus)说,"斯宾诺莎有关想象及其与理性之关系的学说是《神学政治论》的核心问题,也是其认识论的核心问题"①。

可见,理性与想象的区别,在斯宾诺莎那里不仅仅是认识论的问题,而且还带有某种政治哲学的含义。如果自由就是理性或自我立法的话,那么对于一个共同体来说,自由就是共同体内的所有人为整个共同体立法,这样,每个人依然服从于自己的意志,并且符合每个人的利益。因此,在斯宾诺莎那里,理性和自由的关联具有民主性质。"共同体中的成员越有理性的洞见,就越有力量(powerful)。……他们越是能够理解(understand),就越是能够抵抗激情所呈现的专断(arbitrariness),他们也就更自由"②;相反,激情则具有专制性质,如果人们为激情和想象所束缚,就必然被外在的专断力量所控制,"那些受缚于激情并因此容易采纳信仰的大众,成为少数人的激情的猎物,成为国王们与祭司们对权力与荣耀的强烈欲望的猎物"③。

那么,斯宾诺莎的政治哲学的基础是什么呢?马克思对其又有什么建设性的评价呢?

第三节　马克思对斯宾诺莎权力概念的评价

要想理解斯宾诺莎的政治哲学,就必须从斯宾诺莎的先驱们入手。正如施特劳斯所说:"正是马基雅弗利(即马基雅维利——引者注)对传

---

① 普鲁斯:《斯宾诺莎、维柯与宗教想象》,林志猛译,载刘小枫、陈少明主编《经典与解释 25:维柯与古今之争》,华夏出版社 2008 年版,第 70 页。
② Susan James, "Freedom, Slavery, and the Passions", in Olli Koistinen (ed.), *The Cambridge Companion to Spinoza's Ethics*, Cambridge University Press, 2009, p. 240.
③ [美]施特劳斯:《斯宾诺莎的宗教批判》,李永晶译,华夏出版社 2013 年版,第 299 页。

统政治哲学的较为温和的攻击,斯宾诺莎将它全盘接受过来。并将它转译成霍布斯的较少保留的语言。"①斯宾诺莎的政治哲学正是在马基雅维利与霍布斯等先驱的基础上形成的。所以当我们研究斯宾诺莎的政治哲学时,只有将之与霍布斯、马基雅维利的政治哲学相比较,才能对斯宾诺莎有个恰切的认识。不仅施特劳斯如此认为,马克思也是如此认为的,所以他总是将斯宾诺莎置于马基雅维利与霍布斯的政治哲学传统之中加以论说。

一、斯宾诺莎、马克思与霍布斯的权利理论

粗略地来看,斯宾诺莎的政治哲学似乎是霍布斯思想的派生物,无论是斯宾诺莎对霍布斯的"自然状态"、"自然权利"和"社会契约"等概念的借用,还是对这些概念的理解,似乎都是十分相似的。然而,斯宾诺莎往往赋予霍布斯的旧词以新意,从而体现出他的特殊性来,"尽管二人表达政治的词汇相同,但斯宾诺莎经常用不同的、原创的方式来使用霍布斯的词汇,使人们确定他是一个异常的霍布斯主义者,换言之,彻底的霍布斯主义者(Hobbesian at all)"②。虽然斯密什称斯宾诺莎为彻底的霍布斯主义者,但实际上,斯宾诺莎的政治哲学与霍布斯的相比,具有自己的独特性。

首先,这种独特性表现在斯宾诺莎对霍布斯的"自然权利"概念的转换,以及对"自然权利"与"自然法"之间关系的独特处理之上。

所谓自然权利(Ius Naturale/natural right),按照古典自然法传统的看法,就是人依照其本性,在国家或社会建立之前就原初获得的行为与思想的正当性。在此,"自然"的两个最重要的含义——"'自然'作为某

---

① [美]施特劳斯、克罗波西主编:《政治哲学史》,李天然等译,河北人民出版社1993年版,第327页。
② Steven B. Smith, *Spinoza's Book of Life: Freedom and Redemption in the Ethics*, Yale University Press, 2003, p.124.

一事物或某类事物的本质特征",以及"'自然'作为'初始事物'"①——都被囊括殆尽了。而自然法(Lex Naturalis/natural law)概念,在古典时代与自然权利或自然正当的概念是同一的,"自然法意指这样一种法,它可以判定何为正确、何为错误,判定何者具有权能(a power),或依据自然固有地(从而时时处处都)有效"②。自然法就是自然而然正确的、普遍有效的,作为人的行为与思想的对错、善恶的标准的道德规范。直到霍布斯,自然法与自然权利概念才开始分开,自然权利(the RIGHT OF NATURE/Ius Naturale)是一种自由,是"每一个人按照自己所愿意的方式运用自己的力量保全自己的天性(Nature/Naturae,自然)——也就是保全自己的生命——的自由(Liberty/Libertas)";而自然法是一种义务,"权利(RIGHT/Ius)在于做或者不做的自由,而法(LAW/Lex)决定并约束人们采取其中之一。所以法与权利的区别就像义务与自由的区别一样,两者在同一事物中是不相一致的"。与古典自然法传统对义务的强调相比,霍布斯突出的是权利或自由,自然法或义务不过是以禁止去做某事的方式对前者的保护或保存,"自然法……禁止人们去做损毁自己的生命或剥夺保全自己生命的手段的事情,并禁止人们不去做自己认为最为有利于生命保全的事情"③。因此,施特劳斯说,霍布斯作为"近代政治哲学的创始人",因为他"第一个以无与伦比的清晰明确,对'权利'和'法'加以区分,以至于他试图论证,国家首先奠基于'权利'之上,而'法'只是派生的后果"④。

斯宾诺莎与古典自然法传统以及霍布斯的不同之处在于,神即自然,那么自然权利必然与神有关。神是唯一的自因,其本质就包含了存在,因为神拥有无限的力量,"既然能够存在就是有力(potentia),那么一

---

① 参见[美]施特劳斯《自然权利与历史》,彭刚译,三联书店2003年版,第84页。
② [美]施特劳斯:《柏拉图式政治哲学研究》,张缨等译,华夏出版社2012年版,第183页。
③ Cf. Hobbes, *Leviathan* (English-latin), 2nd vol., edited by Noel Malcolm, Clarendon Press, 2012, pp. 198, 199. [英]霍布斯:《利维坦》,黎思复、黎廷弼译,商务印书馆1985年版,第97—98页,译文有改动。
④ [美]施特劳斯:《霍布斯的政治哲学》,申彤译,译林出版社2002年版,第190页。

物具有实在性(realitatis)愈多,它能够存在的力量也必定愈多;所以绝对无限之物或神其自身也必定具有绝对无限的能够存在的力量"①。而万物作为样态,其力量来源于神,所以其力量有限,其本质也就不包含存在,"凡是由神产生的事物,其本质不包含存在"②,所以只能努力保持其存在,"保存自我的努力(conatus)即是事物自身的本质"③。既然"自然万物借以存在和活动的力量(potentia)实际上就是神的力量(potentia)"④,万物的这种保持其自身存在的努力既是它的自然力量即神的力量,也是它的自然权利,万物都有权利去做它能力范围以内的一切事情。自然权利和自然秩序就是支配每一个个别事物的自然法则(regulas naturae),按照这种法则,我们把它设想为自然地(或译:依本性)受决定而存在,并且以某种方式活动。譬如说,鱼受自然(本性)决定而游泳,并且大鱼受自然(本性)决定吃小鱼。

因此按照至高无上的自然权利,鱼在水中生活,并且大鱼吃小鱼。毫无疑问,自然在绝对的意义上有至高无上的权利做她能够做的一切事情;也就是说,自然的权利(ius naturae/Nature's right)与自然的力量(eius potentia /her power)是完全等值的。因为自然的力量恰恰就是神的力量,而神对万物都拥有至高无上的权利……每个个别事物都拥有至高无上的权利去做它有能力做的任何事情。⑤

---

① Baruch de Spinoza, *Ethik in Geometrischer Ordnung Dargestellt* (Lateinisch-Deutsch), Felix Meiner Verlag, 2010, S. 24. [荷]斯宾诺莎:《伦理学》,贺麟译,商务印书馆 1958 年版,第 10 页。
② [荷]斯宾诺莎:《伦理学》,贺麟译,商务印书馆 1958 年版,第 24 页。
③ Baruch de Spinoza, *Ethik in Geometrischer Ordnung Dargestellt* (Lateinisch-Deutsch), Felix Meiner Verlag, 2010, S. 416. [荷]斯宾诺莎:《伦理学》,商务印书馆 1958 年版,第 187 页。
④ Baruch de Spinoza, *Politischer Traktat* (Lateinisch-Deutsch), Felix Meiner Verlag, 2010, S. 14. [荷]斯宾诺莎:《政治论》,冯炳坤译,商务印书馆 1999 年版,第 10 页。
⑤ Pierre-F. Moreau (ed.), *Spinoza Oeuvres*, Ⅲ: *Tractatus Theologico-Politicus*, Presses Universitaire de France, 1999, pp. 504 – 506. *Spinoza*: *Complete Works*, translated by Samuel Shirley, Hackett Publishing Company, Inc., 2002, pp. 526 – 527. 参见[荷]斯宾诺莎《神学政治论》,温锡增译,商务印书馆 1963 年版,第 212 页,译文有改动。

因此，按照自然权利，"鱼在水中生活，并且大鱼吃小鱼"，这种生存方式的差异与力量的不平等是绝对的自然事实，没有任何道德上的善恶可言，"如果说权利就是力量，那么自然状态本身就是一种彻底的'非道德'或'超道德'状态"①。

而在霍布斯那里，自然状态下的人是生而平等的，"自然使人在身心两方面的能力都十分相等"②，同样应该承认的是，"人们相互之间在自然权利上是平等的"③。从此平等就成了现代政治的道德规范之一。而在斯宾诺莎那里，人在自然状态的平等仅仅是形式上的，即"每个个体的自然权利，都同它的力量（potentiam）所及范围一样广大"④，每个人都平等地拥有与自己力量相适应的权利（或正当性），无论他是智慧的还是愚昧的，力量大的还是力量小的，他都有与自己力量相一致的权利，毫无例外；当然，斯宾诺莎认为，理性的人的力量要大于受激情束缚的人，"在自然状态中受理性指导的人是最有力量（potens）的和最充分掌握自己权利的人"⑤。当斯宾诺莎把权利视为力量时，力量的不平等（大鱼和小鱼的区别）就预示了权利的不平等。或者在他看来，真实的或实质的平等绝不是天生的，而毋宁说是制度的产物，"人与人之间或国家中全体公民之间的真实平等、并非空论的平等，只能是制度（institution）的产物，或一种集体实践的产物"⑥。社会制度的安排才会把自然的不平等调节为平等，但所采用的矫正手段却是另一种不平等，即社会的不平等，用社会的不平等来弥补自然的不平等，因此，不平等是一种常态，是一种事实，将平等作为道德价值加以追求，其实就是用一种主观的应然强加给客观的实然，是一种不愿也不敢认清事实的弱者的表现。

---

① 吴增定：《斯宾诺莎的理性启蒙》，上海人民出版社 2012 年版，第 140 页。
② ［英］霍布斯：《利维坦》，黎思复、黎廷弼译，商务印书馆 1985 年版，第 92 页。
③ 王利：《国家与正义：利维坦释义》，上海人民出版社 2007 年版，第 272 页。
④ Baruch de Spinoza, *Politischer Traktat* (Lateinisch-Deutsch), Felix Meiner Verlag, 2010, S. 14.［荷］斯宾诺莎：《政治论》，冯炳坤译，商务印书馆 1999 年版，第 11 页。
⑤ Ebda, S. 40. 同上书，第 27 页。
⑥ Étienne Balibar, *Spinoza and Politics*, translated by Peter Snowdon, Verso, 2008, p. 62.

然而,斯宾诺莎强调"权利即权力"的目的不是宣扬一种"强权即真理"的霸权思想,让没有权力、缺乏力量的处于弱势地位的人或集体甘心处于被统治地位;相反,他是要让那些被统治者勇敢地去追求力量、掌握权力,用斗争的手段与强者相对抗。如果被统治者努力打破了先前的力量不平衡状态,获得了等于或高于统治者的力量,那么他们就创造了自身的正当性。否则,没有权力的人一味地强调权利而没有勇气和强者斗争的话,就是在强者面前乞讨而已;向强者索取权利的同时其实就是在暗中向强者索取权力,强者是不会自觉地满足弱者们的无力索取的。马克思也对此思想深表赞同,他说,资本家购买工人的劳动力,前者坚持买者的权利想尽量延长工作日,后者坚持卖者的权利要求把工作日限制在一定的正常量内,"于是这里出现了二律背反,权利同权利相对抗,而这两种权利都同样是商品交换规律所承认的",但是资产阶级作为统治阶级掌握国家政治权力,通过各种立法手段和行政手段保障了资本家的买者权利,工人在这种权利的二律背反中明显是处于劣势的。但这并不意味着工人在劣势中放弃对抗,"在平等的权利之间,力量就起决定作用",资产阶级既然动用国家权力来维持资本家的权利,那么工人就要在生产斗争中增强自身的力量,"在资本主义生产的历史上,工作日的正常化过程表现为规定工作日界限的斗争,这是全体资本家即资本家阶级和全体工人即工人阶级之间的斗争"[1]。由此可见,斯宾诺莎和马克思都十分强调力量和斗争,并且把权利和正当性的问题归结于权力和力量的问题。

其次,斯宾诺莎在对于"社会契约"的签订方式和维持方式上与霍布斯的意见并不相同。

虽然对于霍布斯和斯宾诺莎来说,从自然状态过渡到社会状态需要社会契约。但是,在斯宾诺莎那里,社会契约只是个体权力的制约与平衡的结果,而不是像霍布斯那样,把社会契约视为"自然法"(Lex

---

[1] [德]马克思:《资本论》第1卷,人民出版社2004年版,第271—272页。

Naturalis)约束的结果。在斯宾诺莎看来,自然法不是对自然权利的制约,自然法与自然权利是合一的,"我把自然权利视为据以产生万物的自然法则或自然规律(naturae leges seu regulas),亦即自然力(naturae potentiam)本身"①。从这句引文中,我们发现,与霍布斯主要使用的、用以表示自然法的拉丁语词汇 Lex Naturalis 不同,斯宾诺莎使用的是 Lex Naturae;尽管霍布斯混用了 Lex Naturalis 与 Lex Naturae,比如他把英文版《利维坦》中的 A Law of Nature 在其拉丁语版中翻译为 Lex Naturalis,但是霍布斯与斯宾诺莎的"自然法"概念存在着巨大差异。②从拉丁语法上来讲,Lex Naturalis 是一个偏正结构;而 Lex Naturae 是一个所属结构。这种取词的不同意味着哪些思想差异呢?首先,霍布斯的取词沿用了古典自然法传统的词汇,并且同样意指某种道德规范或义务;而斯宾诺莎改造了传统词汇,并且取消了其原有的道德规范或义务的含义,仅仅表示客观的自然法则或自然规律。其次,霍布斯所谓"自然的法"(natural law)就是自然状态中的法,暗指在社会状态中不复有效;而斯宾诺莎所谓"自然之法"(the law of nature)就是自然本身的法则,人是自然的一部分,因而即便建立国家进入社会状态,人依然无法超脱于自然之外,成为"王国中之王国",③因此自然法之于国家和社会仍是有效的。那么,斯宾诺莎所理解的人的自然法则是什么?在他看来,人的力量是极其有限的,"在整个自然的永恒秩序中,人仅仅是沧海一粟而已"④,个人仅凭自己的力量无法得以存活,"人不互助或没理智的帮助,必是极其可怜地生活着"。因此当国家的建立更加有利于个体的保存时,人们会选择过国家的生活,因为"人人是会两利相权取其大,两害相

---

① Baruch de Spinoza, *Politischer Traktat* (Lateinisch-Deutsch), Hamburg: Felix Meiner Verlag, 2010, S.14. [荷]斯宾诺莎:《政治论》,冯炳坤译,商务印书馆1999年版,第10—11页。
② Cf. Hobbes, *Leviathan* (English-latin), vol.2, edited by Noel Malcolm, Clarendon Press, 2012, pp.198, 199.
③ 参见[荷]斯宾诺莎《政治论》,冯炳坤译,商务印书馆1999年版,第12页。
④ 同上书,第14页。

权取其轻"的,这是"人性的一条普遍规律"。①

由此可见,在斯宾诺莎那里,社会契约的签订、国家的建立,不是像霍布斯那样基于"寻求和平、信守和平"以及"利用一切可能的办法来保卫我们自己"②等自然法对自然权利的道德约束,而是基于力量冲突的平衡关系。"对斯宾诺莎而言,契约的签订不是源于先在的(preexisting)的道德责任,而只是出于各派(the parties)从不确定的条件下寻找安全的便利(convenience)"③。而在霍布斯那里,自然法和自然权利却带有浓厚的道德意义,"自然权利就是利维坦的道德基础"④,霍布斯的新的道德的最终的根基在于,"对暴力造成的死亡的恐惧"⑤;自我保存就是霍布斯认为的正当的道德目标,就是一种责任或义务。而在斯宾诺莎那里,"权利"是一种力量关系,是一种对实然的描述,而非应然的判断,因此从一开始就是与道德无关的概念,"权利概念的定义从一开始就不是与责任(duties)相挂钩的",权利不是道德意义上的正当,而"指向的是力量的平衡关系";同时,"个体之间的契约关系……并非某先在义务的结果,而是对一种新的、'双重'的权利或力量的建构"。⑥ 因此,斯宾诺莎的自然法概念并非古典自然法传统所认为的那样是普遍的道德规范,而是人性的普遍法则;斯宾诺莎比霍布斯更加推进了使自然法概念从"自然正当"、"自然法权"向"自然法则"、"自然规律"理解的进程,从而使其摆脱原有的道德规范、社会正义等道德含义,并把它理解为社会的客观规律而加以研究。马克思也说过,他的《资本论》就是在揭示支配现代

---

① 参见[荷]斯宾诺莎《神学政治论》,温锡增译,商务印书馆1963年版,第214—215页。
② [英]霍布斯:《利维坦》,黎思复、黎廷弼译,商务印书馆1985年版,第98页。
③ Steven B. Smith, *Spinoza, Liberalism, and the Question of Jewish Identity*, Yale University Press, 1997, p. 130.
④ 王利:《国家与正义:利维坦释义》,上海人民出版社2007年版,第275页。
⑤ [美]施特劳斯:《霍布斯的政治哲学:基础与起源》,申彤译,译林出版社2001年版,第139页。
⑥ 参见[法]巴利巴尔《斯宾诺莎与政治》,赵文译,西北大学出版社2015年版,第96—98页。Étienne Balibar, *Spinoza and Politics*, translated by Peter Snowdon, Verso, 2008, pp. 60—62.

社会运动的"自然规律"或"经济运动规律",并且把"经济的社会形态的发展"理解为一种"自然史"的过程。①只有在理解了斯宾诺莎对自然法概念的改造的基础上,我们才能更好地理解马克思的社会自然规律的概念。

不仅如此,斯宾诺莎的社会契约论甚至不是理性的个体转让其权利的结果,因为作为社会大多数人的大众都受激情的束缚,而不受理性的指导,"所有人都谋求自己的利益,但谋利极少出于健全理性(sanae rationis/sound reason)的命令;因为大多数人追求某事物以及判断某些事物是否符合自己的利益时,仅出于情欲(libidine/sensual desire)和激情(animi affectibus/passions)对他们的支配,只顾眼前、不顾未来"②。在斯宾诺莎那里,应该如何使受激情束缚的大众意识到自己的利益,并在"两利相权取其大,两害相权取其轻"的人性规律下选择转让其自然权利并形成国家呢?③

这就是罗森塔尔(Michael A. Rosenthal)所说的斯宾诺莎的"社会契约论的集体行动(collective action)难题","如果人们都是理性的(rational),那么形成主权权威就是没有必要的了"④;如果每个人都受激

---

① 参见[德]马克思《资本论》第1卷,人民出版社2004年版,第10页。
② Pierre-F. Moreau (ed.), *Spinoza Oeuvres*, Ⅲ: *Tractatus Theologico-Politicus*, Presses Universitaire de France, 1999, pp. 218 – 220. Spinoza, *Theological-Political Treatise*, translated by Michael Silverthorne and Jonathan Israel, Cambridge University Press, 2007, pp. 72 – 73. 参见[荷]斯宾诺莎《神学政治论》,温锡增译,商务印书馆1963年版,第82页。
③ 索雷尔(Tom Sorell)对斯宾诺莎哲学的第一个质疑就是,"如此激情的人们如何参与斯宾诺莎所描述的社会契约呢?" Tom Sorell, "Spinoza's unstable politics of freedom", in Charlie Huenemann (ed.), *Interpreting Spinoza: Critical Essays*, Cambridge University Press, 2008, p. 151. 实际上,索雷尔将斯宾诺莎的社会契约论与霍布斯的相混淆了,在霍布斯那里,社会契约的签订纯粹出于所有人的理性计算,但在斯宾诺莎那里却并非如此,而索雷尔却将这种混淆本质疑斯宾诺莎的前后不一,更有甚者,吴增定以索雷尔为依据,论证斯宾诺莎政治哲学的困难,则更是大谬不然。参见吴增定《斯宾诺莎的理性启蒙》,上海人民出版社2012年版,第200页。
④ Michael A. Rosenthal, "Miracles, Wonder, and the State in Spinoza's Theological-Political Treatise", in Yitzhak Y. Melamed and Michael A. Rosenthal (ed.), *Spinoza's Theological-Political Treatise: A Critical Guide*, Cambridge University Press, 2010, p. 232.

情的束缚,而激情往往难以导致合作,"只要人们还陷于忿怒、嫉妒或某种憎恨情绪中不能自拔,他们必然是相互对立,彼此不和的"①,那么又如何使他们选择集体行动的国家生活呢?

斯密什认为,斯宾诺莎解决这个难题的策略是用更强有力的激情即自我保存的激情来抗拒其他激情的束缚,"如果理性在限制激情方面是无力的(powerless),那么就要找到其他足够有力(powerful)的情感来限制其他激情。如果没有人能听从理性的驱使,那么一个人至少会被自我保存(self-preservation)的欲望说服"②。但是受激情束缚的人如果缺乏理性的考量,又如何得知什么手段更加有利于自我保存呢?

实际上,斯宾诺莎确实是用激情来抗拒激情的,只是他利用的不是自我保存的欲望,而是宗教恐惧,因为,在斯宾诺莎那里,引起人的行为的原因就在于恐惧和希望之情,而恐惧与希望往往与宗教有关,"实际上,不论在自然状态还是在国家状态之中,人都是按照自己本性的法则行事,着眼于自己的利益。据我看来,在这两种状态之中,人们有所为或有所不为的原因都是出于希望或恐惧"③。所以,要想使受激情束缚的大众选择过国家中的理性生活,其手段肯定不是理性说服,而是宗教恐惧的震慑,"基于对超自然的上帝之天命(providence)的本性以及天命与国家法律的公认关系的认识,个体会认为只有通过服从法律、选择合作才能最好地维护自己的利益"④。斯宾诺莎虽然在理性智识上批判启示宗教,但却承认启示宗教的政治和道德意义,甚至在解决集体行动难题上利用宗教以达到自己的目的。

更重要的是,对于签订社会契约之后,如何维持国家的存在、维持社

---

① [荷]斯宾诺莎:《政治论》,冯炳坤译,商务印书馆1999年版,第17页。
② Steven B. Smith, *Spinoza, Liberalism, and the Question of Jewish Identity*, Yale University Press, 1997, p. 129.
③ [荷]斯宾诺莎:《政治论》,冯炳坤译,商务印书馆1999年版,第25页。
④ Michael A. Rosenthal, "Miracles, Wonder, and the State in Spinoza's Theological-Political Treatise", in Yitzhak Y. Melamed and Michael A. Rosenthal (ed.), *Spinoza's Theological-Political Treatise: A Critical Guide*, Cambridge University Press, 2010, p. 235.

会契约的有效性的问题,斯宾诺莎与霍布斯也产生了分歧。问题的关键在于,国民(subjects 或译臣民)是否有权利废除业已建立的社会契约?在霍布斯看来,社会契约一旦签订,国民就再也没有权利废除它了,因为契约的签订是国民的自愿行为,因而他们有义务遵守自己的诺言,"如果他拒绝遵守声言反对他们的任何规定,便是违反了自己的信约,因之也就是不义的行为"①。但在斯宾诺莎看来,依靠守信的道德义务是没有力量维护社会契约的,因为依据人的自我保存的本性,人们只有在没有力量反叛的时候才会守信,一旦力量的对比出现变化,即当人们有力量反叛时,也就有权利(或正当性)废除社会契约了,因为"自然权利和自然力量是等值的"。

斯宾诺莎举了个例子,当一个强盗迫使我做出承诺把我的财物供他挥霍时,在我的力量不足以对抗他时,我就不得不做出这样的承诺,可是一旦我做出这样的承诺从这个强盗手中解脱出来后,我就没有必要履行承诺了。② 斯宾诺莎说,"对于一个凭自然权利仍然是自己的裁判官的人来说,如果他断定他的承诺是得不偿失的,而且他是根据自己的判断而决意背弃诺言,那么他就是凭自然权利背弃诺言"③。凭借力量对比的变化而背弃承诺是正当的,是符合自然权利的。

在斯宾诺莎看来,光靠人的信义来维持社会契约论是不够的,因为人的信义本身依赖于力量的平衡,一旦力量关系发生变化,信义必然遭到唾弃,"如果国家的安宁取决于某些人的信义,而且国务的正确治理有赖于其统治者愿意采取有信义的行动,这个国家一定是很不稳定的"④。既然诺言不足以维持社会契约,那么国家应该如何维持社会契约的存在呢? 在斯宾诺莎看来,国家或主权者(the sovereign,即霍布斯所言的"利维坦")只有致力于维护公共利益(salus publica/common

---

① [英]霍布斯:《利维坦》,黎思复、黎廷弼译,商务印书馆 1985 年版,第 135—136 页。
② 参见[荷]斯宾诺莎《神学政治论》,温锡增译,商务印书馆 1963 年版,第 215 页。
③ [荷]斯宾诺莎:《政治论》,冯炳坤译,商务印书馆 1999 年版,第 16—17 页。
④ 同上书,第 8 页。

good)时,社会契约才能够维持其存在,"国家必须组织得使所有的成员,统治者也好,被统治者也好,不论是否愿意,都按公共利益行事,换句话说,必须使全体成员,不论出自自愿,还是出自强制或必要,都按照理性的指令来生活"①。国家命令和法律都必须符合理性和公共利益,只有这样大众才不至于起而反叛社会契约和国家。相反,如果一个国家和法律并不符合理性和公共利益,执行国家命令与法律的最后结果只是满足了君主或贵族一己之私的话,大众就有权利废除这个不合理的社会契约;因为"没人能长久保持一个专制者的威权"②,既然专制者没有力量长期保持专制统治,那么专制统治的长期存在也就缺乏正当性。

可见,斯宾诺莎的社会契约非常独特,它不要求权利转让后的守信,甚至不要求转让时的理性,以至于巴利巴尔认为斯宾诺莎的契约概念只是某种"近似的契约"(approximate pact),它不是权利的理性转让,而是个体力量的融合,因此"这近似的契约不再是一种契约"③。奈格里甚至认为斯宾诺莎在《政治论》中放弃了《神学政治论》中的契约论,从而显示了斯宾诺莎政治哲学发展的阶段性。④ 但实际上,奈格里并没有发现斯宾诺莎的契约论的独特之处,从而夸大了《政治论》和《神学政治论》之间的差异。

在奈格里看来,契约论具有意识形态功能,所谓权利的转让,不是为了解释人们从自然状态向社会状态的转变过程,而是为了使国家的异化权力得以合法化,"契约理论是直接的司法(juridical)理论,这就意味着

---

① [荷]斯宾诺莎:《政治论》,冯炳坤译,商务印书馆1999年版,第47页。
② [荷]斯宾诺莎:《神学政治论》,温锡增译,商务印书馆1963年版,第217页。
③ Etienne Balibar, "Jus- Pactum- Lex: on the Constitution of the Subject in the Theologico-Political Treatise", in Warren Montag, Ted Stolze (ed.), *The New Spinoza*, University of Minnesota Press, 1997, p. 172.
④ See Antonio Negri, "Reliqua Desiderantur: a Conjecture for a Definition of the Concept of Democracy in the Final Spinoza", in Warren Montag, Ted Stolze (ed.), *The New Spinoza*, University of Minnesota Press, 1997, p. 223.

它的功能不是解释人的联合与政治社会的建构过程,而是为了将政治社会的宪法和权力从市民社会向国家的转让得以合法化(legitimize)"。这样,社会契约理论也就成了绝对国家的理论,即论证国家的绝对性、国民绝对服从于国家的理论,因而从社会契约论中产生的政体都必然是君主制的,"这样就可能存在君主式的君主制、贵族式的君主制,甚至民主式的君主制:在这个意义上,一个世纪之后的卢梭完成了社会契约理论"。① 即便是卢梭式的民主国家,也是源于社会契约理论,因而也只是一味强调国民对国家的顺从的,这才产生了"强迫自由"的悖论,这种强迫本身就是君主制的,所以卢梭意义上的国家其实是民主的君主制,而非真正的民主制。

斯宾诺莎在《政治论》一书中并没有以社会契约论的方式论证从自然状态向社会状态的过渡,因而奈格里认为斯宾诺莎已经超越并放弃了社会契约理论。只有斯宾诺莎的民主制才是与大众的自由相容的,"在《政治论》的前几章中所出现的人的力量(human power)是作为集体存在(collective existence)及其运动(即它的社会与文化)的基础出现的……这样的绝对性(absoluteness)概念被归结为力量的概念,也明显地归结为自由的概念"②。斯宾诺莎在《政治论》中对自然状态的论说之后,就直接开始了对社会状态的论述,至于两个状态之间的鸿沟是如何实现跨越的,斯宾诺莎似乎并不关心。事实上,如果没有社会契约论,这个问题很难解决,在自然状态和社会状态这种话语体系之下社会契约论是很难避免的,因而很难讲斯宾诺莎已经放弃了社会契约论。

最后,关于国家存在的目的,斯宾诺莎与霍布斯的看法也并不相同。

在斯宾诺莎看来,人即便建立了国家也不可能超脱于自然,因此人在自然状态中所具有的自然权利以及所遵循的自然法,在国家或社会状

---

① See Antonio Negri, "Reliqua Desiderantur: a Conjecture for a Definition of the Concept of Democracy in the Final Spinoza", in Warren Montag, Ted Stolze (ed.), *The New Spinoza*, University of Minnesota Press, 1997, p. 222.
② Ibid., p. 226.

态之中都仍然有效。因此国家的建立并非像霍布斯所言的那样,是对人的自然权利的剥夺,而是在保持自然权利的基础上,给予人更大的自由,即理性的生活。因此,不能把斯宾诺莎的契约(pactum)概念理解为霍布斯意义上的契约(contract)。在霍布斯那里,国家的建立在于每个人为了自我保存而将自己的自然权利全部转让给一个人或一个集体,即转让给第三方,"我承认这个人或这个集体,并放弃我管理自己的权利,把它授予这人或这个集体,但条件是你也把自己的权利拿出来授予他,并以同样的方式承认他的一切行为"①。而第三方却并不是契约签订的一方,即便他或他们滥用权力也并非毁约行为,而国民的造反或革命却属于毁约行为,就是不正义的(injustice/Injustum)。② 霍布斯之所以这样做,是因为在他看来,只有绝对的君主权力,才能保障政治生活的安全和稳定,也只有绝对的主权才能实现和平,即最基本的自然法——"寻求和平、信守和平"③。

但这样的国家或利维坦从此对其国民拥有了无限的权力,它不仅要求其国民在行为上服从于它,而且还要求其国民在思想上臣服于它。"上帝的王国是一个世俗王国"④,上帝重临之前,世俗权力的统治者同时也是精神权力的统治者。霍布斯通过划分"外在认信"和"内在信仰",为生活在异教王国的基督徒争取了思想自由,即基督徒可以在口头上表明自己信奉异教,但内心仍信仰着基督教;这种划分之所以可能,就在于主权者的力量不足以控制人的内心,"信仰既不依靠强制或命令,也与之无关"⑤,"至于他们的信仰,则是内在的和看不见的,他们可以具有纳缦

---

① [英]霍布斯:《利维坦》,黎思复、黎廷弼译,商务印书馆1985年版,第131—132页。
② See Hobbes, *Leviathan* (English-latin), 2nd vol., edited by Noel Malcolm, Clarendon Press, 2012, pp.264, 267. [英]霍布斯:《利维坦》,黎思复、黎廷弼译,商务印书馆1985年版,第133—134页。
③ [英]霍布斯:《利维坦》,黎思复、黎廷弼译,商务印书馆1985年版,第98页。
④ 同上书,第327页。
⑤ 同上书,第399页。

(Naaman)所具有的那种自由,并无须为此而自行冒险"①。虽然霍布斯承认信仰或思想是自由的,但并没有承认它的正当性,思想自由只是主权者虽无力侵害却极力欲图侵害的自然权利。换句话说,在霍布斯那里,思想自由只是国家权力或力量的边界,但并非国家权利的界限。因此,霍布斯虽然为了保持个人自由而区分了权利与法,结果反而将主权权力合法化了,同时也为主权为了维持自身而采取的暴力做了辩护。

而在斯宾诺莎那里,思想自由既是国家权力的边界,也是国家权利的界限,因为权利的范围与权力(或力量)的范围是一样的。国家既然没有力量控制国民的内在信仰,所以也就没有权利去控制国民的内心,"人的心是不可能完全由别一个人处治安排的,因为没有人会愿意或被迫把他的天赋的自由思考判断之权转让与人的。因为这个道理,想法子控制人的心的政府,可以说是暴虐的政府"②。所以国家真正的目的就是促进理性、促进自由,而不是以维护社会稳定、促进经济发展(保存人的身体)为名义而干涉国民的思想自由,甚至进行愚民的宣传和教育,"绝不是把人从有理性的动物变成畜牲或傀儡,而是使人有保障地发展他们的心身,没有约束地运用他们的理智","政治的真正目的是自由"。③ 国家的建立,不仅不能侵害人的思想自由,反而要促进人的理智的发展和思想表达的自由。所以,斯宾诺莎总结他的政治哲学与霍布斯的不同时说:

> 我永远要让自然权利不受侵犯,因而国家的最高权力对国民所

---

① [英]霍布斯:《利维坦》,黎思复、黎廷弼译,商务印书馆1985年版,第489页。纳缦(Naaman),旧约圣经中的人物,和合本译为乃缦。他是亚兰王的元帅,亚兰王信别的神而他信仰耶和华。当亚兰王叩拜临门庙的神像时,他用手搀扶亚兰王时也向神像屈身了。他为此感到害怕,希望得到耶和华的饶恕,先知以利沙对他说,"你可以平平安安地回去"。这说明上帝原谅了纳缦在外在行为上对君主所信之神的屈身敬拜。(参见《列王记》下篇第5章第16—19节)霍布斯从这个故事中引申出了外在认信和内在信仰的区分,认为纳缦屈身敬拜其他神,这只是出于对主权者的服从,而不是出于他的本心,"他不是为了自己的心,而是为了国家的法律做出的;这行为不是他的,而是他的主权者的",因此信仰者没有必要为外在认信的行为负责。参见[英]霍布斯《利维坦》,黎思复、黎廷弼译,商务印书馆1985年版,第401页。
② [荷]斯宾诺莎:《神学政治论》,温锡增译,商务印书馆1963年版,第270页。
③ 参见同上书,第272页。

具有的权利仅仅与它超出国民之力的力量相适应（the sovereign power in a State has right over a subject only in proportion to the excess of its power over that of a subject）。①

在霍布斯那里，契约的签订、国家的建立就意味着自然状态的结束，那么人在自然状态中所具有的自然权利都要转让给主权者，约束自然权利的自然法也便失去了效力，发挥效力的只有国家所制定的实在法。在这种状态下，思想自由，也是主权者试图收走的自然权利，但斯宾诺莎永远不要让这样的事情发生。斯宾诺莎并非不懂得政治和平与安全的重要性，"国家状态的目的不外乎生活的和平与安全"②，只是和平不能以牺牲自由为代价。

> 一个国民由于恐惧而不敢造反的国家与其说享有和平，不如说没有战争更恰当一些；因为和平不只是没有战争，而且也是建立在精神力量之上的德性。……况且，一个国家如果其和平依赖于它的国民怠惰无能，使他们犹如绵羊一样，除了奴性以外什么也不知道，这与其称之为国家，不如称之为荒芜的沙漠更恰当些。③

一个国家中的公民或国民如果没有自由的德性，他就不再是一国的公民或国民（旧译为臣民），而是一个或几个主人的奴隶而已，"凡是根据政治权利享有国家的一切好处的人们均称为公民；凡是有服从国家各项规章和法律的义务的人们均称为国民"④。一个人在国家中的权利和义务是对等的话，那么他既是国家的公民也是国家的国民。但人们一旦失去了自由的德性，则成为懦弱无能的人；而为了苟活失去德性的人，则无异于动物，"其实，自由是一种德性，或一种完善性。因此，懦弱无能的任

---

① *Spinoza: Complete Works*, translated by Samuel Shirley, edited with introduction and notes by Michael L. Morgan, Hackett Publishing Company, Inc., 2002, pp. 891–892. 参见《斯宾诺莎书信集》，洪汉鼎译，商务印书馆1993年版，第227页，译文有改动。
② ［荷］斯宾诺莎：《政治论》，冯炳坤译，商务印书馆1999年版，第41—42页。
③ 同上书，第42—43页。
④ 同上书，第24页。

何表现都不能算是人的自由"①。以牺牲自由而得来的安全与和平,毋宁说是一种更大的灾难,"如果奴役、野蛮和荒芜都冠之以和平的美名,那么,和平就成了人类所遭受的最大不幸"②。在奈格里看来,斯宾诺莎继承了马基雅维利的传统,强调斗争对于政治自由的重要性,马克思也继承了马基雅维利和斯宾诺莎,主张阶级斗争促进社会关系的改造。③ 总之,在斯宾诺莎看来,人不能仅仅为了自我保存而没有尊严和价值地生活着,而应该追求人的甚至是神的自由生活。

另一方面,在霍布斯那里,国民的权利转让给了第三方,而在斯宾诺莎那里,权利转让给了人民的联合体(a united people),"在民主制度中,没人把他的自然权利绝对地转付于人,以致对于事务他再也不能发表意见。他只是把自然权利交付给一个社会的大多数。他是那个社会的一分子"④,所以每个人依然可以保持其自然状态下的自由权利。因此,斯密什说斯宾诺莎与霍布斯的不同之处在于,契约签订的各方都在契约的约束范围之内,并且不仅不收走那些自然权利或自由而且保证了自然权利或自由,因此没有必要担心自己会处于某人的专制之下,"就社会契约对每一个人来说都是一样的而言,没有人害怕自己会置于他人的专断控制之下。在人民的权力与主权者的权力之间不存在不平等的划分"⑤。而奈格里则把霍布斯的社会契约理解为"主权(sovereignty)的抽象转让和自然权利的异化(alienation)",最终导致国家权力(potestas/Power)对大众的自然权利的侵害,而斯宾诺莎的民主国家则是大众自己的力量(potentia/power)的集体建构,"只有力量(power),通过自我建构,只有

---

① [荷]斯宾诺莎:《政治论》,冯炳坤译,商务印书馆1999年版,第13页。
② 同上书,第47—48页。
③ See Antonio Negri, *Spinoza for Our Time: Politics and Postmodernity*, translated by William McCuaig, Columbia University Press, 2013, pp. 39-40.
④ [荷]斯宾诺莎:《神学政治论》,温锡增译,商务印书馆1963年版,第219页,译文有改动。
⑤ Steven B. Smith, *Spinoza, Liberalism, and the Question of Jewish Identity*, Yale University Press, 1997, p. 132.

多数人(the many)的力量,通过自我的集体建构,才能建立国家权力(Power)"。①

可见,斯宾诺莎的政治哲学与其说是对霍布斯权利理论的继承和发展,不如说是对霍布斯的回应。一方面,不能忽视斯宾诺莎与霍布斯在政治哲学上的差异,以至于忽视斯宾诺莎政治哲学的价值;另一方面,只有在保持斯宾诺莎与霍布斯之间张力的前提下,以斯宾诺莎对霍布斯的回应为母题,才能真正地理解斯宾诺莎的政治哲学的基础。

二、斯宾诺莎、马克思与马基雅维利的现实主义

由此我们发现,斯宾诺莎的政治哲学是以权力为基础的,而且比霍布斯还要彻底地摆脱了道德的束缚。因此马克思评价说:

> 先是马基雅弗利、康帕内拉,后是霍布斯、斯宾诺莎、许霍·格劳秀斯,直到卢梭、费希特、黑格尔则已经开始用人的眼光来观察国家了,他们从理性和经验出发,而不是从神学出发来阐明国家的自然规律。②

> 从近代马基雅弗利、霍布斯和斯宾诺莎、博丹,以及近代的其他许多思想家谈起,权力都是作为法的基础的,由此,政治的理论观念摆脱了道德,所剩下的是独立地研究政治的主张,其他没有别的了。③

在这两份名单中,"用人的眼光来观察国家"即"以权力为基础"、"摆脱道德独立地研究政治"做得最彻底的,恐怕就是马基雅维利和斯宾诺莎了。施特劳斯因此说:"斯宾诺莎的神则完全处于善与恶的彼岸(beyond good and evil)。神的力量(might)就是神的正当性(right),因

---

① See Antonio Negri, *Subversive Spinoza*, edited by Timothy S. Murphy, Manchester University Press, 2004, pp. 9, 15.
②《马克思恩格斯全集》第1卷,人民出版社1995年版,第227页。
③《马克思恩格斯全集》第3卷,人民出版社1960年版,第368页。

而每一个存在者的权力(power)据此就是其自身的权利(right)。斯宾诺莎将马基雅维利主义提升到了神学的高度。"①

在马基雅维利那里,权力是超善恶的,政治领域的权力争夺是不能用道德标准来评价的,所以马基雅维利就变成了"政治思想与政治行为中弃义背理、不择手段的经典化身"②。而斯宾诺莎把权力争夺拓展到了所有样态即世间万物之中,而且他的神是没有善恶可言的。神的存在在于其无限的力量或权力,其力量才是他存在的正当性。可以说,斯宾诺莎的马基雅维利式的现实主义,使他的政治哲学背离了古典政治哲学的基础。斯宾诺莎的《政治论》一开篇就批评了古典政治哲学家们对人的激情的嘲笑、叹惋和斥责:

> 实际上,他们没有**按照人们本来面目来看待人**,而是按照他们所希望的样子来想象人。结果,他们写出来的通常是讽刺作品,而不是伦理学著作;他们所设想的从来不是有实用价值的政治体系,而是显而易见的幻想,或者是只能在乌托邦或诗人讴歌的黄金时代才能实行的模式,而那里根本不需要这种东西。③(黑体为引者所加)

斯宾诺莎的这段话,很容易让人联想到马基雅维利著名的一段话:

> 我的目的是写一些东西,即对于那些通晓它的人是有用的东西,我觉得最好讨论一下**事物在实际上的真实情况**,而不是论述事物的想象方面。许多人曾经幻想那些从来没有人见过或者知道在实际上存在过的共和国和君主国。可是人们实际上怎样生活同人们应当怎样生活,其距离是如此之大,以致一个人要是为了应该怎

---

① Leo Strauss, *Spinoza's Critique of Religion*, translated by E. M. Sinclair, Schocken Books, 1982, p. 18. 参见[美]施特劳斯《斯宾诺莎的宗教批判》,李永晶译,华夏出版社 2013 年版,第 34 页,译文有改动。
② [美]施特劳斯:《关于马基雅维里的思考》,申彤译,译林出版社 2003 年版,第 2 页。
③ [荷]斯宾诺莎:《政治论》,冯炳坤译,商务印书馆 1999 年版,第 4 页。

么办而把实际上是怎么回事置诸脑后,那么他不但不能保存自己,反而会导致自我毁灭。①(黑体为引者所加)

从斯宾诺莎和马基雅维利的论述来看,他们都希望探求现实的、真实的情况,得到对人的政治生活或国家有益的、具有实用价值的学说,并且将以往的政治理论家所提出来的道德应然斥之为无用的甚至有害的幻想或想象。所以说,相比于古典政治哲学家,斯宾诺莎(和马基雅维利一样)并没有从理想的人出发批判现实中受激情支配的人们,反而从现实中受激情支配的人出发,为国家的建构提供有益的理论根据。

> 我致力于政治学研究的目的不是为了提出新的或前所未闻的建议,而是通过可靠和无可争辩的推理,并且**从人的真正本性去确立和推论最符合实际的原则和制度**。而且,为了把人们通常在数学研究中所表现的那种客观态度运用于这方面的研究工作中,**我十分注意避免对人们的行为加以嘲笑、表示叹惋、或给予诅咒,而只是力图取得真正的理解**。所以,对于人们的诸种激情,如爱、憎、怒、嫉妒、功名心、同情心,以及引起波动的其他各种感觉,我都不视为人性的缺陷或邪恶,而视为人性的诸属性,犹如热、冷、风暴、雷鸣之类是大气本性的诸属性一样。②(黑体为引者所加)

人总是受激情的束缚,大多数人都无法拔除激情,斯宾诺莎对人性的这种悲观理解,很显然也来自马基雅维利,"关于人类,一般的可以这么说:他们是忘恩负义、容易变心的,是伪装者、冒牌者,是逃避危难,追逐利益的"③。既然从现实来讲,人性确实是受激情束缚的,那么抱着主观应然的道德态度对人的激情加以嘲讽、叹惋和批判就是没有意义的。与其没有意义地嘲讽、叹惋,不如去研究人的激情产生的原因,然后在政治上加以运用,想办法如何利用人的激情以建构符合理性的国家。或者

---

① [意]马基雅维里(即马基雅维利):《君主论》,潘汉典译,商务印书馆1985年版,第73—74页。
② [荷]斯宾诺莎:《政治论》,冯炳坤译,商务印书馆1999年版,第6页。
③ [意]马基雅维里:《君主论》,潘汉典译,商务印书馆1985年版,第80页。

说，斯宾诺莎只是把人的激情视为一种客观的事实，或者说是人性的诸多客观属性。尽管这些属性，像大气的冷、热、风暴和雷鸣一样往往令人感到不快，但绝不能因为感到不快而放弃对人性加以客观的、冷静的研究。但同时，对人性的客观冷静的研究，并不是斯宾诺莎的真正目的，他的研究与其说是为了认清现实，不如说是想利用这种现实为政治生活或国家建构、政体设计提供有益的根据。

总之，斯宾诺莎要做的不是对抗而是利用人的激情，因此，斯宾诺莎所中意的政体必然是与人的激情相吻合而不是相对抗的，所以施特劳斯说，"一般说来，与古典时代的政体相比，斯宾诺莎的政体赋予激情更大的自由，与此相应，他的政体也更少地依赖理性的力量"①。即便如此，斯宾诺莎依然不满于人性的激情状态，而是要逐渐地、缓慢地提升和改进人性；要想真正地改进人性，就不能从缥缈的高处着眼，而是要从实际的状况出发，这就是斯宾诺莎从马基雅维利那里继承来的现实主义态度。与传统政治哲学相比，斯宾诺莎与马基雅维利一样，将人的目标降低了，而传统的目标正是由于太高而无法实现。所以斯宾诺莎的策略是对人性加以逐步的改进，从低处着手、从人性的事实出发，逐渐提升人的理智和德性；而不是像古典哲学或基督教那样，事先为人性设定了一个过高的而无法实现的目标，然后再去批判现实生活中那些无法实现这些目标的人。因此罗森评价斯宾诺莎哲学说，"惟其实际才显得有力——它一开始就帮助人认识自己实际是什么，而非希望自己是什么。唯其强有力而显得有用"②。要想有力地改变人性，就必须认清现实，而现实总比想象中的情况要卑劣得多，因此斯宾诺莎选择认清现实、抛弃幻想，用现实来改进人性。在此之前就必须以客观淡然的态度对现实加以考察，而不是对现实加以冷嘲热讽。总之，对权力概念的强调，是斯宾诺莎政治哲学的基础。这种现实主义的政治哲学，在马克思那里得到了高度的赞

---

① ［美］施特劳斯：《斯宾诺莎的宗教批判》，李永晶译，华夏出版社 2013 年版，第 31 页。
② ［美］施特劳斯、克罗波西编：《政治哲学史》，李天然等译，河北人民出版社 1993 年版，第 523 页。

扬,并且马克思也从中继承了这种现实主义态度。

综上,笔者探讨了斯宾诺莎的形而上学基础、宗教批判的哲学基础以及政治哲学的基础,为接下来对斯宾诺莎在《神学政治论》中的宗教批判与政治哲学的具体内容进行论述夯实了基础。并且从马克思对斯宾诺莎的引述和理解来看,马克思对斯宾诺莎还是十分了解的,尽管因为时代的局限,尤其是黑格尔对他的巨大影响,他对斯宾诺莎的理解难免有所偏差。但我们也可以从中看出,马克思对斯宾诺莎"无知导致宗教"的命题,及其现实主义的"权力"概念都是十分认同的,斯宾诺莎也就因此在宗教批判和政治哲学方面对马克思产生了影响。

然而,在此所引述的马克思对斯宾诺莎的理解都还是十分零碎的,散见于其著作的边边角角之中。而接下来笔者则将直接研究马克思1839—1841年在柏林求学期间为其博士论文所准备的、对斯宾诺莎的《神学政治论》所做的摘录笔记。"其抄录的章节多达一百六十余处"①,如此大规模而且较为完整地(每个章节都照顾到了)摘录一本著作来研读,除了《德意志意识形态》中对施蒂纳《唯一者及其所有物》的摘录研读之外,没有能够与之相提并论的了。但与后者相比,前者的特殊性就在于,马克思仅仅在摘录,不仅无一字评价,而且甚至找他人代为摘录。但即便如此,我们也不能忽视它,原因就在于,马克思在此笔记中不仅揭示了斯宾诺莎《神学政治论》中的"自在体系",而且还暴露了马克思本人的阅读方法与斯宾诺莎阅读圣经的方法之间惊人的相似之处。

---

① 洪镰德:《马克思和恩格斯对民主理论与实际的析评》,载张福建、苏文流主编《民主理论:古典与现代》,台北:"中央研究院",1995年,第95页。另见 M. Rubel, "Notes on Marx's Conception of Democracy", in Bob Jessop and Brown Charlie Malcolm (ed.), *Marx's Social and Political Thought : Critical Assessment*, vol. 3, Routledge and Kegan Paul, 1990, p. 318。

第二章　斯宾诺莎的《神学政治论》以及马克思对它的阅读

马克思早年阅读过斯宾诺莎的《神学政治论》,并且在笔记本上做了大量的摘录,现载于《马克思恩格斯全集》历史考订版第 2 版(MEGA2)的第四部分第一卷。但国内外对该笔记的研究却寥寥无几,与该笔记的重要性严重地不对称。最大的困境在于,应该如何着手来研究一篇马克思不曾评论过一词一句的读书笔记。笔者认为,应该从马克思的阅读方法入手。

第一节　马克思论斯宾诺莎的双重体系

马克思认为,他的博士论文所做的事情,就是根据一些残篇来阐述伊壁鸠鲁的整个体系,并且说,"我确信这个体系,在伊壁鸠鲁的著作中,只是自在的(an sich)存在,而不是作为自觉的体系(bewuβter Systematik)存在"。马克思确信,伊壁鸠鲁的残篇中所阐述的体系,只是自在地存在于那些残篇之中,伊壁鸠鲁本人并未意识到这个体系的存在。与伊壁鸠鲁以残篇的形式存在而不是以体系的形式存在相反,斯宾诺莎的著作是以作者有意识地、自觉地提出的体系的形式呈现于外的,即便如此,马克思认为斯宾诺莎那里也存在着双重体系,"即使在那些赋予自己的著作以系统的形式的哲学家如象斯宾诺莎那里,他的体系的实际的内部结构(der wirkliche innere Bau)同他自觉地提出的(bewuβt dargestellt)体系所采用的形式是完全不同的"①。斯宾诺莎的双重体系体现在,他自觉呈现于外的体系背后存在着他实际上提供了但他本人却并未意识到的内在结构。因此,所谓自觉的体系,就是作者有意采用以呈现于外的形式;而自在的体系,就是隐藏在作者自觉呈现的外在形式之内的真正的结构。

时隔20多年后,马克思以另一种形式重新提出了斯宾诺莎的双重体系的问题,"对一个著作家来说,把某个作者实际上提供的东西(der Tat aussagt)和他自认为提供的东西(was er auszusagen glaubt)区分开来,是十分必要的。这甚至对哲学体系也是适用的:例如,斯宾诺莎视为(hielt)自己体系的基石的东西和实际上构成(wirklich bildet)这种基石的东西,两者完全不同"②。

首先,在马克思看来,拥有双重体系的不只是伊壁鸠鲁和斯宾诺莎,马克思对所有作者的一切著作都要划分出两个体系来;其次,从马克思以上表述来看,自觉的体系就是作者自认为提出的东西,而自在的体系就是作者实际上提出了但他自己并未意识到的东西。用柄谷行人的解释来说,所谓自觉的体系,就是"作者有意识支配的体系";而自在的体系,就是"作者所'没有支配的'体系"③。

马克思的阅读过程是双重的,他在阅读的过程中要区分出两个体系来,一个是作者自觉地、有意识地呈现给读者的体系,一个是潜藏在著作

---

① 马克思1858年5月31日致拉萨尔的信,载《马克思恩格斯全集》第29卷,人民出版社1972年版,第540页。*Karl Marx /Friedrich Engels Werke*,Band 29,Dietz Verlag,1963,S. 561. *Karl Marx /Friedrich Engels Gesamtausgabe*,Dritte Abteilung,Band 9,Dietz Verlag,2003,S. 155.
② 马克思1879年4月致柯瓦列夫斯基的信,载《马克思恩格斯文集》第10卷,人民出版社2009年版,第429—430页。*Karl Marx /Friedrich Engels Werke*,Band 34,Dietz Verlag,1966,S. 506.
③ [日]柄谷行人:《马克思,其可能性的中心》,中田友美译,中央编译出版社2004年版,第18页。

内部的、作者实际想要表达的内容的体系。前者是外在呈现,后者是内在隐匿;前者是显白的,后者是隐微的,显白与隐微本来就是外与内、公开与秘密的意思。但作者的外在呈现与内在隐匿的过程,不一定像施特劳斯所说的那样,是哲人为了避免遭到大众的迫害而有意为之的过程,"为了保护哲学,就需要有显白教诲,哲学必须披挂显白教诲的盔甲才能上场"①;或者是哲人为了不让哲学损害大众生活而自觉从事的工作,"哲学或科学,作为人的最高级活动,试图用关于'万物'的知识取代关于'万物'的意见;但意见是社会的基本要素;因此哲学或科学的努力就会瓦解社会所赖以生存的基本要素,于是便危及到了社会"②。虽然呈现于外乃至公开出版之后,大众也有机会接触到该著作,但呈现于外不一定就是为了面向大众;同样,虽然隐匿于内的东西往往只有少数人通过细致阅读才能发现,但隐匿于内却不一定就是为了向少数人秘传。施特劳斯狭隘地认为,显白作为一种外在呈现或外部学说,就一定是面向大众的教诲,"是具有教谕性质的大众教诲(popular teaching),处在前台";隐微作为一种内在隐匿或内部学说,就一定是面向具有哲人潜质的少数人的秘传教诲,"仅仅透过字里行间暗示出来"。③

实际上,隐微和显白的目的与表现有很多种,施特劳斯所理解的只是其中一种,而且是最为自觉的一种,在他看来,双重体系的划分本来就是作者有意为之的,因此读者才有权利进行双重的阅读。然而,作者是否有意为之,对于读者而言是很难保证的;施特劳斯判定作者有意为之的前提是,作者是不可能犯错的,犯错必定是故意的,看似错误之处其中必然隐匿着不得已而为之的苦衷,以及苦衷背后的微言大义,"如果一位写作艺术的大师犯了一些连聪明的中学生都会觉得丢脸的错误,那就有

---

① [美]施特劳斯:《迫害与写作艺术》,刘锋译,华夏出版社 2012 年版,第 11 页。
② [美]施特劳斯:《什么是政治哲学》,李世祥译,华夏出版社 2011 年版,第 215 页。
③ 参见[美]施特劳斯《迫害与写作艺术》,刘锋译,华夏出版社 2012 年版,第 29 页。Leo Strauss, *Persecution and the Art of Writing*, University of Chicago Press, 1988, p. 36.

理由假定,这些错误是有意犯下的"①。施特劳斯的假定是十分武断的,一位哲人在他著作之中充满张力或"首尾不一致"是不足为奇的,不一致的原因可能是体系与现实之间的冲突,可能是它所要阐述的事实本身的复杂性,也可能是出于实践要求而对理论所作的妥协,等等,却不一定是为了秘传某种教诲。

例如,马克思在评价黑格尔的法哲学时就说,"在这里我们看到一种双重的历程:既是隐微的(esoterische/esoteric)又是显白(exoterische/exoteric)的历程。内容包含在显白的部分,而隐微的部分所关心的总是在国家中重新找出逻辑概念的历程。但是,自身的发展恰巧是在显白的方面进行的"②。在马克思看来,黑格尔在《法哲学原理》中的显白部分,即自觉地呈现出来的是法哲学的内容,而他隐微的部分,即隐匿在他的法哲学背后的、自在的东西却是他的逻辑学。或言之,从表面上看,黑格尔自以为讲的是法哲学但他没有意识到他实际上讲的却是逻辑学,黑格尔不关心历史上或现实中国家从市民社会中产生的事实,而仅仅从逻辑思辨中推导出国家先于市民社会的结论。法哲学仅仅是他的逻辑学的根底处生发出来的枝叶而已,其中充满了法哲学中的概念与概念之间的辩证逻辑结构,而不是法的事实本身;就像泛神论中的神在一切之中一样,黑格尔的逻辑学存在于一切应用学科(自然哲学和精神哲学)之中,因此马克思称黑格尔为"逻辑的、泛神论的神秘主义"。③ 在此,黑格尔的《法哲学原理》作为公开出版的教程,马克思揭示出它的显白就不像施特劳斯所说的那样是为了俯就大众的理解力,其隐微也不是为了向少数人秘传;马克思仅仅揭示出黑格尔法哲学背后所隐匿的观念论实质而已。

---

① [美]施特劳斯:《迫害与写作艺术》,刘锋译,华夏出版社 2012 年版,第 24 页。
② 《马克思恩格斯全集》第 3 卷,人民出版社 2002 年版,第 11 页,译文有改动。德文本见 *Karl Marx /Friedrich Engels Gesamtausgabe*, Erste Abteilung, Band 2, Dietz Verlag, 1982, S. 8. 英文本见 *Marx Early Political Writings*, edited by Joseph O'Malley, Cambridge University Press,1994, p. 2。
③ 参见《马克思恩格斯全集》第 3 卷,人民出版社 2002 年版,第 11 页。

马克思对黑格尔双重体系的解释也不同于青年黑格尔派。青年黑格尔派相信,他们的老师即黑格尔在其公开出版的著作中存在着很多有意妥协之处,其保守性仅仅是他迫于政治形势而故意有所隐瞒的结果,"把黑格尔区分为'隐微的'(esoteric)黑格尔和'显白的'(exoteric)黑格尔,是青年黑格尔派研究老师思想最常用的公式。黑格尔在他生前有意或者无意地隐瞒了他哲学的真实含意。黑格尔思想的革命倾向被掩盖起来了,而把这种革命的倾向公开揭示出来则是他弟子们的任务"①,布鲁诺·鲍威尔就曾用这种方法揭示出了一个"无神论"的黑格尔来。而在马克思那里,一方面,隐微和显白并非黑格尔有意为之的结果;另一方面,隐微的逻辑学不比显白的法哲学更激进,法哲学也不比逻辑学更保守,甚至法哲学的观念论特征以及它与现实、历史之间的冲突(如市民社会与国家之间关系的颠倒)恰恰就源于黑格尔思辨的逻辑学。

那么,如何来理解马克思对斯宾诺莎的双重阅读呢?马克思所言的斯宾诺莎的"自在体系"到底是什么呢?马克思对伊壁鸠鲁和斯宾诺莎的阅读,又为何要区分"自觉的体系"和"自在的体系"呢?② 马克思的阅读方法源于何处?这一切都要从马克思对斯宾诺莎的阅读说起。1840年至1841年间马克思为博士论文所准备的《柏林笔记》中,存有对斯宾诺莎《神学政治论》的摘录笔记,我们或许可以从这份笔记之中一览斯宾诺莎的"自在体系"。但为了了解斯宾诺莎《神学政治论》的"自在的体系",我们就必须先从他自觉提出的体系入手。

---

① [英]麦克莱伦:《青年黑格尔派与马克思》,夏威仪、陈启伟、金海民译,商务印书馆1982年版,第20页,译文有改动。Cf. David McLellan, *The Young Hegelians and Karl Marx*, Macmillan Press, 1969, p. 19.
② 贺麟先生和洪汉鼎先生认为,马克思对斯宾诺莎两个体系或两种结构的划分,源于斯宾诺莎静止的、僵死的几何学方法和活生生的、辩证发展的研究对象之间的矛盾。参见贺麟《译者序言》,载[荷]斯宾诺莎《知性改进论》,贺麟译,商务印书馆1960年版,第14—15页;Hong Han-ding, *Spinoza und die Deutsche Philosophie*, Scientia Verlag Aalen, 1989, S. 206. 但二位先生忽视了马克思论断的普遍性,即马克思对几乎所有作者的著作都划分出两个体系或两个结构,而不单单针对斯宾诺莎。

第二节　斯宾诺莎《神学政治论》的自觉体系

斯宾诺莎的《神学政治论》除了序言之外，全文共有 20 章，大抵可以分为三个部分：第一部分（第 1—6 章）即基于圣经对正统的启示神学所展开的批判，第二部分（第 7—13 章）即对圣经所展开的批判，第三部分（第 14—20 章）即基于宗教批判来论证思想自由与民主政体的合理性。

一、斯宾诺莎基于圣经对正统神学所展开的批判

本书第一章第二节论述了斯宾诺莎的宗教批判的哲学尤其是认识论的基础，在此论述其宗教批判的第一部分内容，即对正统的启示神学诸观念的批判。①

正统神学可以视为启示宗教的正统教义，斯宾诺莎明确批判的是犹太教的法利赛人（Pharisees）和罗马大公教（Roman Catholicism）两个宗教组织所宣称的神学观念，这两个组织都自称有解释圣经的特权；同时斯宾诺莎还影射地批判了荷兰当时的正统教会即加尔文新教的教义。正是因为正统神学是启示宗教的正统教义，因此对正统神学的批判必然成为斯宾诺莎宗教批判的重要组成部分。他对正统神学诸观念的批判大概可以分为三个内容，即：A. 对预言和先知的批判（第 1—3 章），B. 对神法和仪式的批判（第 4—5 章）以及 C. 对奇迹的批判（第 6 章）。

1. 预言与先知

斯宾诺莎在《神学政治论》的第一章开篇就对预言和先知进行了界

---

① 关于斯宾诺莎对正统神学的批判，在国内吴增定在其两部著作之中都有较为简明扼要的复述，但对于一部斯宾诺莎哲学研究的专著来说，仅仅复述斯宾诺莎《神学政治论》各章的要点而不含纳国内外的最新研究成果，不包含斯宾诺莎与霍布斯等其他启蒙哲人在该问题上的一致性和差异性的研究，甚至不涉及斯宾诺莎的理论对手即加尔文和迈蒙尼德在此问题上的看法的话，很难说这部专著是成功的。参见吴增定《斯宾诺莎的理性启蒙》，上海人民出版社 2012 年版，第 93—103 页；吴增定《利维坦的道德困境》，三联书店 2012 年版，第 193—204 页。

说,"预言(prophetia/prophecy)或启示(revelatio/revelation)是上帝揭示(revelata/revealed)给人的关于某事物的确定知识(certa cognitio/certain knowledge),而先知(propheta/prophet)就是向那些不能从上帝的启示那里获得确定知识而只能简单地去信仰启示的人们解释(interpretatur/interprets)上帝所启示之物的人"①。

预言即启示,在任何一种启示宗教(包括犹太教、基督教和伊斯兰教在内)那里,启示都是至关重要的教义。与泛神论设定的内在性的(immanent)神相对,启示宗教所设定的神(上帝和真主等)是超越性(transcendent)的,祂们存在于此岸世界之外的彼岸世界之中。但同时,祂们又通过灵(或精神)向人启示自身,因此启示是神与人之间的垂直沟通的明证。什么是启示?"顾名思义,启示是揭示、显露隐秘事物,给人以启发,以明了并认识真相实情"②。在正统的基督教神学中,启示就是上帝通过圣灵显示给人的真理,它可能与人的自然理性所获得的真理相符合,但无论如何启示真理都高于理性真理。但从斯宾诺莎对预言或启示的界定来看,他却认为,启示真理并不高于理性真理,甚至严重低于理性真理。

首先,启示是神揭示给人的确定知识,而神在斯宾诺莎那里就是自然,所以神所揭示给人的确定知识必然包含理性知识或"自然知识","预言确是包括自然知识(cognitionem naturalem/natural knowledge)在内"③。神即自然,那么自然知识也就是一种启示,自然知识或理性当然也就不低于通常所言的"启示"。

---

① Pierre-F. Moreau (ed.), *Spinoza Oeuvres*, Ⅲ: *Tractatus Theologico-Politicus*, Presses Universitaire de France, 1999, p.78. Spinoza, *Theological-Political Treatise*, translated by Michael Silverthorne and Jonathan Israel, Cambridge University Press, 2007, p.13. 参见[荷]斯宾诺莎《神学政治论》,温锡增译,商务印书馆1963年版,第19页,译文有改动。
② 张宪:《启示的理性:欧洲哲学与基督宗教思想》,巴蜀社2006年版,第72页。
③ Pierre-F. Moreau (ed.), *Spinoza Oeuvres*, Ⅲ: *Tractatus Theologico-Politicus*, Presses Universitaire de France, 1999, p.78. Spinoza, *Theological-Political Treatise*, translated by Michael Silverthorne and Jonathan Israel, Cambridge University Press, 2007, p.13. 参见[荷]斯宾诺莎《神学政治论》,温锡增译,商务印书馆1963年版,第19页,译文有改动。

其次,通常人们所理解的"启示",并不包含理性的自然知识在内,这当然源于人们对神的无知,大多数人并不知道(或不认为)神即自然。那么,通常认为的"启示"是什么呢? 是先知们的想象。

斯宾诺莎援引圣经来证明,通常认为的"启示"只是先知们的想象而已。他在圣经中发现,除了摩西之外,其他先知获得"启示"的方式都不是在他们清醒的时候而是在睡眠时,而睡眠的时候是"自然而然最倾向于去想象那些根本就不存在之物的时候"①。而即使是摩西,在西奈山上唯一站在神面前通过神的言辞获得"启示"的摩西,对神也是无知的,因为"当摩西听见上帝说话的时候,让摩西看见了上帝的外形"②。而在斯宾诺莎看来,神作为"能生的自然"是无形的(参见本书第一章第一节),摩西所看到的上帝的形象必然是摩西本人的想象。总之,预言或启示只是一种想象而已,"预言的能力并不是指一种特别完善的心灵,而是一种特别生动的想象(vividiore imagination/vivid imagination)"③。这样,所谓先知,不是别的,只是想象特别丰富的人而已,他们并不拥有高于理性的确定知识,因为"有高度想象力的人并不擅长理解(intelligendum/understanding)事物,而有理智(intellectu/intellects)的人则抑制他们的想象力(potentiam imaginandi/power of imagination)"④。事实上,先知是无知的,仅仅凭靠想象力来解释现象,而想象的知识是不可靠的(参见

---

① Pierre-F. Moreau (ed.), *Spinoza Oeuvres*, Ⅲ: *Tractatus Theologico-Politicus*, Presses Universitaire de France, 1999, p. 84. Spinoza, *Theological-Political Treatise*, translated by Michael Silverthorne and Jonathan Israel, Cambridge University Press, 2007, p. 16. 参见[荷]斯宾诺莎《神学政治论》,温锡增译,商务印书馆1963年版,第22页,译文有改动。
② [荷]斯宾诺莎:《神学政治论》,温锡增译,商务印书馆1963年版,第23页。
③ Pierre-F. Moreau (ed.), *Spinoza Oeuvres*, Ⅲ: *Tractatus Theologico-Politicus*, Presses Universitaire de France, 1999, p. 94. Spinoza, *Theological-Political Treatise*, translated by Michael Silverthorne and Jonathan Israel, Cambridge University Press, 2007, p. 20. 参见[荷]斯宾诺莎《神学政治论》,温锡增译,商务印书馆1963年版,第26页,译文有改动。
④ Pierre-F. Moreau (ed.), *Spinoza Oeuvres*, Ⅲ: *Tractatus Theologico-Politicus*, Presses Universitaire de France, 1999, p. 112. Spinoza, *Theological-Political Treatise*, translated by Michael Silverthorne and Jonathan Israel, Cambridge University Press, 2007, p. 27. 参见[荷]斯宾诺莎《神学政治论》,温锡增译,商务印书馆1963年版,第34页,译文有改动。

第一章第二节关于理性和想象的区别),因此"我们万不可求知识(cognitio/knowledge)于先知,无论这知识是关于自然事物的或是关于精神事物(rerum naturalem et spiritualium/natural and spiritual matters)的"①。

在斯宾诺莎看来,想象在"真理的确定性"上是低于理性的,因为"每一明晰清楚(clara et distincta/clear and distinct)的观念都含有真理的确定性。但是想象,就其本有的性质而论,并不如此,而是需要外在的理由,使我们确信其客观真实性,所以预言并不提供确定性(certitudinem/certainty)。先知确信上帝的启示,不是由于启示的本身,而是由于某种神迹(signum/sign)"。确定性的知识,其本身就可以表示确定性,因为它只要本身是清楚明晰的就是真观念。而先知的启示本身并不表示确定性,而是需要神迹来确保它的确定性,"亚伯拉罕于听见上帝的允许以后,请求一个神迹。这不是因为他不相信上帝,而是因为他要确知作此允许的确是上帝"②。

斯宾诺莎此处显然是对迈蒙尼德(Moses Maimonnides,1135—1204)的模仿和改造。在迈蒙尼德看来,预言或启示来源于神,但它们同时又是理智和想象的结合;但他与斯宾诺莎不同的是,他认为想象和理智是不相矛盾的,"预言实际上是由神发出的一种流,经过能动理智这一中介首先传给人的理智,然后到达他的想象力"③。迈蒙尼德甚至认为,理智是有缺陷的,无法完全接收神的启示,而想象力却弥补了这一缺陷,"有时,或是由于[能动]理智的影响不够充分,或是由于想象力的先天匮

---

① Pierre-F. Moreau (ed.), *Spinoza Oeuvres*, Ⅲ: *Tractatus Theologico-Politicus*, Presses Universitaire de France, 1999, p. 142. Spinoza, *Theological-Political Treatise*, translated by Michael Silverthorne and Jonathan Israel, Cambridge University Press, 2007, p. 40. 参见[荷]斯宾诺莎《神学政治论》,温锡增译,商务印书馆1963年版,第48页,译文有改动。
② Pierre-F. Moreau (ed.), *Spinoza Oeuvres*, Ⅲ: *Tractatus Theologico-Politicus*, Presses Universitaire de France, 1999, p. 114. Spinoza, *Theological-Political Treatise*, translated by Michael Silverthorne and Jonathan Israel, Cambridge University Press, 2007, p. 28. 参见[荷]斯宾诺莎《神学政治论》,温锡增译,商务印书馆1963年版,第35页,译文有改动。
③ [古犹太]迈蒙尼德:《迷途指津》,傅有德等译,山东大学出版社2004年版,第340页。

乏，能动理智只能作用于一个人的推理能力，而无法到达他的想象力，人因此无法接收它：智者和哲学家们正是这种情形"①。先知正是由于在想象力方面比哲人丰富，所以先知的智能要比单纯理性推理的哲人要高。与迈蒙尼德相比，斯宾诺莎则仅仅承认预言与想象有关，但不承认想象比理智更加可靠，从而将预言的智能等级降低到了理智之下。

最后，想象虽然在真理的确定性上低于理性，但它在道德上却是具有确定性的，并且在向大众进行道德说教方面，理性是不如想象的。

斯宾诺莎说，"先知的确定性（certitudo/certainty）不是数学上的（mathematica/mathematical）而仅仅是道德上的（tantum moralis/only moral）确定性"②。斯宾诺莎援引圣经的权威来证明这一点。他总结圣经中记载的故事，发现上帝只欺骗恶的先知，而给善的先知启示真理，"上帝从不欺骗好人，也不欺骗他的选民"③。可见，预言具有道德教化的意义：启人向善、远离罪恶。

这一点，理性或理智是不能做到的，因为大多数人并不具备理智，而仅仅依靠想象和激情生活，所以想象对大众的道德教化作用比理性要强很多。斯宾诺莎说，"先知借助于想象，以知上帝的启示，他们可以知道许多为理智（intellect）所不及的事，这是无可争辩的。这是因为语言与形象所构成的观念比由原则与概念所构成的为多。而推理的知识整个都是建立在这些原则与概念之上的"④。

一方面，想象可以不经过理性的抽象而形成一种"共同意识"，而仅仅需要某种文化和语言的一致性就可以进而将每个人的特殊的感官意

---

① ［古犹太］迈蒙尼德：《迷途指津》，傅有德等译，山东大学出版社 2004 年版，第 344 页。
② Pierre-F. Moreau (ed.), *Spinoza Oeuvres*, Ⅲ: *Tractatus Theologico-Politicus*, Presses Universitaire de France, 1999, pp. 114 – 116. Spinoza, *Theological-Political Treatise*, translated by Michael Silverthorne and Jonathan Israel, Cambridge University Press, 2007, p. 28. 参见［荷］斯宾诺莎《神学政治论》，温锡增译，商务印书馆 1963 年版，第 35 页，译文有改动。
③ ［荷］斯宾诺莎：《神学政治论》，温锡增译，商务印书馆 1963 年版，第 36 页。
④ 同上书，第 33 页，译文有改动。

向随意组合而形成某种共相,"想象的共相将相似的知觉简化成某种通则,并在我们的语言中产生出类或属的名称"①,尽管这种共相并非由精确严密的逻辑所构成,而且往往经不起理性的推敲和质问,但它毕竟为一个共同体的形成和维护提供了内在支持。

另一方面,从"自然状态"过渡到"社会状态",需要基于想象的启示宗教的支持。首先,处于自然状态的人是没有理性的野蛮人,因此不能依靠理性建构社会秩序,而只能依靠激情和想象,即启示宗教,"理性无法使野蛮人变得有序。固然,人们可以构想一个凭理性创建的国家,但这样的理想没有与之相符的历史实例。当斯宾诺莎诉诸'启示'时,他意指的是,无论是宗教本身还是社会都无法纯粹根据理性形成,宗教和社会在先知想象的双翅上同时出现,先知通过预言或占卜宣告了天神意志的启示"②。其次,社会秩序建构起来之后,如何在缺乏理智的人群中维持社会状态?法律的强制尽管是必要的,但一个社会不能仅仅依靠成员对法律惩罚的恐惧来维持。一个人可能不怕死,但十分厌恶被强制的状态,他必然会冲击社会秩序。反过来说,如果一个人被强制着做有利于社会和谐稳定之好事,并非真正具有道德价值,只有出自内心地、自觉地做好事,才是道德的,"实在说来,一个人因为怕上绞刑架对人无所侵犯,这不能说他是一个有正义的人。但是有一个人因为知道为什么有法律的真正理由与必要,出自坚定的意志自愿地对人不加侵犯,这样才可以说是一个正直的人"③。社会状态的维持还需要每个成员内心的认同,而启示宗教的想象可以胜任社会共同意识的形成,"法律对限制物欲和性欲不可或缺。但无法实行绝对的强制或用恐惧来统治;人们必定会从内心里意识到友好行为的'效用和需要'。仅凭恐惧无法孕育出这种意识,

---

① 普鲁斯:《斯宾诺莎、维柯与宗教想象》,林志猛译,载刘小枫、陈少明主编《经典与解释 25:维柯与古今之争》,华夏出版社 2008 年版,第 75 页。
② 同上书,第 85 页。
③ [荷]斯宾诺莎:《神学政治论》,温锡增译,商务印书馆 1963 年版,第 67 页。

这要有'某种强烈渴求善好的愿望'——这由宗教来提供"①。启示宗教可以让人们自愿地服从法律,人们出于对上帝的信仰而自愿地服从法律,这个社会才是稳定的。可见,最为原初的启示宗教是为了发挥道德宗教的作用而产生的,道德宗教才是启示宗教的本质。

总之,在斯宾诺莎看来,先知就是那些想象丰富、理智不足,但具备卓越的道德德行且适宜道德说教的人。介绍了预言和先知之后,斯宾诺莎就要解决预言是否为犹太人专有的问题,即"神选"的问题。

犹太人认为他们是神选的民族,基督教则认为只要信仰上帝和耶稣基督就是上帝的选民,所以选民概念无论在犹太教还是基督教,都是非常重要的教义。"选民"概念解释了为何上帝会给先知启示,为何上帝以奇迹的方式来确证先知的启示,以及为何上帝会为犹太人制定法律,一切的原因都在于,上帝选择了犹太民族作为祂的子民,并应许了犹太民族的繁荣和昌盛。

但上帝为何偏偏只选犹太民族作为他的子民呢？在斯宾诺莎看来,选民观念是犹太民族自私和狭隘的性情的表现,他们总是希望独占利益、独享幸福,而不愿意与他人分享,甚至对他人的幸福和利益感到极端的嫉妒。斯宾诺莎说,"凡人以为更为幸福,因为他正享受利益,别人享受不到,或是因为他比和他同等的人更为有福更为幸运,这样的人是不知真正的幸福与天佑为何物。他所感到的喜乐不是幼稚的就是出于嫉妒与恶意"②。这样的人根本就享受不到真正的幸福,他们唯一的幸福就是"幸灾乐祸"而已;他们不知道,若上帝是全能全善的,那么即便上帝的恩典赐予一切人,他们所获得的恩典也不会减少,"若是也为别的族而现奇迹,奇迹显示上帝的力量也不会减少;最后,若是上帝把所有这些天赋都平等地赠与一切的人,希伯来人也一样必须崇

---

① 普鲁斯:《斯宾诺莎、维柯与宗教想象》,林志猛译,载刘小枫、陈少明主编《经典与解释 25:维柯与古今之争》,华夏出版社 2008 年版,第 85 页。
② [荷]斯宾诺莎:《神学政治论》,温锡增译,商务印书馆 1963 年版,第 50 页。

信上帝"①。事实上,犹太民族无论在知识上还是在道德上都并不优于其他民族,他们只是在幼稚地理解圣经中所说的"上帝的遴选"方面超过了其他民族。那么斯宾诺莎是如何理解圣经所言的上帝对犹太人的遴选的呢?

首先,从圣经中可以看出来,希伯来王国曾经的兴盛,"仅仅出于上帝的外在帮助(externo auxilio/external assistance),他们就能成功地处理政事以保护生命安全,并且克服巨大危险"②。什么是"上帝的外在帮助"? 即上帝为以色列民族所制定的法律,"法律有约束一切的力量,只有如此,一个国家才能存在。若是一个国家的所有分子忽视法律,就足以使国家解体与毁灭。所以对希伯来人长期服从律法所许的报酬只是安全与其附带的利益。而不服从律法,其惩罚必是国家毁灭和附带而来的祸患"③。也就是说,圣经之所以说犹太人是神选的民族,是为了告诫犹太人必须服从国家法律,否则就有灭国的危险。

换言之,圣经的选民观念,其实是一种道德说教,而并不是说,神真的会遴选一个民族作为自己的子民,而是教导犹太民族一定要服从于国家法律。因为神即自然,"万物依自然的一般法则而存在,并且为之所决定。此自然的一般法则不过是另外一个名称以名上帝的永存的天命而已"④。人作为自然的一部分,当然也不例外,人靠自己的力量获得自我保存,其实就是在借助人性中的神的力量,借助"神的内在帮助"(Dei

---

① [荷]斯宾诺莎:《神学政治论》,温锡增译,商务印书馆1963年版,第51页。
② Pierre-F. Moreau (ed.), *Spinoza Oeuvres*, Ⅲ: *Tractatus Theologico-Politicus*, Presses Universitaire de France, 1999, p. 156. Spinoza, *Theological-Political Treatise*, translated by Michael Silverthorne and Jonathan Israel, Cambridge University Press, 2007, p. 46. 参见[荷]斯宾诺莎《神学政治论》,温锡增译,商务印书馆1963年版,第54页,译文有改动。
③ [荷]斯宾诺莎:《神学政治论》,温锡增译,商务印书馆1963年版,第54—55页。
④ 同上书,第52页。

auxilium internum/internal assistance of God)①。自然万物都依据必然性的自然法则即神的天命而存在,所谓"神选"其实就是人对自然法则的遵从。

其次,希伯来王国灭国之后,犹太民族经历千年苦难,依然能够存留下来,这不是神选的结果,而是由于其他民族对他们的仇恨。以色列国家覆灭之后,犹太人虽然生活在其他民族的统治之下,但依然保持着特有的习俗和信仰。这种不肯融入当地文化和社会的狭隘心态,招致了当地民族和国家的仇恨与迫害;也恰恰是这种仇恨与迫害,反倒使得犹太人更为坚定地保留了他们的民族特性。斯宾诺莎说,"我想割礼这个记号极其重要,我个人相信单单只这个就可以使这个民族长存。我甚至相信,若是他们的宗教的基础没有把他们的心灵变得无力,人事是易变的,一有机会,他们可以重新振兴他们的王国,而且上帝也许再一次选拔他们"②。这段话甚至被施特劳斯称之为犹太复国主义(Zionism)的起源。③ 斯宾诺莎以中国人为例,"鞑靼人因为骄奢富贵颓丧了志气之后,中国人又可以振兴他们的国家"④。蒙古铁骑曾占领整个中国,但最终汉族人还是把蒙古人赶到了漠北建立了明朝;斯宾诺莎相信,犹太民族也能在迦南之地赶走外族人,重新建立自己的国家,只要他们仍旧继续保持着自己民族的特性而不为外族所同化。

最后,神选并不止于犹太民族,其他民族也可以得到。且不说神即自然,神选就意味着遵循自然法则,人类所有的民族都必须遵循自然法则。圣经可以证明其他民族也受神选,"从圣经中显然可以看出来,别的民族(alias nationes/other nations)借上帝的外在指导(Dei directione

---

① Pierre-F. Moreau(ed.), *Spinoza Oeuvres*, Ⅲ: *Tractatus Theologico-Politicus*, Presses Universitaire de France, 1999, p. 152. Spinoza, *Theological-Political Treatise*, translated by Michael Silverthorne and Jonathan Israel, Cambridge University Press, 2007, p. 45. 参见[荷]斯宾诺莎《神学政治论》,温锡增译,商务印书馆1963年版,第52页,译文有改动。
② [荷]斯宾诺莎:《神学政治论》,温锡增译,商务印书馆1963年版,第64页。
③ 参见[美]施特劳斯《斯宾诺莎的宗教批判》,李永晶译,华夏出版社2013年版,第9页。
④ [荷]斯宾诺莎:《神学政治论》,温锡增译,商务印书馆1963年版,第65页。

externa/God's external direction）获得过他们自己特定的法律和政府"①。斯宾诺莎列举了《创世记》中的例子，其第14章的第18—20节中提到，麦基洗德是耶路撒冷的王和至高上帝的祭司，"这足以表明，在上帝设立以色列国以前，上帝在耶路撒冷立了一些王和祭司，并且为他们制定了仪节和律法"②。斯宾诺莎想证明，上帝不但对犹太人宽厚仁慈，而且对所有人都是如此——甚至不像基督教那样，认为只有信仰上帝和耶稣的人才会得到神选——即使不信上帝的尼尼微人（Nineveh）也得到了上帝的宽恕（《约拿书》3：3）。

2. 神法与仪式

在犹太教看来，摩西的"十诫"是上帝为犹太人所制定的"神法"（divine law），围绕"十诫"所制定的事无巨细地把犹太人生活的点滴细节都规定好了的仪式（ceremonies）则是"神法"的组成部分，也是每个犹太人都必须遵守的规范。

但斯宾诺莎不同意这样的说法。首先，斯宾诺莎对"法"加以了界说，"法（lex/ law）这个词在绝对的意义上是指，任何个别事物，或所有事物，或同类的所有事物都必须以同一种固定的或确定的方式来行为，或者依赖于自然的必然性（necessitate naturae/natural necessity），或者依赖于人的决定（hominum placito/human decision）"。严格说来，只有"依赖于自然的必然性"的固定方式即"神法"才是"法"，因为只有它才具有普遍性，而且绝对是固定不变的；而"依赖于人的决定"的确定方式即人法却因民族和时代的差异而有所不同，因为它既缺乏严格的普遍性又缺乏严格的固定性，只是在特定的民族和时代之内才成其为"法"。所以斯

---

① Pierre-F. Moreau (ed.), *Spinoza Oeuvres*, Ⅲ: *Tractatus Theologico-Politicus*, Presses Universitaire de France, 1999, p. 158. Spinoza, *Theological-Political Treatise*, translated by Michael Silverthorne and Jonathan Israel, Cambridge University Press, 2007, p. 47. 参见［荷］斯宾诺莎《神学政治论》，温锡增译，商务印书馆1963年版，第55页，译文有改动。
② ［荷］斯宾诺莎：《神学政治论》，温锡增译，商务印书馆1963年版，第55页。

宾诺莎说,"依赖于人的决定的法,更确切来说应该称为法权(ius/decree)"①,法权是变动性的、历史性的。神法是自然法,是普遍的、永恒的;人法是实定法,是历史的、变动的。

其次,神法与人法之间的不同,还在于两者的目的。"所谓人法(lex humanam/human law)我指的是一种生活的规则(rationem vivendi/a rule for living),其目的是保护生命(vitam/life)和保卫国家(rempublicam/the country)。所谓神法(lex divinam/divine law)我指的是其唯一是寻求最高善(summum bonum/the supreme good),即对神的真正的知识与爱(Dei veram cognitionem et amorem/the true knowledge and love of God)"②。也就是说,神法的目的是使人寻求最高的知识与幸福,即"对神的理智之爱";而人法的目的则是确保人们的生命财产安全以及维持国家共同体的存在。

最后,区分了神法与人法的不同之后,斯宾诺莎接下来就要考察摩西"十诫"的归属了,摩西"十诫"是神法还是人法?按照正统神学的看法,"十诫"是上帝为犹太人所制定的法律,不仅犹太教如此认为,基督教也是如此认为,区别只在于,基督教认为"十诫"乃至整个"旧约"都已经被废除,取而代之的是上帝与基督徒订立的"新约"。但从斯宾诺莎对神法的界说来看,"十诫"并非神法。一方面,斯宾诺莎的神即自然,所以并不具有人的意志和目的,更不会为某个民族制定法律,"他(摩西——引者注)认为上帝是个统治者,立法者,一个王,仁慈公正等等。而这些性质只是人性的属性,和神的性质完全不相干";另一方面,"十诫"的制定,

---

① Pierre-F. Moreau (ed.), *Spinoza Oeuvres*, Ⅲ: *Tractatus Theologico-Politicus*, Presses Universitaire de France, 1999, p. 180. Spinoza, *Theological-Political Treatise*, translated by Michael Silverthorne and Jonathan Israel, Cambridge University Press, 2007, p. 57. 参见[荷]斯宾诺莎《神学政治论》,温锡增译,商务印书馆 1963 年版,第 65 页,译文有改动。

② Pierre-F. Moreau (ed.), *Spinoza Oeuvres*, Ⅲ: *Tractatus Theologico-Politicus*, Presses Universitaire de France, 1999, p. 184. Spinoza, *Theological-Political Treatise*, translated by Michael Silverthorne and Jonathan Israel, Cambridge University Press, 2007, p. 59. 参见[荷]斯宾诺莎《神学政治论》,温锡增译,商务印书馆 1963 年版,第 67 页,译文有改动。

显然是为了保护以色列人的生命和财产安全,以及形成并维护以色列国家的存在,"十诫"只符合人法的定义,所以"十诫"是人法而非神法。"关于摩西我们必须说,根据启示,或启示于他的基本的律法,他看出一个方法,用这个方法以色列族在一特殊领土内最能团结起来,能够形成一个国家。而且更进一步,他看出来一个方法,用这个方法最能使他们不得不归依顺从"①。摩西把作为人法的"十诫"说成是神法,是为了让以色列人认同并顺从于法律,建构国家秩序,保护以色列人的生命财产安全。而如果"十诫"一开始就不带有神法的光环,仅仅作为人法强加给以色列人的话,以色列人是不会如此顺从地接受国家秩序的,那么他们的生命财产安全也就无从保障了。

鲁特福德(Donald Rutherford)说,"斯宾诺莎在对法(law)的论述上的精彩之处在于,他将法置于希伯来人的历史之中加以重新思考,并且从哲学理性的视角出发重思希伯来人的宗教"②。斯宾诺莎把法置于希伯来人的历史中加以思考,一方面是为了强调法律对于一个国家的兴衰所起到的巨大作用,这是在希伯来人的历史中已经充分证实了的经验教训,更是启迪后人(不仅仅是犹太人,也包括荷兰人等)遵从国家法律权威的明鉴。斯宾诺莎说,"一个人感到恐惧的原因愈多,他的力量就愈小,从而他具有的权利也愈少。此外,如果没有相互的帮助,人们很难维持他们的生活,也很难涵养他们的心灵。所以,我得出如下结论:只有在人们拥有共同的法律,有力量保卫他们居住和耕种的土地,保护他们自己,排除一切暴力,而且按照全体的共同意志生活下去的情况下,才谈得到人类固有的自然权利"③。希伯来王国的兴盛源于犹太人对法律的尊重,其衰亡在于法律的废弛;斯宾诺莎在此是在告诫大众及其领袖,法律

---

① [荷]斯宾诺莎:《神学政治论》,温锡增译,商务印书馆1963年版,第72页。
② Donald Rutherford, "Spinoza's Conception of Law: Metaphysics and Ethics", in Yitzhak Y. Melamed and Michael A. Rosenthal (ed.), *Spinoza's Theological-Political Treatise: a Critical Guide*, Cambridge University Press, 2010, p. 166.
③ [荷]斯宾诺莎:《政治论》,冯炳坤译,商务印书馆1999年版,第17—18页。

对于一个国家兴衰的重要的意义。

另一方面,把希伯来人所认为的"神法"归为"人法",是斯宾诺莎将宗教世俗化的一个重要步骤。宗教律法只有在起到"人法"的作用时,即能够维持国家和法律的权威的时候,才具有存在的价值。而从哲学理性的视角来看,宗教律法也只能是"人法",因为在哲学看来,所谓"神法"只是必然性的自然规律,因而斯宾诺莎在论述法的过程中也达到了他的目的,即将哲学与神学相区分开来。

不仅"十诫"是人法,犹太人的仪式也并非神法的一部分。一方面,如果神法是为了求知的话,那么求知本身并不需要那些规定着生活的方方面面的仪式,"我们知道这种自然的神法并不要求举行仪式"①;另一方面,制定仪式的目的就与"国家的福利"有关,"摩西并不以一个先知(propheta/a prophet)的身份告诫犹太人不可杀人,不可偷盗。而只是以一个立法者和君王(princeps/prince)的身份来发布这些戒律。……至于不可通奸的这条训令之发布,也是和国家及统治的利益(reipublicae et imperii utlitatem/the interest of the commonwealth and the state)有关"②。摩西的身份首先是一个立法者和君王,他制定律法和仪式的目的是国家安全、社会稳定;他次要的身份才是先知,因为他希望利用以色列民众的宗教恐惧,以达到人人遵守法律的效果。

仪式是为了国家利益而制定的,既然以色列国家已然破灭,那么犹太人自然就不必再去遵循,"犹太国灭亡之后,犹太人不一定非遵循他们的礼节不可,这从《耶利米书》可以看得很明显……好像在城破灭以后,上帝说他除了需要犹太人遵循自然法则(legem naturalem/natural

---

① [荷]斯宾诺莎:《神学政治论》,温锡增译,商务印书馆1963年版,第70页,译文有改动。
② Pierre-F. Moreau (ed.), *Spinoza Oeuvres*, Ⅲ: *Tractatus Theologico-Politicus*, Presses Universitaire de France, 1999, p. 212. Spinoza, *Theological-Political Treatise*, translated by Michael Silverthorne and Jonathan Israel, Cambridge University Press, 2007, p. 69. 参见[荷]斯宾诺莎《神学政治论》,温锡增译,商务印书馆1963年版,第78—79页,译文有改动。

law)以外,并不需要犹太人做任何事情。自然法则是任何人都遵守的"①。斯宾诺莎为何要批判犹太人的仪式呢?在犹太教看来,行割礼是他们入教的标志,也是他们受上帝遴选的记号,而这在斯宾诺莎看来也是犹太人自负和狭隘的表现,甚至这种不愿意融于公共生活的狭隘性足以破坏公共安全,"至于外表的宗教仪式,我们可以肯定地说,这些仪式根本无助于也无碍于对神的真知,以及因此而必然产生的对神的爱;所以,不应该把这些仪式看得那样重要,以致为此而破坏公众的和平与安宁"②。以色列国家已经覆亡,犹太人的狭隘自负可能导致的是他们所居住的国家之秩序的土崩瓦解,使这个国家的所有人民的生命财产安全都得不到应有保障。因此斯宾诺莎希望流亡的犹太人能够放弃对早已灭亡了的国家之法律的执着,并且服从于当地的法律,维护当地的国家秩序。

在此,斯宾诺莎似乎又一次向基督教靠拢了。在基督教看来,人是"因信称义"(righteousness by faith)③的,人的得救并不在于外在行为遵从律法和仪式(如割礼)。使徒保罗就说,"原来在基督耶稣里,受割礼不受割礼全无功效,惟独使人生发仁爱的信心才有功效"(《加拉太书》5:6),保罗称之为"基督徒的自由"。加尔文(John Calvin)在解读《加拉太书》的时候也说,"但自由特别是称义所带来的副产品,也大大的帮助我们明白称义的力量"④。基督徒有遵循律法和仪式的自由,也有不遵循律法和仪式的自由,基督徒全在于内在地信仰上帝、爱基督耶稣,如此就能够得救。

但斯宾诺莎反对律法和仪式,全在于犹太人只遵从自己的律法和

---

① Pierre-F. Moreau (ed.), *Spinoza Oeuvres*,Ⅲ: *Tractatus Theologico-Politicus*, Presses Universitaire de France, 1999, p. 216. Spinoza, *Theological-Political Treatise*, translated by Michael Silverthorne and Jonathan Israel, Cambridge University Press,2007, p. 71. 参见[荷]斯宾诺莎《神学政治论》,温锡增译,商务印书馆1963年版,第80页,译文有改动。
② [荷]斯宾诺莎:《政治论》,冯炳坤译,商务印书馆1999年版,第30页。
③ The Holy Bible (King James Version), The Random House Publishing Group, 1991, p. 1040.
④ [法]加尔文:《基督教要义》,钱曜诚等译,三联书店2010年版,第838页。

仪式,而全然无视他们所在国家的法律的权威,他们把自己的律法和仪式视为"神圣的",而将当地国家的法律贬低为"世俗的",并以此理由拒绝遵从他们所居住的国家的法律。而法律的权威性的有无,对于一个国家的兴衰起到至关重要的作用,绝不能因为犹太人的自负和狭隘导致整个国家法律权威的受损,因而必须着手将犹太人眼中的"神法"和神圣的仪式世俗化,以免他们继续以神的名义拒绝接受世俗国家的法律。

相比之下,斯宾诺莎非常欣赏基督教的看法,"我们不得不认为基督正确地领会了所启示的,换句话说,他懂得了所启示的,因为不借文字与符号,只由心领会了一件事,才算是对与这件事理解了"①。斯宾诺莎赞赏基督教的因信称义,因为基督徒可能会因为这教义,在外在言行上遵从他们所居住的任何国家的法律,而无论该国家是否信仰基督教。

但是,基督教也有可能会出现以内在圣灵的名义,拒绝遵从国家的法律的现象,如同他们拒绝犹太教的律法和仪式一般;也有可能出现以内在圣灵的名义,要求以教会为中心建立世俗政权,形成政教合一的主权形式,如加尔文在日内瓦所建立的国家,以及荷兰的加尔文教徒希望在荷兰建立的国家。斯宾诺莎严厉拒绝把荷兰建构成教会国家,他不仅要把启示宗教限制在私人领域之中,而且还要以世俗政权为中心建立政教合一的主权。这一点也是他实现思想自由和民主政体的手段之一,他理解的政教合一,是政治与理性的道德宗教的合一,而不是与启示宗教的合一。

3. 奇迹

最后,斯宾诺莎探讨了正统神学的奇迹(miracles)观念。奇迹对于启示宗教来说是非常重要的概念之一,甚至可以说是最重要的概念,因为奇迹可以让来自彼岸的神力在此岸显现,使启示宗教显得更加具有可感的经验性以及强大的说服力,"启示宗教(die Offenbarungs-Religion)

---

① [荷]斯宾诺莎:《神学政治论》,温锡增译,商务印书馆1963年版,第73页。

乃是一种实证宗教(positive Religion),它扎根于经验(Erfahrung)当中"①。对于启示宗教来说,奇迹的存在对于信徒来说就是上帝存在的证明,也是先知之启示或预言的真理性和有效性的保障,更是教士传教吸引异教徒信仰上帝的有效手段。

奇迹与预言或启示不同,预言或启示是先知的独特的、内在的经验;而奇迹则是上帝的意志在外在经验世界中的显现,凡是奇迹所出现的地方,所有人都能有所经验,因而是普遍的、外在的经验。所以奇迹对于一般人即俗众或大众来说,具有极其强大的吸引力,它以强烈的感官刺激而非理性推理,就可以对大多数人的内心和行动产生重大的影响。在黑格尔看来,奇迹恰恰就是基督教的实证性(positivität,贺麟先生译为"权威性")的最重要体现,他说:"没有什么东西曾经像对奇迹的信仰那样有助于使得耶稣的宗教成为实证的(positiv)宗教,有助于把整个宗教,甚至把关于德行论(Tugendlehre),都建筑在权威(Autorität)上面。"②实证性的奇迹,其实质就是以外在的、经验的力量强迫人们去信仰,它只是给予人们以"真理",而不管这真理是否为人们所认同,因而必然有损于人的理性和自由,"接受一种实证的信仰(positiven Glauben),必然以丧失理性的自由、理性的独立(Freiheit der Vernunft, der Selbstständigkeit)为前提,而理性丧失了自由和独立,就不能对外来势力进行任何反抗"③。

什么是奇迹?斯宾诺莎说,"俗众(vulgus/common people)将异常的(insolita/unusual)自然产物称为奇迹或上帝的作品,并且不想知道事物的自然原因,部分缘于他们对上帝的献身(devotione/devotion),部分

---

① *Leo Strauss Gesammelte Schriften*, Band 1: *Die Religionskritik Spinozas und Zugehörige Schriften*, Heinrich Meier (hrsg.), Stuttgart and Weimar: Metzler, 1996, S. 172. [美]施特劳斯:《斯宾诺莎的宗教批判》,李永晶译,华夏出版社 2013 年版,第 180 页。
② 《黑格尔早期著作集》(上),贺麟等译,商务印书馆 1995 年版,第 237—238 页,译文有改动。*Hegel Gesammelte Werke*, Band 1: *Frühe Schriften* 1, Friedhelm Nicolin und Gisela Schüler (hrsg.), Felix Meiner Verlag, 1989, S. 291.
③ 《黑格尔早期著作集》(上),贺麟等译,商务印书馆 1995 年版,第 309 页,译文有改动。*Hegel Gesammelte Werke*, Band 1: *Frühe Schriften* 1, Friedhelm Nicolin und Gisela Schüler (hrsg.), Felix Meiner Verlag, 1989, S. 353.

缘于他们热衷于反对那些追求自然知识(scientias naturals/natural philosophy)的人"①。

具体说来,奇迹的首要特征就在于新奇性,并且超出了人们以往的经验范围。人们搞不清某些不同寻常的现象的原因,因此就想象是自然走出了常轨,而且是上帝使自然的力量发生了改变,以此作为上帝存在的最明白的证明。霍布斯也说,"世界上所见到的第一道虹是一个奇迹,因为那是第一道,因之便是新奇的;而且是放在天上当作上帝所设的征兆,使百姓确信世界从此不会由于洪水而普遍遭到破坏了。但今天由于虹是司空见惯的,所以便不成为奇迹,对于知道其成因的人说来是这样,对于不知道其成因的人说来也是这样"②。当一个现象刚刚出现时,就会把它理解为奇迹;一旦司空见惯,了无新奇,即便不懂得现象成因的人,也不会把它当做奇迹了。

斯宾诺莎不认为奇迹是反自然的现象,奇迹只是不明原因的自然现象而已。还拿霍布斯提到的虹为例,斯宾诺莎说,"在《创世记》第九章第十三节中,上帝对诺亚说他要把他的弓放在云彩里。上帝的这种举动只是另一种方法来表示太阳光在水点里所受的折光反射"③。虹源于光在水滴中的折射,虹只是自然现象而已。神即自然,神与自然是不相违背的,所以奇迹作为神的作品,也一定是遵从自然法则的,"显然自然的普遍法则是上帝之命,遵循神性的必然与至善。所以违反自然的普遍法则的自然界任何事物也就必然违反神命、神性与神的智力,也就是,若是有人说上帝之所施为是违反自然的法则的,他事实上就不得不说上帝之所为违反了上帝自己的性质——这显然是荒谬的"④。如果神并不遵循自

---

① Pierre-F. Moreau (ed.), *Spinoza Oeuvres*, Ⅲ: *Tractatus Theologico-Politicus*, Presses Universitaire de France, 1999, p. 240. Spinoza, *Theological-Political Treatise*, translated by Michael Silverthorne and Jonathan Israel, Cambridge University Press, 2007, p. 81. 参见[荷]斯宾诺莎《神学政治论》,温锡增译,商务印书馆1963年版,第89页,译文有改动。
② [英]霍布斯:《利维坦》,黎思复、黎廷弼译,商务印书馆1985年版,第348—349页。
③ [荷]斯宾诺莎:《神学政治论》,温锡增译,商务印书馆1963年版,第98页。
④ 同上书,第91页。

己的法则的话,那么神的存在本身就是自相矛盾的、荒谬的。

不仅如此,斯宾诺莎还以圣经为根据,证明了奇迹的发生是有自然原因的。例如,他举了《出埃及记》中的几个事例,"为使埃及人感染脓泡,摩西就不能不在空中撒灰";"由于上帝的命令与自然相合,蝗虫也来到埃及的国土,那就是,由于东风刮了一昼夜";"由于与此相似的神的命令,海就为犹太人开了一条路,那就是,东风猛吹了一夜"。① 可见,从圣经的记载来看,奇迹要想发生,除了上帝的命令之外,还需要一些自然原因,如石灰和东风等。

最后,在圣经中,奇迹的作用不在于使人认识神或自然现象,而是为了适应俗众或大众的理解力,以使他们信仰宗教以及宗教所规定的道德规范。在斯宾诺莎看来,俗众是受激情的束缚、缺乏理性的思考的"懒汉","对于一件事物无法解释,就归之于上帝的意志的人是懒汉。真的,这是表示愚昧无知的一种可笑的方法"②。所以,圣经要想激起俗众的信仰,使他们遵从道德和律法,就必须俯就他们的理解力,不能向他们摆事实、讲道理,而是要用生动的想象激起他们的惊奇,使之内心备受感动,进而唤起他们的信仰之心。因此,斯宾诺莎说,"圣经的目的不在于用自然原因来解释事物,而只是在叙述动人想象的事物,用最有效的方法以激起惊奇,因而使俗众的心灵(animis vulgi/the minds of the common people)深受感动,以唤起他们的敬神之心"③。

因此,即便斯宾诺莎在理论上批判了奇迹,奇迹依然具有政治用途,圣经中就到处都是这样的例子,如摩西认定某些现象是奇迹,就是为了在国民中激起恐惧和敬畏的激情。罗森塔尔甚至认为,"斯宾诺莎在他

---

① 参见[荷]斯宾诺莎《神学政治论》,温锡增译,商务印书馆1963年版,第99页。
② 同上书,第94页。
③ Pierre-F. Moreau (ed.), *Spinoza Oeuvres*, Ⅲ: *Tractatus Theologico-Politicus*, Presses Universitaire de France, 1999, p. 260. Spinoza, *Theological-Political Treatise*, translated by Michael Silverthorne and Jonathan Israel, Cambridge University Press, 2007, p. 90. [荷]斯宾诺莎:《神学政治论》,温锡增译,商务印书馆1963年版,第99页,译文有改动。

的立法者意志中重建了奇迹的结构"①，因为在自然状态中的人们是受激情引导的、受自我利益驱使的利己主义者，他们甚至不是以理性计算的方式来确定什么是对自己有利的，那么这些利己主义的个人又如何形成一个主权国家呢？

罗森塔尔说，"斯宾诺莎认为，恐惧以及自然状态中的其他不便(inconveniences)将倾向于说服甚至不那么理性的个体最好选择合作并建立强制性的权威"，"宗教，尤其是涉及按照天意来引导尘世的超验的上帝的观念的宗教，就是在不那么理性的人眼中建立主权权威的自然而广泛有效的手段"。② 主权者或立法者必然以摩西为榜样，认定某些现象为奇迹，以便激起受激情引导的俗众的心灵的恐惧和敬畏之情，以便引导他们从自然状态中摆脱出来，从而建立国家和主权的权威。

4. 斯宾诺莎正统神学批判的特点

以上就是斯宾诺莎对正统神学的批判，它有如下几个特点：

首先，斯宾诺莎对犹太教教义的批判是非常明显的，而对基督教教义的批判则是隐晦的。斯宾诺莎援引旧约圣经，对犹太教教义如神法、仪式、先知等的批判是十分清楚明白的，但他又通常给人一种错觉，即他批判的只是犹太教，而不是基督教。

如神法、仪式和先知，基督教认为上帝在新约中已经废除了这些东西；斯宾诺莎也描述了先知和基督之间的区别：先知的启示需要神迹和预言，而上帝引导耶稣基督则是将"得救的训令直接启示于他的，不用语言或异象"③；斯宾诺莎似乎认同耶稣就是基督，"基督是正确地充分地领会了所启示的"④。又如选民在基督教看来不仅仅是犹太人，斯宾诺莎也认为非犹太人也可以是选民，在此斯宾诺莎似乎接受了基督教的看法；

---

① Michael A. Rosenthal, "Miracles, Wonder, and the State in Spinoza's Theological-Political Treatise", in Yitzhak Y. Melamed and Michael A. Rosenthal (ed.), *Spinoza's Theological-Political Treatise: A Critical Guide*, Cambridge University Press, 2010, p. 233.
② See ibid., p. 235.
③ [荷]斯宾诺莎：《神学政治论》，温锡增译，商务印书馆1963年版，第25页。
④ 同上书，第73页。

与犹太教的民族性相比，基督教是世界性的宗教，无论一个人出于哪个民族，只要信仰基督就能获救。斯宾诺莎对犹太教的批判，以及对基督教的赞赏，遭到了新康德主义马堡学派的赫尔曼·柯亨（Hermann Cohen）的严厉批判，"柯亨之所以谴责斯宾诺莎，是因为斯宾诺莎在纯粹人的意义上没有信仰，是因为他对自己的同胞完全缺乏忠诚，是因为他的举止形同犹太人的敌人，且由此为犹太人的众多敌人提供了支援与慰藉，是因为他的行径如同一个卑鄙的叛徒，时至今日，在反犹世界面前，斯宾诺莎依然是犹太教的一位最出类拔萃的控告者"①。在柯亨看来，斯宾诺莎由于受到犹太教会的迫害而心怀怨恨，所以就以基督教来批判犹太教乃至犹太人，"斯宾诺莎不仅冷酷无情地鄙视本族，而且还歪曲了唯一的上帝"，对柯亨而言，斯宾诺莎的做法是"人类无法理解的背叛"。②斯宾诺莎对自己的同胞没有一丝同情和热爱的严酷批判，不仅没有遭到任何反对，甚至受到了广泛的欢迎和认同，并且使他成为西方反犹主义运动中至今最为出色的推波助澜者，"斯宾诺莎对犹太人的复仇和仇恨（Rachehasses），就是在今日任何政治思潮的报纸上几乎都能读得到"③。

但其实不然，柯亨没有意识到斯宾诺莎的无奈和策略，"斯宾诺莎试图在一本致基督徒的书中实现哲学的解放，为此他不得不诉诸基督教的种种成见，这些成见也包括反犹太人的成见；他诉诸基督教的成见来抗击基督教的成见"④。斯宾诺莎为了影响他的读者而不得不俯就他的读者，他用拉丁语写作的目的恰恰就是要让基督徒中热爱哲学的人来读。为了影响基督徒读者，就必须诉诸基督教的成见来对抗基督教的成见。

另一方面，斯宾诺莎实际的理论对手是荷兰的加尔文教，加尔文则是以古代希伯来先知自比，试图以希伯来圣经为根据，为他在日内瓦的

---

① ［美］施特劳斯：《斯宾诺莎的宗教批判》，李永晶译，华夏出版社2013年版，第36—37页。
② See *Hermann Cohen Werke*, Band 16, Helmut Holzhey, Julius H. Schoeps und Christoph Schulte (hrsg.), Georg Olms Verlag, 1997, S. 410 - 411.
③ Ibid., S. 414.
④ ［美］施特劳斯：《斯宾诺莎的宗教批判》，李永晶译，华夏出版社2013年版，第38页。

政教合一的统治辩护;荷兰的加尔文教徒也希望通过援引希伯来圣经或旧约,以达到夺取国家主权、在荷兰建立新的希伯来王国的目的。"众所周知,加尔文主义者用(希伯来)圣经、而不是新约支持他们的政治主张,这是因为在(希伯来)圣经中,'灵性权力'对具体的政治决策而言意义重大,而新约将上帝与凯撒分开,命令基督徒服从世俗的权威。因此,如果一个反对加尔文正统派的人希望对正统派施加毁灭性的打击,那么他也不得不聚焦于(希伯来)圣经,剥夺其宗教光环中的'灵性权力'"①。所以,斯宾诺莎为了反对荷兰的加尔文新教,就必须着重批判对手所着重认同的根据,所以斯宾诺莎选择以希伯来圣经或旧约为主要批判对象,并非出于对犹太教或犹太人的憎恨,而是出于论战的策略。

另外,斯宾诺莎对基督教的赞同不是根本性的,基督教的上帝绝非斯宾诺莎的神,基督教那个仁慈的上帝绝不是无目的、无意志的自然。基督耶稣使瞎子复明、使死人复活的神迹,与先知用以确认启示的神迹无异。亨利·奥尔登堡就曾经致信斯宾诺莎,抱怨他对基督复活的否定说,"整个基督教及其真谛就是依赖于复活这一教义的,如果丢掉这一教义,那么基督的使命、他的神圣教导就会倒坍"②。可见,斯宾诺莎对奇迹的批判,瓦解的不仅仅是犹太教,所有启示宗教包括基督教在内,都遭到了斯宾诺莎的严厉批判。另外,斯宾诺莎认为上帝的选民可以不信仰上帝和耶稣基督,而基督教认为选民可以不分民族但必须信仰上帝和耶稣基督;斯宾诺莎所批判的犹太教仪式,同样让人想起罗马天主教纷繁复杂的仪式,等等。这一切都说明,斯宾诺莎对基督教的批判虽然隐蔽,但

---

① [美]施特劳斯:《斯宾诺莎的宗教批判》,李永晶译,华夏出版社2013年版,第407页。1681年荷兰七省从西班牙殖民统治中独立,那时很多人把刚刚建立的荷兰联省共和国比做圣经里摩西带领犹太人逃离埃及法老的统治后所建立的古代希伯来王国,荷兰的加尔文教派也希望在荷兰恢复古代的希伯来体制即神权政治,就像加尔文教派在日内瓦所做的那样。斯宾诺莎反对他们的企图,因此斯宾诺莎直接的理论对手应该是荷兰的加尔文教派。参见吴树博《阅读与解释:论斯宾诺莎的历史观念及其效用》,上海三联书店2015年版,第145—146页。
② 《斯宾诺莎书信集》,洪汉鼎译,商务印书馆1993年版,第334页。

绝非温和。

其次,斯宾诺莎对正统神学的批判,以圣经作为其批判的依据。虽然他也会依据他对神的看法即"神或自然",以及"想象与理性"的区分来批判正统神学,但他最重要的依据还是圣经的权威,通过援引圣经,以及他对圣经的独特解释来批判正统神学家对圣经的歪曲,从而达到批判正统神学的目的。

斯宾诺莎为何要以圣经为依据来批判正统神学?他本可以单纯用他的"神或自然",以及"想象与理性"的区分,直接把正统神学归为"迷信"的行列,这似乎已经足以将正统神学打倒在地了,为何还要借助圣经的权威来批判正统神学?正统神学的基础不正是圣经吗?

这似乎体现了斯宾诺莎的某种策略,"这些反对者们的主张,按照他们自己的看法,必须而且只能依据圣经本身来加以评价。斯宾诺莎接受了这个主张。在他的正统批判当中,他将圣经奉为他的权威"①。斯宾诺莎的对手们是荷兰的加尔文教徒,他们以圣经为权威反对罗马大公教神学家对圣经的解释。斯宾诺莎为了反对加尔文教徒,就不得不采取其反对者的策略,以便先吸引他们成为他的读者,然后再暗中驳斥加尔文新教教义。

不仅如此,以圣经为依据批判正统神学,还为斯宾诺莎接下来展开对圣经本身的批判奠定了基础。圣经无疑是一本古代的书籍,加尔文就曾夸耀圣经的久远,并且圣经因为比希腊哲学还要久远,因而比希腊哲学要神圣和完美得多,"圣经的久远占有很重要的地位。因为不管希腊作家多么夸耀埃及神学,但任何宗教的建立都比摩西时代晚得多"②。斯宾诺莎并未否定圣经的久远,但他并不认为久远就必然值得夸耀。"斯宾诺莎以两种对立的方式将'古代的'(ancient)一词应用于圣经"③:一方面,"古代的"意味着"神圣的"、"完美的",这样圣经作为"古代宗教"的文

---

① [美]施特劳斯:《斯宾诺莎的宗教批判》,李永晶译,华夏出版社2013年版,第163页。
② [法]加尔文:《基督教要义》,钱曜诚等译,三联书店2010年版,第46页。
③ [美]施特劳斯:《迫害与写作艺术》,刘锋译,华夏出版社2012年版,第189页。

献可以成为所有后来宗教和神学的标准和补救之道；另一方面，"古代的"是"野蛮的"和"过时的"意思。这样圣经作为"古代宗教"的文献，同时作为后来宗教和神学的标准和补救之道，其实不过是"无知"和"想象"的产物，所有后来的宗教和神学的基础也因此遭到驳斥。施特劳斯说，"在第一种情形中，唯一的基准是文本本身。在第二种情形中，唯一的基准是理性自身"①。如果斯宾诺莎出于反对加尔文教派而以圣经为根据来批判正统神学，那么他就必须从因久远而神圣、完美的圣经文本出发，为他的哲学论证提供支持。但是能够用来批判正统神学的圣经文本绝对不是现存的圣经文本的全部，而仅仅是与理性相符合的，尤其是与理性的实践运用即道德行为相符合的那部分文本，即"圣经中本身就是哲学的那些部分"②。

因此，除了能够为其哲学提供论据支持的圣经经文才是圣经的"真正的文本"、"真正的教义"（即道德宗教）之外，其他的圣经经文都是迷信的产物，都是经过历史上的解经家对圣经的真正文本的篡改的结果。为了从现有的圣经文本之中找到真正的文本和教义，就一定要对现存圣经文本加以批判，这就是斯宾诺莎接下来要做的事情。因此，斯宾诺莎以圣经作为批判正统神学的根据与权威，还有一个目的就是在批判启示宗教的同时，为大众保留下来道德宗教的信仰，因此就不免显得保守、不彻底。应当如何从现有的圣经文本之中找到"真正的文本"、"真正的教义"呢？如何从启示宗教篡改过的圣经之中找到圣经原初的道德宗教的教义呢？要想重新审视圣经，就需要制定审视和解释圣经的、不同于传统神学家对圣经解释的新方法，"解决这种情况的办法就是要重新审视圣经，把'真正宗教'的教义找出来。只有这样，我们才能确实厘定我们必须怎样表示对神应有的崇敬和获得福祉"③。于是斯宾诺莎很自然地转向了《神学政治论》的第7章即"论解释圣经"，以及第8章到第11章对解

---

① [美]施特劳斯：《斯宾诺莎的宗教批判》，李永晶译，华夏出版社2013年版，第165页。
② 同上书，第170页。
③ [英]史蒂文·纳德勒：《斯宾诺莎传》，冯炳坤译，商务印书馆2011年版，第403—404页。

释圣经的新方法的运用。

二、斯宾诺莎的圣经批判

斯宾诺莎在基于圣经对正统神学展开批判之后,为了将他所依据的圣经部分从现有的圣经文本之中找出来,他接下来不得不做的一件事情就是对现有的圣经文本展开一场理性的审视和批判,正因此,"斯宾诺莎通常被认为是现代圣经研究与圣经批判的创始人之一"①。新的审视需要新的方法,所以斯宾诺莎首要做的就是制定审视和解释圣经的新方法(第7章);然后要做的就是用这种新方法来解释圣经,在这种解释之中,批判现有圣经文本之中的迷信部分(第8—11章)。

1. 解释圣经的方法

斯宾诺莎解释圣经的方法,一言以蔽之就是"解释圣经的方法与解释自然的[正确]方法是没有大的差别的"。要做到这一点,"讨论圣经的内容只能从圣经本身及其历史出发(ex ipsa Scriptura ejusque historia/from Scripture itself and its history),除此之外别无其他解释圣经的标准(principia/criteria)和论据(data/data)"②。我们具体如何来理解他的解经方法呢?

解释圣经的方法与解释自然的方法一致,可见斯宾诺莎将圣经视为自然现象,至少不像启示宗教那样——圣经是上帝(通过先知和使徒言说)的圣言——把圣经视为超自然的启示。加尔文就说过:"圣经最有力的证据是:它是神口里所出的话。当先知和使徒宣告神的话时,他们从

---

① Richard H. Popkin, "Spinoza and Bible Scholarship", in Don Garrett (ed.), *The Cambridge Companion to Spinoza*, Cambridge and New York: Cambridge University Press, 1996, p. 383.
② Pierre-F. Moreau (ed.), *Spinoza Oeuvres*, Ⅲ: *Tractatus Theologico-Politicus*, Presses Universitaire de France, 1999, p. 280. Spinoza, *Theological-Political Treatise*, translated by Michael Silverthorne and Jonathan Israel, Cambridge University Press, 2007, p. 98. 参见[荷]斯宾诺莎《神学政治论》,温锡增译,商务印书馆1963年版,第108页,译文有改动。

不夸耀自己的聪明或任何优点；也不依靠理性的证据。"①如果圣经是超自然的启示，那么它当然不能用解释自然的方法来解释；斯宾诺莎在此与加尔文甚至与整个犹太教—基督教解经的方法相决裂。为了理解斯宾诺莎解释圣经的方法的最基本的原则，我们必须探讨以下三个问题：

首先，斯宾诺莎所言"解释自然的正确方法"到底是什么？斯宾诺莎说，"解释自然的［正确］方法说到底就是要建构自然的历史（in concinnanda scilicet historia naturae/constructing a natural history）并从中引出自然事物的界说（definitiones/definitions），如同从确定的数据（certis datis/certain data）中推论出来一样"②。如此，新的问题就产生了，斯宾诺莎所言的"历史"是什么呢？

对很多人来说，斯宾诺莎哲学是缺乏历史维度的，如安德森所言，"阿尔都塞及其门徒将斯宾诺莎系统地归入历史唯物主义，是在学术上试图为马克思建立一位哲学先辈、并出其不意地从中为当代马克思主义开拓新理论方向的一次最雄心勃勃的努力。只在一个重要方面，阿尔都塞转向别处去寻找哲学史的重要联系。斯宾诺莎不太关心历史，这使阿尔都塞以孟德斯鸠这支旁系来补充马克思的先辈"③。

黑格尔也认为，斯宾诺莎哲学恰恰缺乏的就是历史的向度。黑格尔说，"斯宾诺莎的思想伟大之处，在于能够舍弃一切确定的、特殊的东西，仅仅以唯一的实体为归依，仅仅崇尚唯一的实体……因为这是一种死板的、没有运动的看法，其唯一的活动只是把一切投入实体的深渊，一切都萎谢于实体之中，一切生命都凋零于自身之内；斯宾诺莎本人就死于痨

---

① ［法］加尔文：《基督教要义》，钱曜诚等译，三联书店2010年版，第48页。
② Pierre-F. Moreau (ed.), *Spinoza Oeuvres*, Ⅲ: *Tractatus Theologico-Politicus*, Presses Universitaire de France, 1999, pp. 278 – 280. Spinoza, *Theological-Political Treatise*, translated by Michael Silverthorne and Jonathan Israel, Cambridge University Press, 2007, p. 98. 参见［荷］斯宾诺莎《神学政治论》，温锡增译，商务印书馆1963年版，第108页，译文有改动。
③ ［英］佩里·安德森：《西方马克思主义探讨》，高铦、文贯中、魏章玲译，人民出版社1981年版，第85页。

瘵。——这是普遍的[命运]"①。既然"一在一切之中",那么万物是如何归一的呢? 如果没有历史的向度、发展的观点,那么具有特殊性和多样性的万物就只能以牺牲其特殊性和多样性的方式融入具有普遍性和同一性的实体之中;而万物牺牲其特性,就无异于死亡。

当然,黑格尔说的不无道理,在斯宾诺莎那里,自然或实体之中确实没有内在的原则或目的推动自身发展,但斯宾诺莎的"历史"概念另有其义。吴树博认为,斯宾诺莎的"历史"概念不同于我们通常所理解的历史概念,他是在古希腊语的原初含义的意义上使用"历史"概念的,即历史就是对人事的观察、记录、描述乃至探究,"它的核心内涵是一种'探究'行为,也就是它恢复了古希腊语中的 ισδορια 一词的原初内涵"②,斯宾诺莎只是将历史的对象扩展到了自然事物和古代文本而已。这样,自然史就是对自然的观察、描述、归纳概括,圣经史就是对圣经的观察、描述和归纳概论。总之,历史就是一种经验研究,是对经验的观察、描述和归纳。这种理解特别符合斯宾诺莎对"建构自然的历史"的解释,即对经验到的自然事物进行观察、描述和概括,从而引出自然事物的界说。但是,圣经作为一个文本,对它进行观察、描述和归纳,实际上就是对它的文字及其记载的观察、描述和归纳,而它的文字及其记载从根本上说就是它的过去,就是我们通常所理解的"历史"概念,因此根本没有必要把斯宾诺莎的"历史"概念回到古希腊语中去理解。所以,斯宾诺莎的"历史"概念仍需进一步地得到澄清。

苏珊·詹姆斯(Susan James)认为,"斯宾诺莎所言的建构历史的过程更接近于早期现代哲人所说的分析(analysis),即呈现数据(data)与论据(arguments)的方法"③。在早期现代哲人如笛卡尔(Rene Descartes)

---

① [德]黑格尔:《哲学史讲演录》第4卷,贺麟、王太庆译,商务印书馆1978年版,第103页。
② 吴树博:《阅读与解释:论斯宾诺莎的历史观念及其效用》,上海三联书店2015年版,第165页。
③ Susan James, *Spinoza on Philosophy, Religion, and Politics*, Oxford University Press, 2012, p.146.

那里,分析的方法即"把我所审查的每一个难题都按照可能和必要的程度分成若干部分,以便一一妥为解决"①。分析就是把所考察的对象整体分解成若干部分,然后一一考察每一个部分并加以清晰的界说,以便把考察清楚的每一部分的界说重新组合在一起形成理性的体系,即分析为综合(synthesis)奠定基础。在 17 世纪的人们看来,自然没有历史,没有生成演进的过程,因此没有过去,而只有永恒的循环往复;而对自然事物的分析实际上就是对自然事物在逻辑上的过去或历史的探究。因为分析就是对自然事物的分解,就是在逻辑上回到它的原初状态。这样,所谓"建构自然的历史",就是对自然现象的分析过程,即定义和描述自然现象得以形成的诸原因和要素,所以说,"当历史的目标是提供理性地可辩护的自然现象的原因时,历史就依托于自然推理(natural reasoning)的过程"②。所谓"建构圣经的历史",就是对圣经的分析过程,即找出圣经得以形成的原因、要素和过程(即圣经在时间上的过去,而非逻辑上的过去),并加以界说,最终形成理解圣经的理性体系。

但是,詹姆斯只考虑到笛卡尔的"分析"概念对斯宾诺莎"历史"概念的影响,却并没有考虑到笛卡尔对历史的消极看法,而斯宾诺莎作为笛卡尔的学生是如何在历史哲学方面继承和超越其老师的。在斯密什看来,笛卡尔对"历史"的理解,可能对斯宾诺莎造成影响。

在笛卡尔那里,历史的知识是不确定的、非普遍性的,历史就犹如神话寓言故事一般,充满了迷思。笛卡尔说:

> 可是我认为自己用在语言文字上的功夫已经够多,诵读古书、读历史、读寓言花的时间也已经不少。因为**同古人交谈有如旅行异域**,知道一些殊方异俗是有好处的,可以帮助我们比较恰当地评价本乡的风俗,不至于像没见过世面的人一样,总是以为违反本乡的

---

① [法]笛卡尔:《谈谈方法》,王太庆译,商务印书馆 2000 年版,第 16 页。
② Susan James, *Spinoza on Philosophy, Religion, and Politics*, Oxford University Press, 2012, p.148.

习惯的事情统统是可笑的、不合理的。**可是旅行过久就会对乡土生疏，对古代的事情过分好奇每每对现代的事情茫然无知**。何况寓言使人想入非非，把许多不可能的事情想成可能。就连最忠实的史书，如果不歪曲、不夸张史实以求动听，至少总是略去细微末节，因而**不能尽如原貌**；如果以此为榜样亦步亦趋，每每会同传奇里的侠客一样**陷于浮夸**，想出来的计划每每会无法实现。①（黑体为引者所加）

历史知识的不确定性，实际上暗示了历史事实的不可理解性；正是由于历史事实是个别的、不可普遍化的，所以历史的知识才是不确定的。与不确定的历史知识相对，唯一确定的知识只有数学（几何学）知识，只有建基于数学或几何学基础上的真理才是必然的、绝对的，除此之外的知识都可以视为历史的叙事（historical narratives），因为历史知识是偶然的、相对的。正如笛卡尔所言，"我特别喜欢数学，因为它的推理确切明了；可是我还看不出它的真正用途，想到它一向只是用于机械技术，心里很惊讶，觉得它的基础这样牢固，这样结实，人们竟然没有在它上面造起崇楼杰阁来"②。

斯宾诺莎正是继承了笛卡尔，不仅将笛卡尔的哲学按照几何原理的形式整理了出来（即斯宾诺莎的《笛卡尔哲学原理》一书），而且还将自己的哲学以几何学的形式撰写出来（即斯宾诺莎的《伦理学》）。可见，斯宾诺莎对数学（几何学）的崇尚，可能会使他对历史知识的态度消极起来，将历史视为"寓言"（fable）和"神话"（myth），也就是说，"斯宾诺莎转而求助于笛卡尔精神中的历史，转向圣经的古代'历史和寓言'，不是作为黄金时代或作为永恒（timeless）真理的典范，而是作为我们从虚假观念和迷信的束缚中解脱出来的准备"③。把圣经视为历史，意味着斯宾诺莎把

---

① ［法］笛卡尔：《谈谈方法》，王太庆译，商务印书馆 2000 年版，第 6—7 页。
② 同上书，第 7 页。
③ Steven B. Smith, *Spinoza, Liberalism, and the Question of Jewish Identity*, Yale University Press, 1997, p. 63.

圣经视为在理论和思辨上不够确定的知识;而作为理论上确定的知识,如欧几里得(Euclid)的几何学就不需要历史的解释,甚至不需要解释。或者说,所有的理智之书(intelligible works)只是在"自我解释"(self-interpreting),即人们只需要跟随一系列的推理从公设到结论,就足以理解欧几里得的几何学,而不需要了解欧几里得的生平、性格,以及他的《几何学原理》所使用的语言,以及后世的版本等历史知识。而圣经不同于《几何学原理》,"圣经所关心的事情不能由理性的自然之光(lumine naturali notis/the natural light of reason)从原理之中演绎(deduci/deduced)出来。因为圣经绝大部分是由历史的叙事(historiae/historical narratives)与启示 revelationes/revelations)构成的"[1]。圣经并非理智之书,因此需要解释,尤其是历史的解释。

自然何以有历史?因为"自然和圣经一样都不是从界说(definitions)开始的,因而两者都需要解释"[2]。自然之中本无定义和概念,人只有通过理性才能透过纷繁复杂、充满偶然性的自然现象通达具有普遍必然性的本质,并对这本质加以理性的界说。同时,"《圣经》并不给我们以事物的定义,也就犹之乎自然不给事物下定义"[3]。说到底,斯宾诺莎的潜台词就是,只要不是以几何学原理写成的书,就都是神秘的、非理智的历史叙事,所以都需要解释,尤其需要历史的解释。也就是说,并非"历史"的概念与"分析"的概念相同,而是"建构历史"的过程就是"分析历史"的过程。对历史的分析就如同对自然的分析一样,就是要把研究对象的整体分解为各个部分(原因和要素等),并分别对这些部分进行考察并形成清晰的界说(即理性的定义),以便形成对研究对象(自然

---

[1] Pierre-F. Moreau (ed.), *Spinoza Oeuvres*,Ⅲ:*Tractatus Theologico-Politicus*, Presses Universitaire de France, 1999, p. 280. Spinoza, *Theological-Political Treatise*, translated by Michael Silverthorne and Jonathan Israel, Cambridge University Press, 2007, p. 99. 参见[荷]斯宾诺莎《神学政治论》,温锡增译,商务印书馆1963年版,第108页,译文有改动。
[2] Steven B. Smith, *Spinoza, Liberalism, and the Question of Jewish Identity*, Yale University Press, 1997, p. 65.
[3] [荷]斯宾诺莎:《神学政治论》,温锡增译,商务印书馆1963年版,第109页。

或圣经)的整体的理解的理性体系。

可以说,斯宾诺莎对历史的理解是划时代的。在斯宾诺莎之前(如笛卡尔那里),历史并不是一个合乎理性的过程,而是充满了偶然性、不确定性的叙事,并且往往与神话和寓言相互纠缠、相融不分。在斯宾诺莎那里,他虽然不像黑格尔那样,把历史理解为理性实体的自我展开、自我实现的过程,但他在黑格尔之前就已经认为历史可以被建构为合乎理性的过程了。在黑格尔看来,"哲学用以观察历史的唯一的'思想'便是理性这个简单的概念。'理性'是世界的主宰,世界历史因此是一种合理的过程"①。历史是合乎理性的过程,因为历史本身就是理性的自我展开、自我实现的过程。斯宾诺莎既然并不承认历史是理性的自我展开和自我实现过程,他何以认为历史可以被建构为合乎理性的过程呢?

从"建构自然的历史"来看,自然本身是服从于几何学规律和因果性必然规律的领域,人之所以认为自然领域中有诸多的偶然的和不确定的现象,是因为人们还没有掌握自然规律;人一旦掌握了自然规律,就必然将自然的因果规律以几何学的方式建构出理性的概念体系来。从"建构圣经的历史"来看,圣经所记载的启示和神迹,不过是人出于无知和自我保存的努力加之于自然现象的想象。所以人们一旦掌握了自然规律、理解了自然现象,并且将圣经作者撰写启示和神迹的真实的、世俗的目的(即犹太民族的自我保存的努力)揭露出来之后,圣经也就必然能够被理性认识了。圣经的历史其实就是人的历史(犹太民族的历史),是人的历史造就了圣经,用马克思的话来说,"人创造了宗教,而不是宗教创造人"②。既然圣经的历史就是人的历史,而人作为自然的一部分,其本质就是自我保存的努力,所以圣经的一切神圣的叙事都可以还原为人的自我保存的努力。用马克思的话来说,"历史不过是追求着自己目的的人的活动而已"③。而在黑格尔那里,历史并非人的活动的产物,而是实体

---

① [德]黑格尔:《历史哲学》,王造时译,上海书店出版社 2001 年版,第 8 页。
② 《马克思恩格斯全集》第 3 卷,人民出版社 2002 年版,第 199 页。
③ 《马克思恩格斯全集》第 2 卷,人民出版社 1957 年版,第 118—119 页。

理性、绝对精神自我展开、自我实现的过程,人在历史之中的作用,不过是理性实现自我的(自觉和不自觉的)工具而已。在这一点上,马克思对历史的理解,与黑格尔相比更加接近于斯宾诺莎。马克思说,"创造这一切、拥有这一切并为这一切而斗争的,不是'历史',而正是人,现实的、活生生的人。'历史'并不是把人当做达到自己目的的工具来利用的某种特殊的人格"①。

其次,我们需要了解的是,"圣经的历史"具体是指什么,以及我们应该如何得到圣经的历史知识呢?斯宾诺莎认为所谓圣经的历史即以下三种知识:

(1) 圣经各书书写时所用的以及作者常说的语言的性质与特质。因为旧约与新约的作者都是希伯来人,所以了解希伯来语是必要的。而圣经的希伯来语,因为其字母容易被误认,而且有一词多义、动词时态不分,以及元音错植、没有标点等特点,极易使文字陷入歧义。②

比如,ruagh 通常译为"灵"(spirit),但它的基本含义是"风",除此之外还有"气息"、"生命或呼吸"、"勇气和力气"、"德行与适宜"、"心的习惯"、"意志、目的、欲望、冲动"等,因此圣经说上帝之灵,从语文学的角度来看,可以有不同的解释。③

(2) 圣经各书的作者是不同的,所以讨论的主题也就千差万别;因此圣经的解释者需要把圣经的讨论按不同的主题加以编排,并按照不同的主题收集材料,并加以对照。这样圣经中相互矛盾的段落,以及晦涩难懂的经文也就容易找到了。④

比如摩西说"上帝是火",又说"上帝是嫉妒"。这显然是自相矛盾的,而且,"上帝是火"这个命题从字面意思上来理解是很难的。然而,我们并不能因为它们的不一致和晦涩难懂而否定它们,而是要按照圣经的

---

① 《马克思恩格斯全集》第 2 卷,人民出版社 1957 年版,第 118 页。
② 参见[荷]斯宾诺莎《神学政治论》,温锡增译,商务印书馆 1963 年版,第 109、117—119 页。
③ 参见同上书,第 26—27 页。
④ 参见同上书,第 110 页。

其他经文来解释它们,即如《约伯记》第 31 章第 12 节中所说,火这个名词就是指怒和嫉妒。①

（3）圣经各书的作者的生平、行为与学历,"他是何许人,他著作的原因,写在什么时代,为什么人写的,用的什么语言",以及圣经各书所经历的遭遇,即"最初是否受欢迎,落到什么人的手里,有多少种不同的原文,是谁的主意把它归到圣经里的。最后,现在公认为是神圣的各编是怎样合而为一的"②。

这就是斯宾诺莎的解经方法,施特劳斯称之为"语文学—历史学的批判"(Die philologisch-historische Kritik)③,也就是说,通过对古代文本的语言和文字的校勘与考证(语文学的),以及对该文献的诸版本与作者性情和历史环境的研究(历史学的),得出圣经作者的世俗的但又真实的意图的方法。总体说来,斯宾诺莎将圣经的历史解释为文本文字的历史以及文本编撰的历史,"历史在这个意义上是观察现象的系统的编目(catalogue)"④。这样,斯宾诺莎对圣经的解释,就把"我们对神圣文本(sacred texts)的阅读变成了我们对它的过去的了解"⑤。这也就难怪斯密什评价斯宾诺莎对圣经的解释方法时说,"斯宾诺莎根据圣经来阅读圣经的原则是他尝试将圣经文本(the text)世俗化(secularize)或自然化(naturalize)的象征性事件"⑥。斯宾诺莎解释圣经的方法,就是要透过文本中含混不清、晦涩难懂的神话叙事,通过语文学和历史学的研究,得

---

① 参见[荷]斯宾诺莎《神学政治论》,温锡增译,商务印书馆 1963 年版,第 110—111 页。
② 参见同上书,第 111 页。
③ [美]施特劳斯:《斯宾诺莎的宗教批判》,李永晶译,华夏出版社 2013 年版,第 199 页。斯密什称之为"历史语文学"(historical philology, Cf. Steven B. Smith, *Spinoza, Liberalism, and the Question of Jewish Identity*, Yale University Press, 1997, p. 56)。
④ Michael Rosenthal, "Spinoza and the Philosophy of History", in Charlie Huenemann (ed.), *Interpreting Spinoza: Critical Essays*, Cambridge University Press, 2008, p. 113.
⑤ Susan James, *Spinoza on Philosophy, Religion, and Politics*, Oxford University Press, 2012, p. 152.
⑥ Steven B. Smith, *Spinoza, Liberalism, and the Question of Jewish Identity*, Yale University Press, 1997, p. 63.

出圣经真实言说的世俗的、政治性、理性的目的,从而为人的理性所理解。

最后,解释圣经的方法与解释自然的方法相一致,为何还要以圣经本身来解释圣经呢?

斯宾诺莎说,"差不多《圣经》全部内容的知识,只能求之于圣经。正如关于自然的知识是求之于自然一样"①。解释自然必须从自然本身出发,而不能从超自然的启示出发。因为启示只不过是"想象的知识",并不具有理论上的确定性,而自然研究所寻求的真理需要理论上的确定性。同理可得,解释圣经也要从圣经本身出发,而不能预设圣经所提到的事物都符合理性的自然之光,而只能从圣经本身的内容和历史出发去找到圣经的真正教诲,以圣经作者的原义来理解圣经所提到的事物。圣经的教诲并不具有理论上的确定性,因为圣经所记载的事物大部分是奇迹和启示;但圣经的教诲具有道德上的确定性,而且圣经的道德教诲也是符合理性的,是可以用理性的方式来论证其合理性的,"虽然圣经所包含的道德教诲可以用普遍概念(notionibus communibus/general concepts)来论证,但圣经却不是以普遍概念论证的形式来教导道德的,解释圣经只能以自身为根据"②。

斯宾诺莎的"从圣经出发解释圣经本身"这个原则的设立明显出于两个目的:其一,表面上故意向加尔文新教靠拢,以避免迫害并吸引荷兰的新教徒知识分子读者;其二,反对迈蒙尼德以及阿尔帕哈(Jehuda Alpakhar,?—1235)对圣经的不同解释。而批判这些圣经的解释者的意图又在于证明圣经的世俗性和人为性,"即便圣经可以被表述为神圣的或启示的作品(斯宾诺莎当然认为并非如此),以下命题也是有必要记

---

① [荷]斯宾诺莎:《神学政治论》,温锡增译,商务印书馆1963年版,第108页。
② Pierre-F. Moreau (ed.), *Spinoza Oeuvres*, Ⅲ: *Tractatus Theologico-Politicus*, Presses Universitaire de France, 1999, p. 280. Spinoza, *Theological-Political Treatise*, translated by Michael Silverthorne and Jonathan Israel, Cambridge University Press, 2007, p. 99. 参见[荷]斯宾诺莎《神学政治论》,温锡增译,商务印书馆1963年版,第108页,译文有改动。

住的,即圣经的解释者也仅仅是属人的(human),因此是易错的(fallible)"①。

首先,在斯宾诺莎之前,加尔文就已经要求以圣经来解释圣经了。在加尔文看来,圣经本身就是圣灵的产物,因此只有依靠圣灵的帮助,信徒们才能理解圣经。所以说,圣经是自我印证的,解释圣经需要圣灵充满信徒的心中,"我们应当确信圣经的教导,而这确信是借着圣灵的印证而得的"②。加尔文设立该原则的目的,是要打破罗马大公教的教皇对圣经的解释特权,在他看来,教皇往往依靠对圣经的歪曲解释以达到获得其世俗利益的目的,所以他认为每个信徒都有权接触圣经、阅读圣经,而不仅限于教皇。斯宾诺莎对某些神学家的批判十分接近于加尔文,他说,"我们常见神学家们急于要知道如何根据圣经的原文来附会他们自己的虚构和言语,用神的权威为自己之助"③。但加尔文是绝不会同意斯宾诺莎把圣经理解为世俗的历史过程的,所以斯宾诺莎只是在表面上与加尔文相合而已。

其次,迈蒙尼德预设了圣经是符合哲学尤其是亚里士多德哲学的(原因是圣经远比希腊哲学要久远,亚里士多德从希伯来圣经中得到了教诲),因而他往往从有违亚里士多德哲学的圣经经文的字面意思之下,解读出字里行间隐藏着的、寓意着的亚里士多德哲学来。因此迈蒙尼德的解经方法又被称为"寓意解经"(allegorical exegesis),"所谓'寓意'指的是,认定经文有字面含义和内在含义,前者仅是后者的一种'形象描述'"④。比如,亚里士多德认为神是没有形体的纯形式,而圣经说上帝以自己的形象造人,并且摩西在西奈山上看到了上帝的形象,说明圣经的上帝是有形体的;而迈蒙尼德却说,"在'我们要照着我们的形象造人'

---

① Steven B. Smith, *Spinoza, Liberalism, and the Question of Jewish Identity*, Yale University Press, 1997, p. 56.
② [法]加尔文:《基督教要义》,钱曜诚等译,三联书店2010年版,第42页。
③ [荷]斯宾诺莎:《神学政治论》,温锡增译,商务印书馆1963年版,第106—107页。
④ 刘小枫:《施特劳斯与启蒙哲学——读施特劳斯早期文稿〈柯亨与迈蒙尼德〉》,载萌萌学术工作室主编《启示与理性 4:政治与哲学的共契》,上海人民出版社2009年版,第8页。

(《创世记》1:26)这句圣经名言中,'形象'指的是特定的形式,即理智的把握能力,而不是形态和外表的意思"①。上帝只是按照自己的理念或形式而不是按照自己的外表或形状来造人。摩西在西奈山上所看到的上帝的形象也只是上帝的纯形式,所谓"看"也就不再是肉眼的行为,而是"理智的把握","同时,上帝也不是可以用眼看得到的那种存在"②。这样,迈蒙尼德通过将圣经经文的字面意思视为一种比喻或生动形象的描述,成功地将圣经经文的意思转译为哲学术语,转化为可以通过理智来理解的事物。

斯宾诺莎的反驳是,迈蒙尼德将字面意思十分清楚但并不符合理智的圣经经文都视为一种比喻,这无疑是对圣经的任意曲解,他不是在用圣经来解释圣经,而是在用圣经之外的哲学来解释圣经。迈蒙尼德事先预设了圣经是符合理智的,这无疑高估了先知的心智。先知并非哲人,而是无知的大众代表,是想象力特别强大而道德德性上出众的人。先知在智识上并不出众,所以他们是写不出亚里士多德哲学式的圣经的。③但是,斯宾诺莎也很有可能"把作者(先知)的心界看低了(没有哲学洞识)"④,正如韦伯(Max Weber)所言,"先知的态度,整体而言,经常被形容成'反文化'。但可不能理解成他们个人的'无文化'"⑤。据韦伯考证,圣经所记载的先知大多出身贵胄,并有良好教养,但是其知识程度并没有特别的高,"他们的知识程度很可以说是比较相当于希腊的奥菲斯教徒和民间先知,而不是泰勒斯那种高贵的智能"⑥。可见,韦伯的宗教社会学研究恰恰佐证了斯宾诺莎对先知的看法,先知的智慧并没有达到哲学的高度,所以判定圣经是符合哲学的,这是对圣经文本的强暴。

---

① [古犹太]摩西·迈蒙尼德:《迷途指津》,傅有德等译,山东大学出版社2004年版,第22页。
② 同上书,第32页。
③ 参见[荷]斯宾诺莎《神学政治论》,温锡增译,商务印书馆1963年版,第124—127页。
④ 刘小枫:《施特劳斯与启蒙哲学——读施特劳斯早期文稿〈柯亨与迈蒙尼德〉》,载萌萌学术工作室主编《启示与理性4:政治与哲学的共契》,上海人民出版社2009年版,第9页。
⑤ [德]韦伯:《古犹太教》,康乐、简惠美译,广西师范大学出版社2007年版,第363页。
⑥ 同上书,第364页。

最后，与迈蒙尼德相反，阿尔帕哈则认为圣经经文的每一句话都是超理性的启示，所以怀疑用理性来解释圣经的效力，他认为圣经中的晦涩难懂以及自相矛盾之处，只能以信仰的方式接受之。斯宾诺莎的反驳是，阿尔帕哈这么做，使理性屈服于信仰，从而助长了无知的权威。① 同时，阿尔帕哈的观点与加尔文相似，斯宾诺莎对阿尔帕哈的批判也可能意在暗中批判加尔文。同样，斯宾诺莎对迈蒙尼德的批判也另有所指，他实际上含蓄批判的是他的朋友迈耶尔(Ludwig Meyer)的"理性主义的解释学"，后者由于缺乏对圣经历史的分析，将笛卡尔式的对真理的诉求加诸圣经文本，认为由于神圣力量的支撑，圣经的教导不可能有悖于理性，哲学是圣经的解释者。②

总之，斯宾诺莎既反对迈蒙尼德或迈耶尔用哲学理性来解释圣经，又反对阿尔帕哈或加尔文对圣经解释的超理性的信仰态度。斯宾诺莎既要从圣经本身出发来解释圣经，又要在自然的理性之光的基础上来解释圣经，"解释圣经的规则必然是理性的自然之光(lumen naturale/the natural light of reason)"③。要做到这一点，就要以解释自然的理性方法，即建构自然的历史的方法，建构起圣经的历史；而且仅仅从圣经的内容和历史本身出发来研究圣经的教诲。

但斯宾诺莎的这一原则很难得到贯彻，因为圣经的历史不仅仅在圣经经文之内，斯宾诺莎如何对待圣经记载之外的历史知识呢？

施特劳斯就批评说，"斯宾诺莎本人欢迎任何能够说明这类问题（即圣经语言的知识、圣经作者的知识以及圣经版本的知识等——引者注）的可靠的外部信息"。另外，斯宾诺莎对圣经各个主题(subjects)的编排

---

① 参见[荷]斯宾诺莎《神学政治论》，温锡增译，商务印书馆1963年版，第203—204页。
② See J. Samuel Preus, *Spinoza and the Irrelevance of Biblical Authority*, Cambridge University Press, 2001, pp. 53 – 55.
③ Pierre-F. Moreau (ed.), *Spinoza Oeuvres*, Ⅲ: *Tractatus Theologico-Politicus*, Presses Universitaire de France, 1999, p. 322. Spinoza, *Theological-Political Treatise*, translated by Michael Silverthorne and Jonathan Israel, Cambridge University Press, 2007, p. 116. 参见[荷]斯宾诺莎《神学政治论》，温锡增译，商务印书馆1963年版，第128页，译文有改动。

并没有圣经的依据,"尤其重要的是,他所设想的严格意义上的解释就是要弄清圣经处理的各个主题的界说(definitions),但不可否认的是,圣经本身并没有提供这样的界说。事实上,作为界说,它们超出了圣经的视域。因此,对圣经的解释不是要精确地像圣经作者理解自己那样去理解圣经作者,而是要比圣经作者更好地理解圣经作者"。①

一方面,施特劳斯担心斯宾诺莎会过多地依赖于文本之外的历史知识而违背了以圣经解释圣经的原则,但实际上,斯宾诺莎在解经的过程中非常严格地以圣经文本出发来考察圣经的历史,这一点我们可以在他对新的解经方法的运用中感受到。在斯宾诺莎看来,所谓圣经的历史并不在圣经之外,而在圣经之内,是圣经所记载的历史叙事,而非圣经之外的考古发现。虽然原则上斯宾诺莎确实可能对文本之外的历史知识感兴趣,但因为年代久远,除了圣经文本之外很难再找到其他历史证据来佐证经文之所言,所以斯宾诺莎并没有像施特劳斯担心的那样,过多地依赖于文本之外的历史知识。

然而,虽然旧约时代缥缈久远,但新约时代却去古未远,存在着丰富的外在史料以佐证新约圣经所记载事件的真与假。因此如果要在新约研究中贯彻斯宾诺莎的历史原则的话,那么研究者就必然会向外寻求史料记载乃至考古发现。斯宾诺莎开启了还原真实历史以批判圣经的研究。大卫·施特劳斯就曾希望恢复已经被湮没的历史来撰写耶稣的真实传记,从而达到对圣经的奇迹和神话的批判,"协助人类精神从教条的压迫奴役下进行自我解放"②。为此,他追溯了基督教产生之前的文化状态,如犹太教的发展、希腊罗马文化的发展,以及耶稣的导师施洗者约翰的思想,这些都是耶稣的思想乃至基督教产生的文化前提。③ 布鲁诺·

---

① See Leo Strauss, *Persecution and the Art of Writing*, Chicago and London: University of Chicago Press, 1988, p. 146. 参见[美]施特劳斯《迫害与写作艺术》,刘锋译,华夏出版社2012年版,第139页。
② [德]大卫·施特劳斯:《耶稣传》第1卷,吴永泉译,商务印书馆1981年版,第8页。
③ 参见同上书,第232—263页。

鲍威尔尤其通过亚历山大里亚学派对犹太教与希腊罗马文化的综合,来还原早期基督教思想的形成过程。① 恩格斯则不仅要还原早期基督教思想产生的文化背景,而且还要还原其经济、政治环境。②

另一方面,施特劳斯担心斯宾诺莎没有依据地为圣经划分主题,以及将每个主题观念化(idealize)为由抽象概念所表达的界说(definitions),从而比圣经原作者还要更好地理解圣经,而不是精确地理解圣经原作者。斯宾诺莎的解经就是要把圣经中晦涩难懂和自相矛盾之处解释得清楚明晰,如果不用概念提出界说,就永远做不到将圣经清楚明晰化。如果做不到将圣经清楚明晰化,那么对圣经的解释就是失败的。为了成功地解释圣经,斯宾诺莎就必须将圣经难懂之处讲清楚,很难说他就是更好地理解了圣经原作者,而不是准确地理解了圣经原作者,他只是把圣经原作者没有讲清楚的地方讲清楚了而已,而这是任何一种解释都必须做到的事情。所以施特劳斯的批评还是可以商榷的。

但施特劳斯有一点批评是很有道理的,即斯宾诺莎的解经方法如此依赖于历史知识、依赖于对作者的历史环境或情境的考察,非常容易导致价值的"历史相对主义"乃至虚无主义。斯宾诺莎说,"我们必须知道每书之作是出于什么原因,写于什么时代,是为哪个国家而发的"③。因为时代背景不同、历史环境不同,那么先知或基督、使徒的道德教导就不同,比如摩西教导说"以眼还眼,以牙还牙"(《出埃及记》21:24),而耶稣讲"有人打你的右脸,连左脸也转过来由他打"(《马太福音》5:39),摩西和耶稣的不同教导源于其教义出于不同的历史情境。摩西处于建立希伯来王国初期,需要用强力惩恶的方法来维护社会秩序和国家稳定,"维护正义与国家的法律,防止恶人乐于作恶",因此摩西讲的不是报复而是惩恶;而耶稣生活在濒于灭亡的腐败的国度里,在那里没有人在乎正义,因此耶稣教导人去忍让而不是去报复。在斯宾诺莎看来,圣经的故事

---

① 参见《恩格斯论宗教》,人民出版社2001年版,第1—3、25—26页。
② 参见同上书,第3—10、34—35页。
③ [荷]斯宾诺莎:《神学政治论》,温锡增译,商务印书馆1963年版,第112页。

"大部分是应合每个时代的偏见的"①。不同的历史情境就有不同的道德规范,因此每个时代的道德规范都不过是每个时代的偏见罢了,根本就不存在什么普遍的自然正当或自然权利,"当代对自然权利论的拒斥就导向了虚无主义——不,它就等同于虚无主义"②,虚无主义就是对普遍的标准或规范的否定。这恐怕是从斯宾诺莎的历史哲学中能够推导出来的最为可怕的结论。普鲁斯就认为,当代的历史学家如斯金纳、波考克等人提出的在历史语境中理解观念和文本的规则,首先是由斯宾诺莎提出来的,③他从反面映衬了施特劳斯的担忧是对的。

与斯宾诺莎类似的是,马克思也提出过,社会存在决定社会意识,"不是人们的意识决定人们的存在,相反,是人们的社会存在决定人们的意识"④,道德作为社会意识归根结底是由一定时代的生产方式和经济基础所决定的,或者说,在马克思看来,某个时代的生产方式和经济基础就是道德规范最根本的历史语境。生产方式和经济基础的变动会缓慢地带动道德规范的根本改变,没有哪个道德规范是普遍有效的,即便每种道德规范都宣称自己如此。

马克思继承了自赫尔德至黑格尔以来的德国历史主义传统,反对自然权利论,因为那普遍有效的自然正当或自然权利只是个过于简单和抽象的观念,很难符合于每个时代和每个民族的具体情况。并且,普遍有效的自然正当或自然权利无异于启示宗教中"自有永有"的上帝,历史主义对自然权利论的破除继承于现代启蒙对于启示宗教的批判,因此也是一种启蒙。历史主义的启蒙与虚无主义之间的关系非常重要,但恐怕要另写著作加以研究了!

---

① [荷]斯宾诺莎:《神学政治论》,温锡增译,商务印书馆1963年版,第114页。
② [美]施特劳斯:《自然权利与历史》,彭刚译,三联书店2003年版,第5页。
③ Cf. J. Samuel Preus, *Spinoza and the Irrelevance of Biblical Authority*, Cambridge University Press, 2001, p.191.
④ 《马克思恩格斯选集》第2卷,人民出版社1995年版,第32页。

2. 解释圣经的方法的运用

斯宾诺莎论述了解释圣经的新的方法之后,就开始在接下来的四章中运用他的新方法解释圣经各书。其中,斯宾诺莎对《摩西五经》①(Pentateuch)的解读最为经典,也最为重要,他对旧约其他各书的解释都以此为范本,但比较特殊的是斯宾诺莎对新约的解释,所以笔者以斯宾诺莎对《摩西五经》以及新约的福音书、使徒书的解释为例,介绍他对解释圣经的新方法的运用。

(1) 对《摩西五经》的解释

《摩西五经》的作者历来都被认为是摩西本人,并且作为神圣的启示列于整部圣经之首。但历史上对这一论断并非没有异议,其中,12世纪的犹太哲人伊本·以斯拉(Abraham Ibn Ezra,1089—1164)就暗示了《摩西五经》的作者并非摩西,而是在摩西很久以后的什么人写的。斯宾诺莎列出了伊本·以斯拉的几个理由:

Ⅰ.《申命记》的序文中提到了约旦河那边,而摩西根本没有渡过约旦河。

Ⅱ.《申命记》的最后一章,讲到了摩西的死。

Ⅲ.《申命记》第31章第9节有这样一句话,"摩西将这律法写出来",这话不会是摩西说的。

Ⅳ.《创世记》第12章第6节中记述亚伯拉罕走过迦南国土之后,有一句话说,"迦南人那时住在那个地方"。但摩西那个时候,迦南人还占据着那片土地,所以不会用"那时"这个词。

Ⅴ.《创世记》第22章第14节里,摩利亚山叫做上帝的山,但"摩利亚山"这个名字是在建造圣殿之后才有的,所以摩西不可能用"摩利亚山"之名。

Ⅵ.《申命记》第3章讲到摩西见到巴珊王噩的铁床时的感慨,但那

---

① 《摩西五经》(Pentateuch),又名 Torah (托拉),即在摩西名下的圣经头五部经典,包括《创世记》(Genesis)、《出埃及记》(Exodus)、《利未记》(Leviticus)、《民数记》(Deuteronomy) 和《申命记》(Joshua),圣经(和合本)称之为"律法书"。

感慨的语气只有在讲述很久以前的事情时才会用,因此讲这话的人一定是在摩西之后很久的人。①

除此之外,斯宾诺莎又增加了几个理由来证明《摩西五经》的作者不是摩西:

Ⅰ.《摩西五经》各书的作者在提到摩西时,采用的都是第三人称。如《民数记》第12章第3节,"摩西和上帝谈话","主和摩西面对面说话"以及"摩西是最柔和的人"等。

Ⅱ.《摩西五经》不仅叙述了摩西是怎么死的和怎么埋葬的,以及希伯来人30天的哀悼,而且还把他和以后所有的先知加以对比,并认为摩西比其他先知都要强。

Ⅲ.《摩西五经》记载的一些地名与摩西活着的时候那些地方的名称不同,那些名字是后来才有的。如亚伯拉罕追踪他的敌人远至一个叫但的地方,但这个名字是约书亚死后很久才有的。

Ⅳ.《摩西五经》的文字叙述到了摩西死后很久的时候,如《出埃及记》第16章第34节中讲到以色列的子孙来到迦南地,但直到《约书亚记》第6章第12节才提到这个时候。②

斯宾诺莎就是这样通过对《摩西五经》文本中的叙述方式、所用的词汇以及所记载的历史叙事的研究,得出结论:《摩西五经》绝非摩西所作。因此,摩西所作的上帝律法绝非《摩西五经》,而是要比《摩西五经》短很多的东西,而且被《摩西五经》的真正作者纳入了《摩西五经》之中。③

既然《摩西五经》的作者不是摩西,那么会是谁呢? 斯宾诺莎以圣经本身为根据,认为《摩西五经》乃至《约书亚记》《士师记》《撒母耳记》《列王纪》都同出于一位史家之手的编撰,而且斯宾诺莎怀疑这个史家是旧约圣经中《以斯拉记》中的先知以斯拉(Ezra)。因为圣经所记载的人物

---

① 参见[荷]斯宾诺莎《神学政治论》,温锡增译,商务印书馆1963年版,第130—132页。
② 参见同上书,第132—134页。
③ 参见同上书,第134—136页。

中,只有以斯拉有能力撰写摩西的律法书,"除以斯拉(《以斯拉记》第七章第十节)之外,圣经并没有证明任何别的人说他'满心要寻求主的律法,宣示这律法。并且他随时可以把摩西的律法记下来'。因此,除以斯拉而外,我找不到任何别人可以说是圣经的作者"①。斯宾诺莎贯彻其解经主张,仅仅从圣经出发来解释圣经。既然圣经中仅仅叙述了以斯拉有能力且有意愿把摩西的律法记下来,那么就可以断定,以斯拉就是摩西五经的作者。在此,斯宾诺莎并没有借助于考古证据,仅仅从圣经出发来解释圣经的历史。

那么以斯拉为何要从事编撰《摩西五经》的工作呢?他把自己的工作赋予摩西的意图是什么?斯宾诺莎说,"以斯拉就从事于把希伯来国的历史原委叙述了一番,自世界的创造起,到城的完全毁灭止"②。以斯拉是犹太人流亡巴比伦时期的先知,那时希伯来王国已经灭亡,为了使犹太人保持其民族性,不至于失去民族的自尊心和自豪感,他便开始了整理国故的工作。他在《摩西五经》和旧约的其他书卷中,不断地提醒犹太人的选民身份,是为了让犹太人懂得,犹太人的受苦受难恰恰是因为上帝的恩选。所以说,"犹太人在写作、编辑、修改、传承和审定《圣经》的过程中,始终贯穿着一种强烈的自我认同意识"③。只是,以斯拉的工作并没有结束就去世了,所以整理工作处于"烂尾"阶段,而且经过千年的流传,经文多有残损和篡改,所以《摩西五经》到处都有不一致和自相矛盾以及晦涩难懂之处。④

可见,斯宾诺莎将圣经的历史与犹太民族的历史紧紧联系在了一起,"斯宾诺莎的这种研究清楚地把圣经置于人的历史之中(inside

---

① [荷]斯宾诺莎:《神学政治论》,温锡增译,商务印书馆1963年版,第139—140页。
② 同上书,第141页。
③ 吴增定:《斯宾诺莎的理性启蒙》,上海人民出版社2012年版,第123页。
④ 参见[荷]斯宾诺莎《神学政治论》,温锡增译,商务印书馆1963年版,第142、177页。

human history)"①,这也恰恰是斯宾诺莎与霍布斯等人的圣经批判不同的地方。可以说,《摩西五经》不是摩西所作,这个观点并不是斯宾诺莎的独创。且不说12世纪的伊本·以斯拉,即使在斯宾诺莎时代,霍布斯先于斯宾诺莎就已经提出了这个观点。霍布斯提出的理由有两点,其一,《申命记》提到了摩西的坟墓,并说直到今日也没有人知道他的坟墓;其二,《创世记》提到迦南地,而摩西没有到迦南就已经去世了。② 但霍布斯并没有把《摩西五经》的写作时间推迟到犹太人流亡巴比伦时期,他只是说,"摩西五书是在他的时代以后写的,只是以后多久却并不那么清楚"③。这可能就是霍布斯评价斯宾诺莎比他更大胆的一个方面吧。④

斯宾诺莎把圣经的历史与犹太人的历史相结合,又有什么意义呢?一旦将圣经历史与犹太人的历史相结合,那么圣经所记载的神圣史就立刻转变成了世俗史,"毫不夸张地说,犹太人的历史就是一个将圣经从'人言'变成'神言'的过程"⑤;而斯宾诺莎的工作就是通过犹太人的历史将圣经从"神言"重新还原为"人言",把圣经的历史与人的世俗历史紧紧相互联系在一起,以人的历史来解读圣经所记载的神圣历史。

正是由于斯宾诺莎把圣经的历史转换成为人的世俗历史,我们才可以最终理解,斯宾诺莎何以说解释圣经的方法与解释自然的方法没有什么差别,因为圣经本来就是自然事物,圣经所记载的事件本来就是作为自然的一部分的人的历史,因此研究圣经所使用的方法就是研究自然所

---

① Richard H. Popkin, "Spinoza and Bible Scholarship", in Don Garrett (ed.), *The Cambridge Companion to Spinoza*, Cambridge and New York: Cambridge University Press, 1996, p. 397.
② 参见[英]霍布斯《利维坦》,黎思复、黎廷弼译,商务印书馆1985年版,第297—298页。
③ 参见同上书,第298页。
④ 霍布斯的传记作者奥布里(Aubrey)提到霍布斯在阅读了斯宾诺莎的《神学政治论》之后对奥布里说,"斯宾诺莎较他更胜一筹,因为他可不敢如此肆意地(boldly)著述"。参见埃德温·柯利(Edwin Curley)《"我可不敢如此肆意著述"——或如何阅读霍布斯的神学—政治论述》,王承教译,载刘小枫、陈少明主编《经典与解释12:阅读的德性》,华夏出版社2006年版,第83页。
⑤ 吴增定:《斯宾诺莎的理性启蒙》,上海人民出版社2012年版,第122页。

使用的方法,"圣经是一个物质对象;先知是人类,与他人无异。先知的启示是自然法则运作的结果。"①

《摩西五经》的作者不是摩西,这个结论无论对犹太教还是基督教的打击都是非同小可的。马克思在写给莱·菲利普斯(Lion Philips)的一封信中讲道,"其实,从达尔文证明我们大家都起源于猴子的时候起,未必还有什么打击可以动摇'我们对于祖先的自豪感'。《摩西五经》只是在犹太人从巴比伦囚禁中返回以后才著成的,这一点斯宾诺莎在他的《神学政治论文》(即《神学政治论》——引者注)中就已经探讨清楚了"②。马克思认为,被犹太人认为神圣之书的《摩西五经》,确定犹太人为上帝的选民的圣书经典,竟然被斯宾诺莎证明为后世的杜撰,这不得不说是对犹太人的民族自豪感和自尊心的严重打击。而以斯拉在撰写《摩西五经》,并把经书的作者冠之以摩西时,他的目的不就是要犹太人继续保持这种民族自豪感和自尊心吗?所以,马克思把斯宾诺莎的《神学政治论》和达尔文的《物种的起源》相提并论,而达尔文消除的已经不是一个民族的自尊心,而是整个人类的自尊心了。

尼采也接着斯宾诺莎的结论说,"犹太人是世界历史中最了不起的民族,因为它在面临存在与不存在的问题时,怀着一种极端可怕的意识不惜一切代价地追求存在:这个代价就是对一切自然、一切自然性、一切实在性的彻底伪造,不管整个内心世界,还是外在世界都是如此"③。尼采认为,犹太人在灭国流亡之际,为了维持民族的存在,不惜伪造历史、杜撰经典,贬低以前的伟大时代(列王时代),这种作假的态度甚至感染到了基督教,"就其影响而言,犹太人对人性的伪造到了这种程度,以至于基督徒直到今天还自以为是在反对犹太人,却浑然不知自己就是犹太

---

① Susan James, *Spinoza on Philosophy, Religion, and Politics*, Oxford University Press, 2012, p.150.
② 马克思1864年6月25日致莱·菲利普斯的信,载《马克思恩格斯全集》第30卷,人民出版社1974年版,第662页。
③ [德]尼采:《敌基督者》,吴增定、李猛译,载吴增定《〈敌基督者〉讲稿》,三联书店2012年版,第167页。

人的最后结果"①。在尼采看来,犹太人在列王时代的精神是很健康而伟大的,征讨攻伐、开疆拓土,上帝一直都是这个民族的权力意志的守护神;在列王时代,教士的地位十分低下,但希伯来国家灭亡之后,犹太教士掌握了权力,为了报复并且树立自身的权威和统治的正当性,便开始重写历史、杜撰经典以贬低列王时代,"在犹太教中掌握了权力的教士重新书写历史以便贬低更早的伟大时代,在那个时代,教士还什么都不是"②,在犹太教士看来,希伯来国家之所以灭亡恰恰就在于列王时代邪恶的权力意志。

施特劳斯也说,"对《五经》的起源的证明大体上可以追溯至以斯拉、'一位才智平庸的人'(甚至追溯至某个完全不为人所知,因而根本没有权威的作者),这种证明等同于将摩西律法所宣称的有效性一笔勾销"。斯宾诺莎认定《摩西五经》的作者不是伟大的摩西而是没有权威的以斯拉,使得摩西律法的权威性、神圣性和永恒有效性遭到了削弱乃至毁灭。但与马克思和尼采对斯宾诺莎的赞赏不同,施特劳斯开始反思斯宾诺莎考据的有效性,"斯宾诺莎实际上究竟在证明什么?其实他所证明的无非就是,从人的角度来说,摩西不可能撰写《五经》,其文本亦不可能历经数世纪流传至今而无任何残损";而对于信仰者而言,"与其认为个别段落晦涩的理由是出于文本的残损,莫若认为它来自一种不可思量的神秘倒更为合适"。③ 施特劳斯认为,斯宾诺莎对圣经所做的历史—语文学的批判根本驳不倒圣经的神圣性,因为信仰者更加倾向于把圣经的晦涩归结于上帝之言的神秘莫测,对于不信仰上帝的人而言,从人的角度出发,才会认为圣经的晦涩源于文本的残损。因此,斯宾诺莎根本没有能力完全驳倒前一种可能性。然而,信仰的态度是盲目的,信仰者终究没有充

---

① [德]尼采:《敌基督者》,吴增定、李猛译,载吴增定《〈敌基督者〉讲稿》,三联书店2012年版,第168页。
② [美]莎皮罗:《墙上的书写——〈敌基督者〉与历史语义学》,田立年译,载刘小枫编《墙上的书写——尼采与基督教》,华夏出版社2004年版,第24页。
③ 参见[美]施特劳斯《斯宾诺莎的宗教批判》,李永晶译,华夏出版社2013年版,第202页。

足的证据来证明圣经的晦涩段落就是上帝的神秘所为；反而斯宾诺莎在尽力给出足够的证据表明，圣经的晦涩之处源于文本的残损。我们可以争论斯宾诺莎的论据不够充分，仅仅从圣经文本出发而无任何考古学的证据来印证其观点的方法是否有缺陷，但绝不能用没有证据、不可证实的命题来轻易地、草率地推翻他的观点和论据。如果施特劳斯想推翻斯宾诺莎关于《摩西五经》的作者不是摩西的观点，那就请他给出比斯宾诺莎所提供的证据还要充足的证据来证明！

除此之外，斯宾诺莎还按照同样的方法考察了旧约其他各书，认为《历代志》写于以斯拉时代以后，《诗篇》和《箴言》是在第二圣殿时代搜集起来的，《预言书》是从其他各书中编辑而成的，《以西结书》是个残篇；甚至斯宾诺莎从书的内容和文章的风格出发，认定《约伯记》是个译本；《以斯拉记》和《尼希米记》出自一个不知名的犹太史家之手，[1]等等。

（2）对新约的福音书、使徒书的解释

以上我们看到，斯宾诺莎对希伯来圣经即旧约圣经的批判是十分明显而激烈的；与此相比，他对新约圣经的批判则显得隐蔽得多、简短得多，但仍然不失激烈、严厉。新约圣经的主体是四福音书与使徒的书信和传记，所以斯宾诺莎对新约的考察也是从福音书与使徒书信和传记开始的。

基督教认为，新约圣经也是上帝的圣言，只是并非借先知之口，而是借耶稣基督和众使徒之口言说罢了。斯宾诺莎说，"在《新约》中有四个福音著作者。几乎不能让人相信上帝会企图把基督的生平叙述四回，这样把基督的生平传达给人类"。可见，在斯宾诺莎看来，新约圣经中的四个不同的福音书是不同的作者撰写的耶稣生平传略，绝非上帝或耶稣将自己的生平叙述了四回，而且每一回的叙述都不大一样。"因为每个福音著作者是在一个各别的地方传布福音，每个福音著作者是用浅显的话按他所传布的把福音写下来，为的是基督的历史这样才可以清楚地说出

---

[1] 参见［荷］斯宾诺莎《神学政治论》，温锡增译，商务印书馆1963年版，第157—164页。

来,其目的不是为解释别的几位福音著作者"①。四福音书由于作者的不一致而导致了关于耶稣的生平知识的不一致,但同时在知识方面也没有必要是一致的,只要它们在传达耶稣的道德教诲上是一致的,而且事实上确实是一致的即可。

至于使徒的书信,斯宾诺莎只是比较了先知与使徒(the Apostles)之间的区别,即"使徒们处处议论,好像他们是在论证,不是在预言;反过来说,预言只包括教条和命令。里边上帝不是对理智说话,而是由他的绝对的谕旨发布命令。先知的权威不容讨论,因为无论谁要想给他的论证找合理的根据,他这样想就是把他的论证付之于大家私人的判断"②。使徒不是先知,而是教师;使徒运用理智论证自己的信条,而先知使用启示发布上帝的命令。在此,斯宾诺莎似乎在批判犹太教的无知和盲目,赞扬基督教的理性与清醒,但斯宾诺莎真正的意思是,新约的使徒书信源自人的理智,而不是上帝的言辞,"《使徒书》不是借启示与神命写的。只是借著者的天赋的能力与判断写的"③。这样新约圣经也不是上帝的圣言,而是人的书写、人的历史。可见,斯宾诺莎原本要将他所引以为根据的圣经部分与圣经的迷信部分加以区分从而展开的圣经批判,其结果却是将圣经的神圣的和神秘的面纱揭穿了,使圣书还原成了"人书"。

斯宾诺莎对圣经的还原工作影响很大,黑格尔早年曾写过一篇《耶稣传》,在他笔下,耶稣失去了新约福音书中使瞎子复明、使死人复活的神秘奇迹,而仅仅是一个宣传道德教诲的普通人。在青年黑格尔派那里,大卫·施特劳斯的《耶稣传》就希望通过对耶稣的真实历史的还原将福音书的教诲归结为古代晚期犹太民族的民族精神,而布鲁诺·鲍威尔的《复类福音批判》则将福音书的教诲还原为各书作者的自我意识,这些人对圣经的研究多多少少地受到了斯宾诺莎的影响,都把圣经中的神圣历史还原为人的世俗历史。

---

① 参见[荷]斯宾诺莎《神学政治论》,温锡增译,商务印书馆1963年版,第184页。
② 同上书,第170—171页。
③ 同上书,第172页,译文有改动。

三、斯宾诺莎论思想自由与民主政治

该部分(第 12—20 章)作为《神学政治论》的最后一部分,堪称斯宾诺莎在该书中的主旨部分,即他的正统神学批判以及圣经批判都是为了论证思想自由和民主政治的合理性。其中思想自由是斯宾诺莎的重心,民主政治的目的就是要保障思想自由的权利。

1. 思想自由

斯宾诺莎在正统神学批判和圣经批判的过程中发现,圣经或宗教的真正教诲是道德信条,而并非理论知识。"根据《圣经》本书,我们毫无困难毫无含混地可以知道其主要的箴言是:最要紧的是要爱上帝,爱邻人如自己"①,这是斯宾诺莎在旧约和新约中普遍都能找到的信条,因而既是"普遍的宗教"②,又是"真正的宗教"③。

这样,圣经或神学实际上只教人服从道德,而不教导真理;与之相应,教导真理的是哲学或理性,而理性由于不适应大众的理解力和既定意见,因此对于教导大众服从道德方面,不如宗教或圣经。这样,神学作为宗教教义和圣经教诲,就与哲学相分离了,"神学不一定要听理性的使唤,理性也不一定要听神学的使唤,二者各有其领域,我们认为这是不可争辩的"④。这样,斯宾诺莎就打破了中世纪以来"哲学成为神学的婢女"的状况,使神学不再干涉哲学的思辨,不仅为宗教宽容奠定了基础,而且为哲学的自由、思想的自由打开了道路,"斯宾诺莎的最高目的——在城邦中为哲学腾出地盘——的确是高贵的"⑤。

同样,哲学也不干涉神学或宗教的道德教诲。因为,一方面,大多数人都缺乏理性的指导,所以只有宗教的道德教诲才能使他们服从国家和

---

① [荷]斯宾诺莎《神学政治论》,温锡增译,商务印书馆 1963 年版,第 185 页。
② 同上书,第 198 页。
③ 同上书,第 178 页。
④ 同上书,第 207 页,译文有改动。
⑤ 弗兰克尔:《评斯宾诺莎〈神学—政治论〉新译本》,李致远译,载刘小枫、陈少明编《经典与解释 12:阅读的德性》,华夏出版社 2006 年版,第 359 页。

共同体的法律与命令。

> 我们不能单凭自然之光（lumine naturali/the natural light）得到纯粹的顺从（obedientia/obedience）即得救之路，并且启示的教导仅仅出自上帝的荣光，这是理性（ratione/reason）无法达到的。圣经给有死之人（mortalibus/mortal men）带来巨大安慰。这样每个人都毫无例外地能够顺从，而不仅仅极少数人（paucissimi/the very few），——与整个人类（toto humano genere/the whole human race）相比，只有极少数人能单凭理性的知道获得德性的习惯（virtutis habitum/the habit of virtue）。这样说来，如果没有圣经作担保（testimonium/testimony），我们就要怀疑几乎所有人都能够得救［这件事了］。①

道德宗教对于大多数人来说是必要的，上帝存在的预设可以给道德的实现提供必要的条件。而道德的意义就在于使人顺从，从而维持国家和共同体的存在，单凭法律和武力的震慑，不足以使国家长治久安。②

另一方面，既然极少数人单凭理性就可以获得大多数人通过圣经的教诲获得的道德德性的习惯，那么我们可以得出结论说，圣经的教诲与理性并不违背。极少数有理性的人是如何获得符合道德德性的习惯的呢？有理性的人通过理性的考量，发现国家和共同体的生活是适宜自我保存的生活方式，所以就会自觉维护和遵从国家和共同体的法律和命令，而不需要宗教或圣经的劝说。

吊诡的是，既然圣经的教诲与理性并不违背，那么为何还要将圣经与理性分离开来，将哲学从神学中解脱出来呢？除非斯宾诺莎像亚里士多德和康德一样，区分出"理性的实践运用"和"理性的思辨运用"

---

① Pierre-F. Moreau (ed.), *Spinoza Oeuvres*, Ⅲ: *Tractatus Theologico-Politicus*, Presses Universitaire de France, 1999, p. 502. Spinoza, *Theological-Political Treatise*, translated by Michael Silverthorne and Jonathan Israel, Cambridge University Press, 2007, p. 194. 参见［荷］斯宾诺莎《神学政治论》，温锡增译，商务印书馆1963年版，第211页。
② 参见［荷］斯宾诺莎《神学政治论》，温锡增译，商务印书馆1963年版，第67页。

来。正如斯密什所说,"理性的或'自然之光'的实践运用并不像欧几里得的几何学一样产生先天的真理(a priori truth),而是像宽容与非迫害的药方一样,产生道德真理(moral truth)。道德的真理是真实的,但不是在思辨的意义上而言,而是在人的、政治的、'对所有有死之人最有益'的意义上是真实的"①。圣经必须与理论的、思辨的真理或理论理性相分离,而又必须与道德的、政治的真理或实践理性相符合。斯宾诺莎虽然并未明确区分出理论理性和实践理性,但他的思想却蕴含了这种区分。

思想自由,在斯宾诺莎看来,是人最重要的也是最难被剥夺的自然权利。它最重要,因为它保证了人的理性的自由发展,而理性是最适宜人的自我保存的手段,同时作为"对神的理智之爱",也是人的幸福和自由的保证。理性的实践运用就在于理性最有利于人的自我保存,这是一种较为低级的运用;较为高级的运用,即理性的思辨运用,就在于对神的沉思,对神的理智之爱。

在这一点上,斯宾诺莎暗暗地批判了霍布斯的理性概念。在霍布斯看来,理性仅仅是一种计算能力,"理性(REASON/Ratio)就是一种计算(Reckoning/Computationem),也就是将公认为标示或表明思想的普通名词所构成的序列相加减"②。在理论上,理性就是概念的相加减,如在逻辑学上,两个名词相加成为一个命题,两个命题相加成为一个三段论;在政治学上,契约相加就是义务;在法学上,法律加事实即是私人行为的是与非。而在实践生活中,理性就是利益的计算,即做任何事情都要事先考量一下,这件事到底是增加了我的利益还是减少了我的利益;一切行动都以自我保全为目标和标准,只做有利于自我保全的事情而拒绝不

---

① Steven B. Smith, *Spinoza, Liberalism, and the Question of Jewish Identity*, Yale University Press, 1997, p. 82.
② [英]霍布斯:《利维坦》,黎思复、黎廷弼译,商务印书馆 1985 年版,第 28 页,译文有改动。Hobbes, *Leviathan* (English-latin), edited by Noel Malcolm, 2nd vol., Clarendon Press, 2012, pp. 64,65.

利于自我保全的事情。这样,理性不再是一种沉思的能力,而沦为一种纯粹计算的能力,沦为一种纯粹的工具,尤其是人的激情和欲望的工具。理性不再是古典时期只有少数哲人所具备的高贵和神圣的能力,而变成一种可以普遍具备的能力,只要人意识到自己的利益所在,并跟随自己的激情和欲望去行动,人便具备了理性。霍布斯无疑是降低了理性的品格,损害了理性的尊严。

与霍布斯相比,斯宾诺莎的理性概念无疑是对古典的和霍布斯的理性概念的综合。一方面,理性的较低运用,即利益的计算,确实有利于人的自我保存;但另一方面,理性的较高级的运用,即"对神的理智之爱",又确保了理性的沉思本性。大多数人可以获得的理性仅仅是理性的较低运用,而缺乏理性的较高级的运用。因此斯宾诺莎又保障了理性的高贵性,"斯宾诺莎试图重获理性的古典尊严(classical dignity of reason),即把理性视为最完满的存在(ensperfectissimum)。理性不仅仅是做出深度算计(calculation)的能力,而且还与作为最高善的沉思(contemplation)紧紧相联"①。

如果理性仅仅是为了人的欲望和激情,那么理性就不过是激情的奴隶和工具而已。而在斯宾诺莎那里,理性不是激情的工具,相反,理性使人摆脱激情的束缚从而获得自由。"理性与个体自由(individual liberty)的充分发展是根本地、内在地相关的"②。因为理性使我们认识到欲望的原因,因此我们就可以针对这些原因采取必要的措施以摆脱欲望的束缚。所以说,理性有助于我们摆脱欲望的束缚,而摆脱欲望的束缚,就是人的自由的实现。在斯宾诺莎看来,国家的职责甚至就在于增进人的自由以及理性的发展,"政治的目的绝不是把人从有理性的动物变成畜牲或傀儡,而是使人有保障地发展他们的心身,没有约束地运用他们的理

---

① Steven B. Smith, "Spinoza's Democratic Turn: Chapter 16 of The Theologico-Political Treatise", in *The View of Metaphysics*, Vol. 48, No. 2 (Dec., 1994), p. 371.
② Steven B. Smith, *Spinoza, Liberalism, and the Question of Jewish Identity*, Yale University Press, 1997, p. 135.

智……政治的真正目的是自由"①。因此,斯密什评价说,"《神学政治论》或许是西方政治理论中宣称社会政制(social polity)的目的就是捍卫自由言论(free speech)的第一部著作"②。说思想自由的权利最难剥夺,是因为国家和教会的力量只能束缚人的外在言行,而没有能力束缚人的内心思想和信仰,"强制言论一致是绝不可能的。因为,统治者们越是设法削减言论的自由,人越是顽强地抵抗他们"③。既然"权利即权力",自然的权利与自然的力量是完全等值的,④那么没有力量做的事情就是不正当的,国家或教会对思想自由的权利的剥夺本身就是不正当的。

斯宾诺莎对思想自由的维护,总是令人想起马克思对普鲁士的书报检查制度的抨击,"书报检查制度所进行的令人讨厌的革新,一方面表现为它的道德良心的减弱,另一方面则表现为它的宗教良心的大大强化"⑤。"报刊按其使命来说,是社会的捍卫者,是针对当权者的孜孜不倦的揭露者,是无处不在的耳目,是热情维护自己自由的人民精神的千呼万应的喉舌"⑥。无论是青年时期的马克思还是成熟时期的马克思,都将维护思想自由作为自己的重大使命,"他把新闻出版的自由看成一般自由的保证人和守卫者"⑦。马克思之所以这样做,恐怕与斯宾诺莎对他的影响有关。

然而,施米特(Carl Schmitt)认为,正是因为斯宾诺莎对思想自由权利的强调,霍布斯的利维坦,那个"有死的上帝"、尘世的最高权威就被犹太人思想家们逐渐地从内部杀死了,"利维坦自内而外而死"。在斯宾诺莎那里,思想自由是不可剥夺的,因而国家或利维坦的绝对权威就受到

---

① [荷]斯宾诺莎:《神学政治论》,温锡增译,商务印书馆 1963 年版,第 272 页。
② Steven B. Smith, *Spinoza, Liberalism, and the Question of Jewish Identity*, Yale University Press, 1997, p. 160.
③ [荷]斯宾诺莎:《神学政治论》,温锡增译,商务印书馆 1963 年版,第 275 页。
④ 参见同上书,第 212 页。
⑤ 《马克思恩格斯全集》第 1 卷,人民出版社 1995 年版,第 119 页。
⑥ 《马克思恩格斯全集》第 6 卷,人民出版社 1961 年版,第 275 页。
⑦ 马讷里:《自由的三个概念:康德—黑格尔—马克思》,徐长福译,载刘小枫、陈少明主编《经典与解释 18:血气与政治》,华夏出版社 2007 年版,第 165 页。

了很大的限制,"斯宾诺莎将国家降格为一个纯粹外在的崇拜……绝对王权的国家可以要求一切,但他只着眼于外在"。私人领域的设置,以及公私领域的划分,削弱和侵蚀了国家权力,"霍布斯的利维坦变成一个外在全能、内在无能的权力集中营"。① 到最后,内在对外在的优越性,使国家成为保护私人领域的纯粹工具,成为"必要的恶",利维坦这个尘世的上帝就连最后的神性也不保了。但是,斯宾诺莎强调思想自由的权利,并不是说国家必须放弃对公民的德性和智识的教育,使私人领域放任自流。而是先保证公民不受"暴虐的法律被暴虐地执行"的侵害(而暴虐的统治必然是短暂的②),接着由少数"自由人"为所有公民制定出理性的、符合每一个人利益的法律,然后在束缚每个公民外在言行的同时,通过潜移默化的影响,使理性的法律"内在化"为每个公民的理性。苏珊·詹姆斯说,"重要的是,当一个国民把遵守法律内化为理性时,他的行动将如法律命令一般,他将不再是服从于一个命令,或服从于代表法律的主权者的意志,他的行动将依据于他自己的意志"③。也就是说,斯宾诺莎并不反对将理性的法律内化为每个公民的理性,而只是反对暴虐的法律侵犯公民的自由。

在施特劳斯和斯密什看来,斯宾诺莎提出思想自由的目的在于,解决犹太人问题。"斯宾诺莎在撰写《神学—政治论》时所设想的自由主义社会乃是这样一个社会:犹太教徒与基督徒能同等地成为该社会的成员,而且犹太教徒与基督徒在该社会中是平等的成员"④。为了使基督徒不会再以信仰之别的名义来欺压甚至迫害犹太人,斯宾诺莎主张思想自

---

① 参见[德]施米特《霍布斯国家学说中的利维坦》,应星、朱雁冰译,华东师范大学出版社2008年版,第94、97、98—99页。
② 斯宾诺莎引用塞涅卡(Seneca)的话"没人能长久保持一个专制者的威权",来表示不符合大多数人的利益的暴政不能长久运行下去,参见[荷]斯宾诺莎《神学政治论》,温锡增译,商务印书馆1963年版,第217页。同样,正是因为暴政不能长久,因而暴政的法律不能对大众的内心造成潜移默化的影响。
③ Susan James, "Freedom, Slavery, and the Passions", in Olli Koistinen (ed.), *The Cambridge Companion to Spinoza's Ethics*, Cambridge University Press, 2009, p.231.
④ [美]施特劳斯:《斯宾诺莎的宗教批判》,李永晶译,华夏出版社2013年版,第39页。

由,因为思想自由必然导致信仰自由和宗教宽容。在信仰自由和宗教宽容的社会里,持有不同信仰的人可以在公共领域中和平共处,共享自由和平等的政治权利,求同存异地解决价值冲突问题,"在这样一个被'理性的自然之光'照亮的现代世界,似乎所有的宗教纷争和价值冲突都烟消云散,似乎每一个人——不管是犹太人、基督徒、穆斯林,还是任何其他不同信仰者——都可以成为一个'大同世界'(Cosmopolis)中的自由公民"①。所以,人们通常把斯宾诺莎解决犹太人问题的对策称之为"同化"(assimilation)。②

实际上,同化的方案不止自由主义这一种,首次提出"犹太人问题"概念的鲍威尔(Bruno Bauer)与马克思虽然在解决方案上有所分歧,但其实质都是一样的,他们都主张"同化"。鲍威尔希望犹太人和基督徒都扬弃自己的宗教信仰,转而都信奉启蒙理性或哲学批判,"如果犹太人想要获得自由,那么他们不应该信奉基督教,而应该信奉解体了的基督教。信奉解体了的宗教,即信奉启蒙、批判及其结果——自由的人性"③。马克思实际上沿着鲍威尔的方向继续加深了对这一问题的探讨。鲍威尔的提法把犹太人问题"宗教化"了,在马克思看来,犹太人问题是一个现实的社会政治问题,而不是一个单纯的宗教信仰问题,消除了宗教信仰并不意味着现实问题的解决。犹太人问题不是一个只要更换信仰就能解决的问题,因为信仰启蒙理性也只是一种信仰而已。鲍威尔不明白,宗教信仰具有其现实的社会政治基础,只有改变了产生宗教的现实基础,才有可能彻底地消除宗教;而只有革命实践才能改变现实,仅仅在头脑中进行哲学批判是不够的。所以马克思说,"在我们看来,犹太人获得解放的能力问题,变成了必须克服什么样的特殊社会要素才能废除犹太

---

① 吴增定:《利维坦的道德困境》,三联书店 2012 年版,第 244 页。
② See Steven B. Smith, *Spinoza, Liberalism, and the Question of Jewish Identity*, Yale University Press, 1997, pp.14 - 15.
③ [德]布鲁诺·鲍威尔:《现代犹太人和基督徒获得自由的能力》,李彬彬译,载聂锦芳、李彬彬编《马克思思想发展历程中的"犹太人问题"》,中国人民大学出版社 2017 年版,第 133 页。

教的问题"①。总之,马克思和鲍威尔都要求废除宗教,因为废除宗教的同时就废除了犹太教和基督教之间的差别,在一个同化的世界里,没有犹太人和基督徒之分,所谓犹太人问题也就迎刃而解了。他们之间的差异仅仅在于废除宗教的手段和方法,鲍威尔诉诸哲学批判,而马克思要求革命实践,但总体上他们并没有超出斯宾诺莎的同化方案。

如果斯宾诺莎提出思想自由真的是为了解决犹太人问题的话,那么施特劳斯所言就是没有问题的,"斯宾诺莎或许憎恨犹太教;但他并不憎恨犹太人民。无论在所有其他方面他是一个多么糟糕的犹太人,他还是以其哲学前提为基础,用其唯一所能设想的方式设想了犹太人的解放之路"②。但思想自由并没有彻底解决犹太人问题,虽然法国大革命之后,各国逐渐承认了犹太人平等的公民地位,并保障了他们接受教育的权利,但是自由主义并不能从根本上解决犹太人问题,因为"自由主义国家在宪法上无能甚至不愿阻止个人或群体对犹太人的'歧视'。对这种意义上的私人领域的承认,意味着允许私人的'歧视',意味着它保护、从而实际上助长了这种'歧视'"③。歧视是私人领域的事情,国家没有权利干涉,正如马克思所言,"国家是建筑在社会生活和私人生活之间的矛盾上,建筑在普遍利益和私人利益之间的矛盾上的。因此,行政管理机构不得不局限于形式上的和消极的活动,因为市民生活和市民活动在哪里开始,行政管理机构的权力也就在哪里告终"④。而一旦国家开始干涉私人领域,个人的自由就将遭到侵犯,自由国家的根基也将瓦解。因此自由主义国家不能彻底解决犹太人问题。不仅如此,现代民主国家是多数公民意志的表现,而在西方社会之中,基督徒是占绝对的大多数的公民,所以国家又不得不建立在作为多数人的基督徒对犹太人的歧视基础之上。

---

① 《马克思恩格斯全集》第 3 卷,人民出版社 2002 年版,第 191 页。
② [美]施特劳斯:《斯宾诺莎的宗教批判》,李永晶译,华夏出版社 2013 年版,第 40 页。
③ 同上书,第 11 页。
④ 《马克思恩格斯全集》第 3 卷,人民出版社 2002 年版,第 386 页。

然而,解放不是别人赋予的,而是靠自己争取得来的。犹太人不能指望别人主动地消除歧视,而是要在机会均等、立体开放的现代社会中,努力提高自我,创造非凡业绩,为现代文明作出巨大贡献,这样伟大的民族如何能被人歧视?而纵观历史,犹太人确实是这样做的,无论在人文科学还是自然科学中,犹太学者都作出了巨大的贡献,一连串伟大的名字(如马克思和爱因斯坦)都出于犹太民族,因此犹太人也得到了全世界人的钦佩。在这种状态之下,还有谁仍然歧视犹太人,那么他本人就是无知和狭隘的人。而把犹太人置身于这个开放的世界的人,恰恰就是斯宾诺莎。正如雅法(Martin D. Yaffe)所言,"斯宾诺莎的《神学政治论》劝告其读者开始思考一种可能性,即犹太人摆脱了律法权威之后的一种可能的生活方式。这样它就开启了几个相当不同的现代犹太运动,如宗教改革、复国主义的民族主义和民族世俗主义,以及彻底的同化"[1]。

至于相对自由主义来说比较彻底的同化方案即马克思解决犹太人问题的共产主义方案,试图打破公私领域之分,彻底消除宗教、消灭国家进而彻底消除人与人之间的宗教分歧和民族差异的革命实践,在理论上不仅能解决犹太人的解放问题,而且还能获得整个人类的解放;但在实践上,尤其是在苏联的社会主义实践上却是失败的,苏联不仅产生了反犹运动,而且还侵害了个人自由。因此施特劳斯说,"不拘何时何地,只要反犹政策对它有利,共产主义就会毫无原则地使用那些政策。这无非证实了我们的观点:自由主义国家所提供的棘手的'犹太人问题的解决方案'要优于共产主义的'解决方案'"[2]。但施特劳斯绝对地将苏联的社会主义实践等同于马克思主义的实践,这是值得商榷的。但即便马克思所言的共产主义实现了,犹太人何以是犹太人,犹太人与其他人又有什么差异呢?犹太人的解放问题消除了,紧接着就是犹太人身份确证问题的产生;而且这恐怕不仅仅是犹太人这一个民族或文化的身份确证问

---

[1] Martin D. Yaffe, "Two Recent Treatments of Spinoza's Theologico-Political Treatises (1670): A Review Essay", in *Modern Judaism*, Vol. 13, No. 3(Oct., 1993), p. 309.
[2] [美]施特劳斯:《斯宾诺莎的宗教批判》,李永晶译,华夏出版社2013年版,第11页。

题,而是所有民族和文化,尤其是非西方的、边缘的民族和文化(包括中华民族和中华文化在内)的身份确证问题了。马克思可能会认为,一个特殊的民族或文化的身份确证问题太过狭隘,在全球化的现代世界之中,一切的狭隘性都将被碾得粉碎。但这个问题同时也暴露了马克思对民族问题、民族主义和民族文化的忽视。

2. 民主政治

无论在斯宾诺莎那里,还是在马克思那里,侵害到思想自由的政府,都被视为暴虐的。而真正自觉地去维护每个人的思想自由的政府,在斯宾诺莎看来,只有民主的政府,"在民主政治中,每人听从治权控制他的行动,但不是控制他的判断与理智;就是说,鉴于不能所有的人都有一样的想法,大多数人的意见有法律的效力"①。

为何与君主制和贵族制相比,民主制就会自觉保障每个人的思想、言论自由的权利呢? 首先,民主国家保障思想自由,源于民主的定义及其运作模式。斯宾诺莎说,"在民主制中,所有的或大部分的人民(populi/the people)集体地(collegialiter/collectively)掌握着权力(imperium/power)"②。既然在民主制中,每个人所遵守的法律都是自己的意志的表现,所以民主国家只有保障每个人的思想自由的权利,才能使每个公民都有充足的空间表达自己的意志,从而形成公共的意志即法律。所以,斯宾诺莎说,民主是最自然的、与人的自由最相符合的政体,"在民主政治中,没有人把他的自然权利(ius naturale/natural right)绝对地让渡给其他人,从而他不再能发表意见。他只是把自然权利让渡给了全社会的大多数人(majorem totius societatis partem/the majority of the whole society),而他自己也是其中的一分子。这样所有的人仍然

---

① [荷]斯宾诺莎:《神学政治论》,温锡增译,商务印书馆1963年版,第277页。
② Pierre-F. Moreau (ed.), *Spinoza Oeuvres*, III: *Tractatus Theologico-Politicus*, Presses Universitaire de France, 1999, p. 634. Spinoza, *Theological-Political Treatise*, translated by Michael Silverthorne and Jonathan Israel, Cambridge University Press, 2007, p. 251. 参见[荷]斯宾诺莎《神学政治论》,温锡增译,商务印书馆1963年版,第271页,译文有改动。

是平等的,与他们在自然状态中无异"①。民主制保障每个人的自由和平等的权利,与他们在自然状态中没有什么差别,所以说民主制是最自然的;但国家的建立又保障了他们的人身财产安全,他们又享受到了公民状态的好处。所以,在斯宾诺莎看来,民主制是最佳政制。

其次,在君主制和贵族制中,君主和贵族往往倾向于压制大多数人的意志,从而达到他自己或他们少数人的统治目的,因而特别惧怕每个人的思想自由的权利,所以千方百计地要剥夺之而后快。斯宾诺莎说,"虽然完全统治人心像完全统治人的喉舌一样,是不可能的,可是,在某种范围内,人心是受统治者的控制的,因他有许多方法能使他的大多数的国民在他们的信仰、爱憎方面要顺从他的意愿"②。君主和贵族也知道,完全统治人心是不可能的,但他们仍然为了自己能够长久地垄断国家权力,所以还是会采用各种手段操控人心,尽管只能部分地控制,如"古代的帝王争夺了王位常宣传说他们是永生的神的后代……而相信他们是神,就甘心服从他们的统治,听从他们的命令了"③。斯宾诺莎在此举了亚历山大大帝的例子,最重要的,他举了摩西的例子。

与民主政治相对,斯宾诺莎提出"神权政治"(Theocracy)的概念,而神权政治最典型的代表就是摩西所建立的希伯来国家(the Hebrew state)。"神权政治",顾名思义,就是神(Theo-)的统治(-cracy)。在黑格尔看来,神权政治是世界历史中最初的也是最不自由的国家形式即东方王国的特征,它以实体性精神为原则,个别性则沉没在它的实体性之中。在东方王国之中,"尘世政府就是神权政治,统治者也就是高级僧侣或上帝;国家制度和立法同时是宗教,而宗教和道德戒律,或更确切些说,习俗,也同时是国家法律和自然法。个别人格在这庄严的整体中毫无权

---

① Pierre-F. Moreau (ed.), *Spinoza Oeuvres*, Ⅲ: *Tractatus Theologico-Politicus*, Presses Universitaire de France, 1999, p. 520. Spinoza, *Theological-Political Treatise*, translated by Michael Silverthorne and Jonathan Israel, Cambridge University Press, 2007, p. 202. 参见[荷]斯宾诺莎《神学政治论》,温锡增译,商务印书馆1963年版,第219页,译文有改动。
② [荷]斯宾诺莎:《神学政治论》,温锡增译,商务印书馆1963年版,第228页。
③ 同上书,第229页。

利,没没无闻"①。实际上,最初的国家形式无论是东方的还是西方的都往往与宗教有关,法律和道德往往被认为是神的产物,"其中,道德的认可、宗教的认可、法律的认可尚紧密统一在一起;因此,印度人有达马(Dharma),希腊人有特弥斯(Themis),拉丁语境则有法斯(Fas)"②。国家的统治者要么是最高的祭司,要么就是神的子嗣,或者兼而有之。古代中国的皇帝就既是国家的大祭司又是"天子","中国的君主首先是一位大祭司;他其实是古代巫术信仰中的'乞雨师',只不过被赋予伦理的意义罢了。由于有伦理上被理性化的'天'维护着一种永恒的秩序,所以君主的神性取决于他的伦理道德"③。所谓"礼",原本是敬神和祭祖的仪式、礼节,同时也是道德规范和国家法律。

按照斯宾诺莎对圣经所载历史的叙述来看,摩西使犹太人摆脱埃及法老的奴役之后,犹太人就处在了自然状态之中;摩西以上帝使者的名义,使犹太人将自然权利让渡给上帝,服从上帝的统治,从而由自然状态过渡到了国家状态。这样,在希伯来国家中,"只有上帝对希伯来人有统治之权。他们的国家是凭借名为上帝的王国这个契约的。上帝说是他们的国王;因此之故,犹太人的敌人就说是上帝的敌人。凡想法夺取统治权的公民就犯了背叛上帝之罪;最后,国家的法律就称为上帝的律法与诫律"④。这种政权和教权合一的国家就是"神权政治"。

虽然名义上上帝是希伯来国家的主人,但摩西作为上帝唯一的代言人代行统治之权,因此拥有最高主权(sovereignty)的只有摩西一人。这样,"希伯来国君则是得到启示的命令的唯一的人了。……人民相信,国君只是按照启示于他的上帝的意旨发布命令,这件事也不足以使人民不

---

① [德]黑格尔:《法哲学原理》,范扬、张企泰译,商务印书馆1961年版,第357页。
② [德]西美尔:《宗教社会学》,曹卫东译,上海人民出版社2003年版,第7页。其中,Dharma又译达摩,指佛教教规或教法;Themis是古希腊掌管法律和正义的女神;Fas在拉丁文中是正义、公理的意思,也是正义之神。
③ [德]韦伯:《儒教与道教》,洪天富译,江苏人民出版社2008年版,第35页。
④ [荷]斯宾诺莎:《神学政治论》,温锡增译,商务印书馆1963年版,第231—232页。

听命,而是更听命"①。神权政治的目的就是要控制人心,从而达到垄断国家权力的目的。但摩西死后,教权被利未人(Levites)掌握,于是开始了教权与政权之间的相互征伐,最终导致了国家的分裂乃至灭亡。

  这就是斯宾诺莎从圣经中得到的历史叙事,他把原本神圣的历史即"君权神授"的天意历史解读为权力之争的世俗历史,即"所谓神圣历史(divine history)或天意的历史(Providential history)被分析为早期希伯来人当地的政治史。在他们逃出埃及时的独特情形即没有法律的情形下,摩西给了他们法律,并且称之为神法(God's Laws)来保证早期希伯来人能够遵从之"②。摩西建立希伯来国家的过程,就是人类从自然状态过渡到国家状态的典型事件,而将受激情束缚的大众结合成一个共同体,其手段就是宗教想象,"斯宾诺莎用他自己对先知的功能的分析以及古代希伯来人的宗教来阐述并解决在他的《神学政治论》中提出来的霍布斯式的社会契约论中的理论难题,即仍需解释在自然状态下的自我利益的个人(self-interested individuals)如何愿意伤害他们的自然权利并产生使他们成为公民社会中的国民的主权权力(sovereign power)"③。既然自然状态下的人是非理性的,受激情束缚的,那么签订社会契约的理性从何而来?这是社会契约理论的难题。斯宾诺莎把社会契约签订的过程理解为宗教恐惧对人的影响的过程,自然状态中的人们不是经过理性考量而签订社会契约的,而是出于对上帝惩罚的恐惧。

  所以,斯密什说,"在《神学政治论》中,他重写了圣经的叙事,并将圣经的叙事从神圣的历史(historia sacra)转变为世俗的历史(historia profana)"。神圣的历史起源于上帝的创世,终止于上帝的再临;整个神

---

① [荷]斯宾诺莎:《神学政治论》,温锡增译,商务印书馆1963年版,第234页。
② Richard H. Popkin, "Spinoza and Bible Scholarship", in Don Garrett (ed.), *The Cambridge Companion to Spinoza*, Cambridge University Press, 1996, p. 397.
③ Michael A. Rosenthal, "Why Spinoza Chose the Hebrews: the Exemplary Function of Prophecy in The Theologico-Political Treatise", in Heidi M. Ravven and Lenn E. Goodman (ed.), *Jewish Themes in Spinoza's Philosophy*, State University of New York, 2002, p. 207.

圣的历史,就是人类从堕落到救赎,从失乐园到复乐园的过程;在这个过程之中,上帝不断地向先知们启示自身,为以色列人指明正确的道路。摩西就是一位重要的先知,他在上帝的指引下逃离埃及法老的奴役统治,初创了希伯来国家,并且为以色列民颁布了上帝所授予的律法。而经过斯宾诺莎对圣经的世俗化解释之后,摩西就变成了一位世俗的政治家和立法者,那些神圣的东西都不过是为了建立国家而采取的控制人心的手段或策略罢了。摩西通过创立宗教、掌握教权的方式建立了国家,建立了神权政治的希伯来国家,并且完全掌握了这个国家的主权。

斯宾诺莎之所以将摩西的希伯来国家作为神权政治的典型、作为民主政治的对立面提出来,据说目的在于反对荷兰的加尔文教派,后者以古代希伯来国家为范本,希望在荷兰建立以他们为首的神权政治。斯密什说,"加尔文教的牧师就曾利用圣经解释荷兰共和国为'新以色列'(new Israel),并且将自己的位置视为与古代先知一般"。所以,斯宾诺莎批评希伯来国家对人民的思想自由权利的侵犯,就是在隐含地批评荷兰的加尔文教徒试图将共和国的公民降格为奴隶的做法。

然而,在斯宾诺莎的圣经叙事中,摩西的地位是特殊的,他更像一个世俗的立法者(legislator)、统一教权和政权的主权者(sovereign),而不是一个典型的先知形象。"摩西像马基雅维利的君主或卢梭的立法者一样,是能够把法律强行赋予无序的大众(disorderly multitude)的人"①。斯宾诺莎的思想自由的保障就在于世俗的主权者对教会的操控,使教会不至于侵害人的思想和信仰的自由。② 主权者只关注公民外在言行的服从,而不关心公民内在的思想,这也是摩西在位期间的神权政治的优势之一,"在希伯来国这(即利己——引者注)特别是有保证的,因为任何别的地方都没有像这一个社会的公民其财产是那么有保障的"③。也正是

---

① Steven B. Smith, *Spinoza, Liberalism, and the Question of Jewish Identity*, Yale University Press, 1997, pp. 86,146,147-148.
② 参见[荷]斯宾诺莎《神学政治论》,温锡增译,商务印书馆1963年版,第263页。
③ 同上书,第244页。

因此，斯密什认为，"斯宾诺莎为我们提供了通向自由主义的独特路径，即以犹太教的方式"①。斯宾诺莎的自由主义国家与摩西的神权政治国家具有某种一致性，即公私领域的划分。不同之处在于，在斯宾诺莎看来，摩西的神权政治只适合于无知的、野蛮的大众，"只有不折不扣的野蛮人才会公然被人花言巧语地哄骗，才会不顾自己的利益，被人从人民的地位变成奴隶"②。而斯宾诺莎的自由主义的国家，其目的就是保障自由、提高智识。不仅如此，神权政治的国家更容易陷入政权和教权的纷争之中，因为在神权政治国家中，教会和教士的地位是很高的，如摩西的哥哥亚伦及其后代即利未人就垄断了解释经典和律法的权力，因而一旦教士阶层抱有野心开始染指主权，政权和教权究竟谁是主权的纷争也就开始了。

在斯宾诺莎看来，一旦教士僧侣（或教会）篡夺了世俗权力，并以教会为中心建立主权（如利未人对希伯来国家权力的篡夺）的话，教会就必然不满于只对公民外在言行的控制，还要企图对公民的内在思想和信仰加以控制。他们就会以上帝的名义干涉公民的内心，利用大众的轻信获得权力与名利，"在高级祭司们已经取得政权之后，除了他们已经有的权力，又加上世俗的统治之权。此后，每个人开始在宗教的与世俗的事务上追求他自己名字的光荣"③。在霍布斯看来，这就是"黑暗王国"，即"一个骗子联盟"，"为了在今世取得统治人的权力这一目的，力图以黑暗和错误的说法熄灭他们身上的天性和福音之光"④。不仅如此，这样一来，教士之间为了争夺宗教正统，宗教论争和宗教迫害就会不断产生，乃至国家分裂甚至灭亡，走上希伯来国家历史的老路。在此，斯宾诺莎似乎在警告荷兰的执政者，要像摩西那样成为统一教权和政权的主权者，而

---

① Steven B. Smith, *Spinoza, Liberalism, and the Question of Jewish Identity*, Yale University Press, 1997, p. 23.
② [荷]斯宾诺莎：《神学政治论》，温锡增译，商务印书馆1963年版，第230页。
③ 同上书，第252页。
④ [英]霍布斯：《利维坦》，黎思复、黎廷弼译，商务印书馆1985年版，第489页。

不能让加尔文教徒像利未人那样,败坏了整个国家。

　　斯宾诺莎对摩西的看法,可能来源于塔西佗(Tacitus)和马基雅维利。塔西佗在其著作中讲述了不同于旧约圣经的摩西带领犹太人出埃及的故事:在埃及流行麻风病的时候,埃及法老请求神谕,神说必须赶走不圣洁的犹太人才能"洗净自己的国家",于是法老将国土内的所有犹太人集合在一处。很多犹太人因为要离开埃及而痛苦,而流亡者中只有摩西一人告诫他们,"不要指望诸神或是人们能够给他们援助,因为他们是被神和人所遗弃的人。他们应该相信他们自己,把那能首先帮助他们摆脱目前苦难的人看成是上天派来的引路者。他们一致同意了他的说法,于是他们就踏上了他们的旅途"①。他们在沙漠中历经了磨难,并在第七天里占据了一块土地,并建立城市和神庙。"为了使自己对这一民族的影响永久保持下去,摩西制定了一些新的宗教仪式"②。在塔西佗的叙述中,摩西就是一个民族的世俗国王,并垄断了宗教权力,因而没有任何神圣历史的因素在其中。而在马基雅维利那里,摩西是"武装的先知"的代表,是新君主的模范,"所有武装的先知都获得胜利,而非武装的先知都失败了……当人们不再信仰的时候,就依靠武力迫使他们就范"③。

第三节　马克思眼中的《神学政治论》的自在体系

　　宗教批判是一切批判的前提,所以马克思早年关注斯宾诺莎宗教批判的典型著作《神学政治论》是可以理解的。但马克思并没有原封不动地一味逐字摘录,而是将其顺序改变,并对内容有所取舍,可见马克思的摘录有他自觉的目的在其中。那么,马克思对《神学政治论》的摘录就可以视为一种解读,并且有他的解读方法在其中贯穿,并且马克思的解读方法与斯宾诺莎解经的方法是一致的。

---

① [古罗马]塔西佗:《历史》,王以铸、崔妙因译,商务印书馆1981年版,第333页。
② 同上书,第334页。
③ [意]马基雅维里:《君主论》,潘汉典译,商务印书馆1985年版,第27页。

一、马克思对斯宾诺莎《神学政治论》的摘录状况

马克思并没有按照斯宾诺莎原有的顺序进行摘录,而是有意识地对他的论证体系进行了非常大的调整。① 首先,马克思并没有摘录《神学政治论》的序言,而是以论奇迹(De Miraculis)的第 6 章列为首章。马泰隆(Alexander Matheron)对此感到十分惊讶,惊讶于马克思的摘录笔记中竟然缺乏斯宾诺莎讨论奇迹和目的论等偏见的《伦理学》第一部分的附录以及讨论迷信的起源与后果的《神学政治论》序言。在他看来,马克思没有摘录这两篇重要文献,是因为马克思对"自我利益中的幻觉的起源"以及"犹太人的特选设想"不感兴趣。② 但实际上并非如此,马克思不仅在随后的笔记中摘录了斯宾诺莎对犹太人特选观念的理解,而且马克思本人也把宗教视为有其物质的、经济的现实基础的幻想(本书第三章将详细探讨,在此不复赘述)。因此没有任何理由来说明马克思没有摘录的都是些他不感兴趣的内容。

实际上,序言的缺场或以论奇迹的第六章为首章是不足为奇的,毕竟奇迹是作为实证宗教的启示宗教扎根于经验来证明上帝存在的重要教义;而且奇迹由于发生在经验世界之中,所以也是最容易遭到经验科学,尤其是近代自然科学攻击的正统神学观念。所以,马克思格外地看重这一章,以至于他并没有摘录《神学政治论》的序言。即便这篇序言连同《伦理学》第一部分的附录堪称斯宾诺莎论证其宗教批判的哲学基础的重要章节,③但在马克思看来,斯宾诺莎对奇迹的批判就足以称得上是

---

① 关于马克思对斯宾诺莎的《神学政治论》摘录的顺序,参见 Karl Marx /Friedrich Engels Gesamtausgabe,Vierte Abteilung, Band 1, Dietz Verlag, 1976, S. 233,777 - 778。
② See Matheron, "Le Traité théologico-Politique vu par le jeune Marx", Cahiers Spinoza (1977), p. 162. Cf. Idit Dobbs-Weinstein, Spinoza's Critique of Religion and Its Heirs: Marx, Benjamin, Adorno, Cambridge University Press, 2015, p. 94,77.
③ 参见吴增定《斯宾诺莎的理性启蒙》,上海人民出版社 2012 年版,第 93 页。在吴增定看来,斯宾诺莎在《伦理学》第一部分的"附录"和《神学政治论》的"序言"中在哲学上澄清了传统启示宗教作为迷信的起源和本质。

整本书的序言,称得上是斯宾诺莎宗教批判的哲学基础了。

马克思接下来摘录的是《神学政治论》的第 14 章到第 20 章。从上一节中我们得知,这是斯宾诺莎这本书的最后一部分,是他论证思想自由和民主政治的那部分,也是斯宾诺莎撰写该书的目的和意义所在,也是马克思摘录的重心(据笔者统计,在马克思一共摘录的《神学政治论》的 167 处中,该部分就占了 59 处之多)。马克思把《神学政治论》的最后一部分几乎提到了最前端,把斯宾诺莎水到渠成的结论变成了他开门见山的前提。换句话来说,在斯宾诺莎那里,思想自由和民主政治是还需要申辩其合理性的东西,还需要他一步步吸引读者读到最后再去点破的结论;而在马克思那里,思想自由和民主政治的合理性是不需要再去申辩的事实,并且以此为前提,去探讨对正统神学教义的批判,以及对圣经的批判。正如吕贝尔在解释马克思对斯宾诺莎《神学政治论》的摘录时所说的那样,"马克思挪用了在他的世界观看来是必然性的东西。他在摘录他明显认为是确信的、人的真理(human truth)"①。这一点,在马克思对该部分的摘录中体现得特别明显。马克思摘录了斯宾诺莎所说的,"国家的真正目的是自由"(finis ergo Rei publicae revera libertas est);"在所有政体之中,民主政体是最自然,与个人自由最相合的政体"('maxime naturale videbatur'(sc. Imperium democraticum)'et maxime ad libertatem')。② 在杜波-温斯坦看来,马克思舍弃前后文摘录"国家的真正目的是自由",使这句在斯宾诺莎那里处于"半隐匿状态"(semi-hidden)的话变得"更加醒目,更加显白"(more visible, more exoteric)。并且,"马克思在目的和克服这两层含义中强调了解放是国

---

① M. Rubel, "Notes on Marx's Conception of Democracy", in Bob Jessop and Brown Charlie Malcolm (ed.), *Marx's Social and Political Thought: Critical Assessment*, vol. 3, Routledge and Kegan Paul, 1990, p. 319.
② See *Karl Marx /Friedrich Engels Gesamtausgabe*, Vierte Abteilung, Band 1, Dietz Verlag, 1976, S. 237,241.

家的目的(end)"①,finis/end 既有"目的"的意思,也有"终结"、"克服"的意向。当马克思在摘录斯宾诺莎的"国家的真正目的是自由"这句话时,他心中思考的却是"自由就是国家的终结"。解放或自由与其说是国家的目的,不如说是对国家的克服。

　　马克思接下来摘录的是《神学政治论》的第 7 章到第 13 章,而这七章的主要内容是斯宾诺莎对圣经的解读和批判。这部分马克思摘录的篇幅最短,仅仅摘录了 32 处。由此看来马克思并不重视该部分,但这也不妨碍马克思对斯宾诺莎解释圣经的方法,以及斯宾诺莎对《摩西五经》真实作者的研究的熟悉。吕贝尔认为,马克思的博士论文笔记"可以不妨说是马克思对伊壁鸠鲁进行的斯宾诺莎式解读"②;赫尔甚至认为,"马克思把斯宾诺莎的解经方法推到极致,并把这种方法应用到所有的经典著作中"③。在下文中笔者将详细比较马克思的阅读方法与斯宾诺莎阅读圣经的方法之间的关联,在此不复赘述。至于《摩西五经》的真实作者,马克思在写给莱·菲利普斯的一封信中讲道,"其实,从达尔文证明我们大家都起源于猴子的时候起,未必还有什么打击可以动摇'我们对于祖先的自豪感'。《摩西五经》只是在犹太人从巴比伦囚禁中返回以后才著成的,这一点斯宾诺莎在他的《神学政治论文》(即《神学政治论》——引者注)中就已经探讨清楚了"。④ 可见马克思对斯宾诺莎《神学政治论》该处的文本和观点是十分熟悉的。

　　最后,马克思摘录的是《神学政治论》的第 1 章到第 5 章,这五章再加上论奇迹的第六章,正好构成了斯宾诺莎根据圣经所展开的对正统神

---

① Idit Dobbs-Weinstein, *Spinoza's Critique of Religion and Its Heirs: Marx, Benjamin, Adorno*, Cambridge University Press, 2015, p.95.
② 转引自赫尔《马克思对斯宾诺莎的反常阅读》,徐长福译,载刘小枫、陈少明编《经典与解释 12:阅读的德性》,华夏出版社 2006 年版,第 176 页。
③ 赫尔:《马克思对斯宾诺莎的反常阅读》,徐长福译,载刘小枫、陈少明编《经典与解释 12:阅读的德性》,华夏出版社 2006 年版,第 169 页。
④ 马克思 1864 年 6 月 25 日致莱·菲利普斯的信,载《马克思恩格斯全集》第 30 卷,人民出版社 1974 年版,第 662 页。

学的批判部分。这六章马克思摘录的篇幅最大,有 76 处之多。在此,笔者并不认同马泰隆所得出的结论,即"马克思的著作系统地切除斯宾诺莎使用的圣经资料和根据:马克思的《神学政治论》没有任何斯宾诺莎的宗教语言"[①]。虽然马克思并没有摘录斯宾诺莎对圣经的直接引用,但马克思大量摘录了斯宾诺莎对圣经内容的复述,所以不能说马克思切除了斯宾诺莎的圣经材料和根据。例如,马克思对《神学政治论》的第 2 章内容的摘录:斯宾诺莎认为先知的启示在理论的确定性上要低于理性知识,因为先知对上帝启示的确证,不是仅仅出于启示本身,而是由于神迹。在此斯宾诺莎从圣经中找到了论证其观点的根据,并且马克思在其笔记之中完整地摘录了它,即"亚伯拉罕在听到上帝的允许之后,请求一个神迹。这不是因为他不相信上帝,而是因为他要确证作此允许的确实是上帝"[②],不仅如此,马克思还在笔记本上标明了它的出处,即"创世记,第 15 章第 18 节"(Genes. C. XV, v. 8/ 1 Mos. 15,8)。另外,马克思还以相同的方式摘录了斯宾诺莎对《撒母耳记》《民数记》《使徒书》等中的圣经根据的复述。

以上就是笔者对马克思的《神学政治论》摘录情况的简要介绍。从总体上来看,马克思对斯宾诺莎的论证结构做了非常明显的调整,尤其是马克思把斯宾诺莎对圣经的批判,放在了他对正统神学批判的前面。这种调整的意义是重大的。斯宾诺莎的体系结构是先根据圣经来批判正统神学,然后再去批判圣经;但他只是批判了圣经的理论价值,却保留了圣经在道德实践上的价值,保留了道德宗教。如此,斯宾诺莎在表面上就维护了圣经的权威,所以他才把圣经作为批判正统神学的权威和根据。而马克思笔下的斯宾诺莎的体系结构就变成了,先去破除圣经的神圣性和权威性,然后再去批判正统神学;这样,如果再去根据圣经来批判

[①] 转引自赫尔《马克思对斯宾诺莎的反常阅读》,徐长福译,载刘小枫、陈少明编《经典与解释 12:阅读的德性》,华夏出版社 2006 年版,第 169 页。
[②] *Karl Marx / Friedrich Engels Gesamtausgabe*, Vierte Abteilung, Band 1, Dietz Verlag, 1976, S. 246,791.

神学，就显得荒谬了许多。如果圣经的权威一开始就已经被驳倒了，那么还如何成为批判正统神学的根据？马克思这样做，实际上就连圣经在道德实践上的价值也否定了；这也正好符合马克思对道德的批判态度。马克思不像斯宾诺莎那样总是在表面上以维持国家的名义来维护道德的权威，以至于使人误解他是道德领域的思想巨人，斯宾诺莎只是在强调权力和现实的时候才会表现出对道德的批判态度；马克思一开始就把道德视为一种意识形态，是统治阶级用以阶级统治的思想工具。但是马克思的这一看法，也是受到了斯宾诺莎的影响，因为斯宾诺莎把道德视为维持国家存在的手段，而一旦将国家视为统治阶级的政治委员会的话，道德也就必然是一种统治工具或意识形态了。

这样看来，马克思所摘录的《神学政治论》实际上要比斯宾诺莎本人的宗教批判激进了很多。从斯宾诺莎实际所提供的外在结构或"自觉的体系"来看，斯宾诺莎的论证是成问题的。如何既把圣经作为批判启示神学的权威和根据，又要对圣经加以批判呢？这两者之间显然是不相适应的。马克思显然是意识到了斯宾诺莎《神学政治论》论证结构的不相自洽、不相适应，因此才在摘录上做了相互自洽和相互适应的处理。

马克思做出如此处理的依据是什么呢？日本学者内田弘认为，马克思重构斯宾诺莎《神学政治论》的依据是斯宾诺莎的自然哲学，"马克思依据斯宾诺莎的自然哲学重构了《神学政治论》"，[①]即马克思用斯宾诺莎固有的哲学彻底化来理解《神学政治论》。但内田弘并没有解释，马克思自然哲学地还原《神学政治论》的合理性何在。马克思曾在他博士论文的附注中说：

> 一个哲学家由于这种或那种适应会犯这样或那样的**表面上首尾不一贯**的毛病，是可以理解的，他本人也许会意识到这一点。但是，有一点他意识不到的，那就是：这种表面上的适应的可能性本身

[①] 内田弘:《马克思的斯宾诺莎〈神学政治论〉研究的问题像》，由阳译，载复旦大学当代国外马克思主义研究中心编《当代国外马克思主义评论.13》，人民出版社 2016 年版，第 259 页。

的最深刻的根源,在于他的原则本身的不充分或者哲学家对自己的原则没有充分的理解。因此,如果一个哲学家适应了,那么他的学生们就应该根据他的**内在的本质的意识**来说明那个对于他本人具有一种**外在的意识形式**的东西。①(黑体为引者所加)

马克思在此虽然指的是"哲学家"黑格尔,但同样也适用于"哲学家"斯宾诺莎。斯宾诺莎可能出于对某事物的适应而在表面上表现出了"首尾不一贯"和不相自洽,或许真的像施特劳斯所说的那样,为了避免大众阅读他公开出版的著作而故意让大众读不懂,"斯宾诺莎的说话方式就是让大众搞不懂他的意思。正是由于这个缘故,斯宾诺莎就以自相矛盾的方式来表达自己的观点:那些对他的异端陈述感到震惊的人读到多少有点正统的套话,又会感到宽慰"②。斯宾诺莎或许由于这种外在原因而有意地自相矛盾,那么相互自洽的理解就是对斯宾诺莎真实意图的还原。但马克思否认这种可能性,因为马克思认为,自在体系和自觉体系的划分并非斯宾诺莎有意为之,自在体系并非斯宾诺莎所意识到的结构,即没有受到斯宾诺莎意识支配的内容。斯宾诺莎的不相自洽并非出于外在原因而有意为之的,他真诚地认为对圣经的批判与把圣经视为权威和根据是相互适应的,这说明他自己的原则即宗教批判的精神还不够彻底,或者他对自己的原则的认识还不充分,没有认识到他的批判精神还应该运用到道德宗教上去。既然如此,那么作为斯宾诺莎的读者,以及继承斯宾诺莎宗教批判精神的"学生",就要根据斯宾诺莎的"内在的本质的意识"即他自己的宗教批判的精神或原则对他"外在的意识形式的东西"即他外在呈现出来的体系加以说明,甚至对其加以进一步的改造处理。

因此,斯宾诺莎"内在的本质的意识"就是马克思对斯宾诺莎实际提供的、外在呈现的东西即"自觉的体系"加以调整、改造的根据所在。马

---

① 《马克思恩格斯全集》第 1 卷,人民出版社 1995 年版,第 74—75 页。
② [美]施特劳斯:《迫害与写作艺术》,刘锋译,华夏出版社 2012 年版,第 179 页。

克思否认斯宾诺莎对双重体系的有意为之,以及施特劳斯认为的隐微与显白只是有意为之,他们的理解都是狭隘的。马克思没有意识到斯宾诺莎对他的《神学政治论》的读者的要求,他不希望大众阅读到他的著作;但他的著作一旦公开出版,那么大众就有接触到的可能性,因此为了防止大众的阅读就一定会掩盖一些不适宜大众阅读的东西,并且凸显一些适宜大众阅读的东西,比如道德宗教。另一方面,斯宾诺莎希望他的读者是一些有教养的学者或政治家,他希望这些读者能够认识到道德宗教对于大众的重要性,但他也暗示了道德宗教仅仅具有工具价值,这其中就暗中包含了他对道德的批判。因此,斯宾诺莎《神学政治论》中的双重体系是他自觉的结果,外在结构是他自觉地面向大众的写作,其内在结构是他真正想要表达的内容。马克思正确地通过斯宾诺莎"内在的本质的意识"发现了斯宾诺莎的内在结构,却错误地将之视为无意识、不自觉的结果。

二、马克思阅读方法的性质及其来源

在研究了马克思对斯宾诺莎的阅读情况之后,我们不禁要问的是,马克思的阅读方法从何而来?

实际上,马克思阅读斯宾诺莎的方法,恰恰源于斯宾诺莎,源于斯宾诺莎对圣经的阅读。正如阿尔都塞所言,"斯宾诺莎是第一个对读,因而对写提出问题的人……他在世界上第一次用想像与真实的差别的理论把阅读的本质同历史的本质联系起来。这一切使我们理解了,马克思之所以成为马克思就是因为他建立了历史理论以及意识形态和科学之间的历史差别的哲学,而这一切归根结蒂是在破除阅读的宗教神话的过程中完成的"[①]。斯宾诺莎对圣经的阅读过程,同时也是一种破除圣经的宗教神话的过程,将圣经中的神圣叙事转化为对世俗历史事件的理解,因

[①] [法]阿尔都塞、巴里巴尔:《读〈资本论〉》,李其庆、冯文光译,中央编译出版社2001年版,第5—6页。

此，斯宾诺莎的阅读方法可以被称为"祛秘"(demystification)。①

与斯宾诺莎十分相似的是，马克思的阅读方法，就是在神圣的、保守的自觉体系背后，寻找其真实的、批判性的自在体系的方法，所以，他阅读的过程同时也是一种反思、批判和破除神话的过程。这也就可以理解，青年时代的马克思身处黑格尔的影响之下，却为何最终能够批判性地接受黑格尔，并打破黑格尔辩证法的"神秘外壳"，得到其"合理内核"；以及，马克思为何能够做到将宗教批判扩展、延伸到社会生活的其他领域之中，这一切都是由于马克思从斯宾诺莎那里得到了祛秘的、破除神话的阅读方法。

阿尔都塞把马克思的斯宾诺莎式阅读方法称之为"症候阅读法"，"所谓症候读法就是在同一运动中，把所读的文章本身中被掩盖的东西揭示出来并且使之与另一篇文章发生联系，而这另一篇文章作为必然的不出现存在于前一篇文章中"②；"'症候'阅读，即系统地不断地生产出总问题对它的对象的反思，这些对象只有通过这种反思才能够被看得见"③。用阿尔都塞的术语来解释的话，斯宾诺莎对圣经的阅读过程，就是转换现存圣经文本的总问题，将圣经的总问题从启示宗教，转化为"普遍的宗教"即道德宗教；用马克思的术语来解释的话，启示宗教在斯宾诺莎看来只是圣经的自觉体系，圣经的自在体系是道德教诲。圣经的作者虽然提出了上帝对有道德之人的青睐，暗示了道德宗教的可能性，但囿于总问题的限制，启示宗教的凸显使得道德宗教暗淡并沉默了下来，这是一种结构性的忽视；斯宾诺莎对圣经的阅读发现了圣经"从来没有被提出来的问题的正确回答"。同样，马克思对斯宾诺莎的阅读，也转换了斯宾诺莎的总问题，即从维护道德宗教到批判道德宗教，从维护圣经的

---

① 参见赫尔《马克思对斯宾诺莎的反常阅读》，徐长福译，载刘小枫、陈少明编《经典与解释12：阅读的德性》，华夏出版社2006年版，第167页。
② [法]阿尔都塞、巴里巴尔：《读〈资本论〉》，李其庆、冯文光译，中央编译出版社2001年版，第21页。
③ 同上书，第26页。

道德权威转化为对圣经权威的彻底批判。斯宾诺莎受限于道德宗教总问题的制约,遮蔽了或者阻碍了他的宗教批判的彻底性,使道德宗教免于受到批判。在马克思看来,斯宾诺莎的自觉体系是只批判圣经和正统神学的理论价值而保留圣经的道德实践价值,斯宾诺莎的自在体系是既批判圣经和正统神学的理论价值,同时又破除了圣经的道德权威。

费世曼(Dennis K. Fischman)认为阿尔都塞所言的马克思症候阅读法有其犹太教的渊源,即米德拉什(midrash)。什么是米德拉什?midrash,在希伯来语中就是"解释"、"阐述"的意思,古代的犹太拉比们为托拉各书都撰写了米德拉什,用以阐述、解释各书中的故事、教义和寓言。然而拉比们往往并非严格按照圣经的字面意思来解释,却声称是在阐述经文本来就暗含的意思。费世曼说,"当一个读者用米德拉什来阅读文本时,他或她就是想获得在每句话、每个字抑或作者真正想说的东西之外的东西"。那么,米德拉什就意味着,解释者要对前人的著作进行创造性的、不准确的解说,其目的就是让文本超越时代去指导当下的生活,"最终,人们对米德拉什式的解释接受还是拒绝,取决于它能否很好地利用传统主题来解决当下问题"。为此,米德拉什解释者就需要注意文本的细节,"不仅要注意其主张,而且还要注意句子的顺序,字词的重复或遗漏,希伯来字母的形状和数字意义"[1],在文本的字里行间开出文本所未提及的教义。

费世曼为了更好地阐释米德拉什的阅读方法,他举了古代拉比利用米德拉什进行解经的例子。拉比们发现,《诗篇》(Psalm)第 145 首每一行的首字母都不是 N(nun),拉比 Yohanan 解释说,因为字母 N 让人想起《阿摩司书》5:2 中以它为首字母的可怕断言,即"以色列民跌倒,不得再起"(She has fallen [nafelah] and will no more rise, the virgin of Israel),因此《诗篇》的作者大卫王就将字母 N 删去以免人们想起先知阿摩司在以色列王国遭到巴比伦毁灭之前就已经言说了的关于它灭亡的预言。拉比 Yohanan 所

---

[1] Dennis K. Fischman, *Political Discourse in Exile: Karl Marx and the Jewish Question*, University of Massachusetts Press, 1991, pp. 76, 79, 77.

生活的时代正是犹太人遭到罗马严厉奴役的时代,犹太人军事反抗失败,罗马统治者禁止犹太人进入圣城耶路撒冷。因此,他不愿让先知阿摩司的预言成真,他希望以色列民跌倒之后能够再起,所以他援引大卫王的权威对《诗篇》第145首每一行缺失字母N的现象做了如是解读。①

费世曼认为,马克思在从事其理论工作的过程中复兴了米德拉什的解经方法,马克思无论是对黑格尔还是对斯密、李嘉图的阅读,都采用了米德拉什的阅读方法,注重文本细节、开显缺场问题并打开新的意义的世界。② 这一点似乎与斯宾诺莎对圣经的解读、马克思对斯宾诺莎的解读都是一致的,他们像犹太拉比一样,也都非常注重文本的细节,开显出不同于传统解释的新问题,最后完成了对文本的创新性解读。

但是,无论是斯宾诺莎对圣经的阅读,还是马克思对斯宾诺莎的阅读,都不是阿尔都塞所说的"有罪的阅读"③,或赫尔所说的"违反原意的阅读"(reading against the grain)④,以及费世曼所说的"米德拉什式的阅读"。恰恰相反,斯宾诺莎和马克思的阅读方法是一种"无辜的阅读",或者是"探寻作者原意的阅读"。斯宾诺莎并不认为他对圣经的阅读违反了圣经作者的原意,而是在破除圣经的神圣叙事的表象,发现圣经作者利用神圣叙事对大众加以道德教诲的本意。马克思也不会认为他对斯宾诺莎的阅读是对斯宾诺莎的歪曲,即便这种歪曲是有道理的、创新性的,因为所谓"自在"(an sich),就是"本来"、"本身"和"原本"的意思,而且马克思明确说斯宾诺莎"自觉提出的体系"背后存在着"实际的内部结构"。那么马克思对斯宾诺莎的阅读,实际上就是在探寻斯宾诺莎的本意,还原斯宾诺莎"内在的本质的意识"。

阿尔都塞崇尚"有罪的阅读",崇尚"违反原意的阅读",这种阅读虽

---

① See Dennis K. Fischman, *Political Discourse in Exile: Karl Marx and the Jewish Question*, University of Massachusetts Press, 1991, pp. 82 - 84.
② See ibid., pp. 84 - 91.
③ [法]阿尔都塞、巴里巴尔:《读〈资本论〉》,李其庆、冯文光译,中央编译出版社2001年版,第2页。
④ 赫尔:《马克思对斯宾诺莎的反常阅读》,徐长福译,载刘小枫、陈少明编《经典与解释12:阅读的德性》,华夏出版社2006年版,第167页。

然有利于推进理论的创新,有利于马克思主义理论在当代的重新出场,但它最大的问题就在于,这种阅读使作者的本意成为了不必要的东西。这样的阅读缺乏阐释是否精准的确切标准,而阅读的过程就成了读者任性选择的过程,这就不可避免地会导致斯密什所说的"方法论上的虚无主义"(methodological nihilism)状态。"由于缺乏解释是否准确的一般标准,或者其他类似的东西,即如果我们的标准内在地倾向于确定的、独自包含的总问题[problematics](阿尔都塞)、范式(库恩)或语言游戏(维特根斯坦),那么我们就缺少了在最基本的理论见解之间做出选择的理性方式,或判断那些相互对立的观点之间的差异的理性能力"[1]。一种阅读方法或解释学,一旦缺乏了其阐释精确与否的标准,便只能是一味地追求创新性和符合时代感,读者们也便缺少了在各种阅读和解释之间加以辨别正误的能力。其后果便是,一本书无论怎么阅读都行,无论怎么解释都是允许的,所有的阅读和解释在价值上都是等同的,这无疑是一种虚无主义,一种阅读方法上的虚无主义。

与阿尔都塞的解释不同,斯宾诺莎和马克思都认为他们的阅读是对作者原意的揭示。斯宾诺莎和马克思都相信,一本著作可能存在着两种不同的学说,一种是作者自觉呈现给读者的"显白的教诲"或"自觉的体系",另一种是作者的原意、本义即隐藏在著作字里行间的"隐微的教诲"或"自在的体系"。

隐微和显白的划分,源于伊斯兰和希伯来哲学传统,身为犹太人的斯宾诺莎和马克思对之应该并不陌生;但斯宾诺莎与马克思的隐微和显白,与古人的不同之处在于:古人往往从宗教文本之中读出希腊哲学[如斐洛(Philo of Alexandria)、迈蒙尼德读希伯来圣经],[2]或者从希腊哲学之中读出宗教教义[如阿尔法拉比(Al·Farabi)和阿威罗伊(Averroes)

---

[1] Steven B. Smith, *Reading Althusser: An Essay on Structural Marxism*, Cornell University Press, 1984, p. 81.
[2] 参见[古罗马]斐洛《论〈创世记〉:寓意的解释》,王晓朝、戴伟清译,商务印书馆 2012 年版;[古犹太]摩西·迈蒙尼德《迷途指津》,傅有德等译,山东大学出版社 1998 年版。

对柏拉图哲学的解读],①而斯宾诺莎与马克思拒绝在宗教和哲学之间制造如此紧密的关联,他们反而更加倾向于在宗教和哲学之间做出绝对的划分,以维护哲学和思想的自由。另一方面,古人对宗教文本和希腊哲学的解读,总是显白地维护着宗教和神圣文本无论在理论上还是在道德实践上的绝对权威,而斯宾诺莎则仅仅显白地维护宗教在道德实践上的权威,却同时明确地批判宗教或圣经在理论上的真理性,这也正是施特劳斯既承认斯宾诺莎是一个隐微写作者,②又要对斯宾诺莎展开激烈批判的原因。笔者试图以斐洛为例,比较古人的与斯宾诺莎的隐微阅读之间的不同。斐洛可以说是最早提出对圣经加以寓意解释的人,他认为圣经和(柏拉图)哲学是一致的,所以提出对圣经的解释,尤其是对字面意思并不符合(柏拉图)哲学的经文要当作比喻来看待。这样斐洛对《创世记》解释的前提便是,作为《创世记》作者的摩西必定是一个(柏拉图式的)哲学家,"摩西,由于他已经达到哲学的顶峰,并且已经领悟了关于自然的学问中最伟大而又最基本的部分,必定会承认宇宙须由两部分组成,一部分是主动的原因,另一部分是被动的物体。主动的原因就是那最完美、纯洁无污的宇宙理智,超越德行、超越知识、超越善良本身和美本身。被动的物体本身不能具有生命和运动,但在理智使之产生运动,使之具有形体和使之加速时,它就变成最完美的杰作,亦即这个世界"③。摩西明白世界由两部分即理念和物质所构成,这样,上帝的创世,就可以解释为上帝先创造诸多理念,然后再按照这些理念来创造世界的过程。"起初,神创造天地",这个"起初"不是时间上的开端,而是一种秩序,即

---

① 如他们把柏拉图的哲人王和立法者解读为伊斯兰的宗教领袖伊玛目(Imam),参见[阿拉伯]阿尔法拉比《柏拉图的哲学》,程志敏译,华东师范大学出版社2005年版,第171—173页;[阿拉伯]阿威罗伊《阿威罗伊论〈王制〉》,刘舒译,华夏出版社2008年版,第76页。这种解读虽然在表面上为宗教领袖的统治增添了理性的合法性证明,但实际上也将宗教领袖的统治世俗化(祛魅)、合理化了。
② 参见[美]施特劳斯《迫害与写作艺术》,刘锋译,华夏出版社2012年版,第175页。
③ [古罗马]斐洛:《论〈创世记〉:寓意的解释》,王晓朝、戴伟清译,商务印书馆2012年版,第22页。

神先创造了天即"神圣的逻各斯",然后再创造有形的、物质的世界。"感性的世界依据无形的原型诞生"。① 这样,斐洛不仅使圣经符合了哲学,而且还用哲学论证了圣经在理论知识上的真理性。

虽然很隐秘,但无论如何,斐洛都否定了超理性的启示真理的有效性,并且树立了哲学的权威。从表面上来看,斐洛是在用哲学来论证圣经在理论知识上的真理性,但实际上他却否认了超理性的启示真理的存在;因为他总是把圣经经文中的启示寓意地解释为哲学,将超自然的启示当作一种比喻,并转化成为自然的理性所能认知的哲学术语。斯宾诺莎对寓意解经的不满之处就在于,它用哲学来解释宗教,最终使哲学屈从于宗教,使哲学成为神学论证宗教教义真理性的工具,导致了"哲学是神学的婢女"的现象的出现。所以斯宾诺莎对圣经的解释,就大胆地抛弃了用哲学来论证圣经在理论知识上的真理性这一策略,将哲学与圣经清楚地划分开来,即圣经仅仅被视为道德上的权威,而在理论知识上则须求助于哲学。即便如此,斯宾诺莎还是十分隐秘地否定了圣经在道德上的权威性。因为一旦否定了圣经在理论知识上的真理性,圣经的道德教诲就失去了理论根基。圣经作为道德教诲的权威性仅仅在于它对于维护国家或共同体的必要性,这样,它不再是一种目的而仅仅具备一种工具价值;它不再是至真至善的"道德真理",而仅仅是一种"必要的假相"(虽然它很必要但它并非真理)。

这样,从古人到斯宾诺莎,"隐微和显白"的阅读方法发生着巨大的变化,即古人的显白教诲比斯宾诺莎的显白教诲要显得神圣得多,而斯宾诺莎的显白教诲较古人的显白教诲要显得世俗得多。换句话说,斯宾诺莎甚至将古人对宗教和神圣文本的隐微批判都一定程度地显白化了(斯宾诺莎的隐微写作不够隐微),这是古人和施特劳斯所不能容忍的。

马克思的阅读方法从斯宾诺莎那里继承而来,而且更加激进化、显

---

① 参见[古罗马]斐洛《论〈创世记〉:寓意的解释》,王晓朝、戴伟清译,商务印书馆 2012 年版,第29页。

白化。从马克思对斯宾诺莎的阅读来看,马克思把斯宾诺莎的隐微教诲即对宗教和圣经的道德及其权威的批判显白化了。马克思看到了斯宾诺莎对权力和现实的强调,看到了斯宾诺莎对道德的批判,而这些却与斯宾诺莎对宗教和圣经道德及其权威的维护是自相矛盾的,所以马克思断言斯宾诺莎的自觉体系之内存在着自在体系,并将这一自在体系揭示了出来。并且马克思还把从斯宾诺莎那里揭示出来的宗教批判和道德批判,乃至对专制国家的批判,都显白地呈现在了他的宗教批判以及他对宗教批判的扩展之中。

第三章 宗教批判：马克思与斯宾诺莎

通过对《神学政治论》的详细梳理,我们对斯宾诺莎宗教批判的内容、理路与影响已经十分清楚了。马克思是如何进行宗教批判的呢？马克思的宗教批判在哪些方面继承并发展了斯宾诺莎在《神学政治论》中的宗教批判呢？对这些问题的解答,对于理解马克思的思想来说至关重要。不仅如此,马克思的宗教批判不仅影响了现代人对宗教的理解或者说促成了现代人对宗教的普遍误解,而且对现代中国人的宗教观更是起到了重塑的作用。可以说,对宗教不加区分地一概否定,是现代人尤其是现代中国人的通病,对此马克思的宗教批判难辞其咎。所以,研究马克思的宗教批判,发现他的宗教批判的意义和局限性,就特别具有现实的意义。

第一节 马克思的宗教批判及其对斯宾诺莎的继承

马克思认为,宗教批判是一切批判的前提和基础,一如斯宾诺莎从神学批判入手进而切入对于君主政治的批判。要想理解马克思,我们就有必要理解马克思的宗教批判；而要想理解马克思的宗教批判,从斯宾诺莎对马克思的影响出发是十分必要的。

一、马克思宗教批判的基本思路以及斯宾诺莎对他的影响

随着马克思思想的逐渐转变,马克思对宗教批判的思路也具有一定的转变。大抵说来,马克思早年对宗教的批判主要从人的异化的角度,而1845年之后则把宗教视为意识形态,正如麦克莱伦(David McLellan)所说,"宗教是异化了的人(alienated human beings)的幻想,这是马克思早年思想的代表。而宗教的基础被视为阶级的意识形态(ideology)和反映,这一观点在马克思后期则占据了主导地位"[①]。所以本章试图从这两个方面展开对马克思的宗教批判的研究。

1. 宗教异化

虽然马克思的宗教批判显得是对宗教本身或宗教一般的批判,但无论如何,当马克思批判宗教时,他的对象总是他所熟悉的以及欧洲当时流行的启示宗教——犹太教和基督教(尤其是路德新教)。马克思当时对古希腊宗教以及更早的原始宗教缺乏研究甚至并无了解,而且他对古代事物并无纯粹的学术兴趣,他批判宗教的目的在于现实世界的改造,而且只有批判当下流行的、占统治地位的宗教才能达到这一目的,所以马克思的宗教批判并不涉及古希腊的宗教以及原始宗教。

但问题在于,马克思宗教批判的对象有所特指,但却以全称命题的形式来展开批判,以至于给人一种误解,即他批判的是一切宗教。这样做所产生的后果之一,就是将复杂的宗教现象简单化了。实际上,宗教的本质是不确定的,我们很难讲基督教和佛教有什么样共同的本质规定,儒教也并不符合以基督教为原型的宗教概念,并且我们也尚不清楚纯粹的形而上学思辨以及鬼怪迷信与宗教的明显界限到底在何处,由此西美尔(G. Simmel)说,"对于我们来说,宗教的起源和本质被重重迷雾环绕;谁如果只考察其中的某个问题,以为就能一语破的,那他将无法拨

[①] David McLellan, *Marxism and Religion: A Description and Assessment of the Marxist Critique of Christianity*, Houndmills, Basingstoke, Macmillan Press, 1987, p. 31.

开迷雾,澄清宗教的起源和本质"①。

另一方面,把所有的宗教和宗教性的事物都不加区分地一概否定,无疑使现代人脱离了人与人之间温情脉脉的情感,也使共同体的建构增加了困难。因为按照西美尔的说法,"人与人之间各种各样的关系中都包含着一种宗教因素",儿女的孝顺、爱国者的忠心、革命者抛头颅洒热血的情怀、对圣贤和领袖的敬仰、士兵的效忠乃至阶级或等级的归属感,等等,在这些不一而足的关系之中,我们总能发现被称为宗教的共同基调,因此西美尔说,"一切宗教性(Religiosität)都包含着无私的奉献与执着的追求、屈从与反抗、感官的直接性与精神的抽象性等的某种独特混合"。② 一旦我们把这些宗教性的事物一概地弃之敝屣,那么人与人之间的关系,也就只剩下只为一己私利而相互利用的、冷冰冰的利害关系,原子式的个人也便只能孤独地在没有任何高尚可言的世界里面对这冰冷的理性世界。

因此,对不同性质的宗教加以区分是有意义的,相比而言马克思(和恩格斯)在这一方面是欠缺的,"在马克思或恩格斯的著作中,并没有明确认为,有些时候宗教也可以表示人们对生活于其中的这个世界的满意"③。相比之下,尼采补充了对宗教的这一划分。他认为在基督教之前,古希腊的宗教是对生命肯定的宗教,是高贵者的宗教;而基督教则是对生命的否定的宗教,是低贱的大众宗教。他说,"在古希腊人的宗教性中,最让人惊讶的是那满溢出来的充沛的感激(Dankbarkeit):——这是一个高尚的人种(sehr vornehme Art Mensch),他们就是这样面对自然和生命的!——之后,当群氓(der Pöbel)占据优势,恐惧(die Furcht)也在宗教中蔓生开来了;基督教做好准备了"④。

---

① [德]西美尔:《宗教社会学》,曹卫东译,上海人民出版社2003年版,第1页。
② 参见同上书,第6页。
③ 张宪:《启示的理性:欧洲哲学与基督宗教思想》,巴蜀书社2006年版,第369页。
④ Giorgio Colli und Mazzino Montinari (hrsg.), *Friedrich Nietzsche: Sämtliche Werke, Kritische Studienausgabe in 15 Bänden*, Band 5, Berlin und New York: Deutscher Taschenbuch Verlag de Gruyter, 1988, S. 68. 参见《尼采著作全集》第5卷,赵千帆译,商务印书馆2015年版,第82页。

马克思所批判的宗教可以说只是尼采所说的低贱的、大众的宗教，因为马克思说过，"在公众（das Publikum/the public）的眼里，和物质需要的体系几乎具有同等价值的唯一的思想领域，就是宗教思想领域"①。所以马克思所批判的是公众的、大众的宗教，而不是哲人（如伊壁鸠鲁）的神。在马克思看来，伊壁鸠鲁的神，处于诸世界之间、世界之外，对人世间并不干涉，具有希腊众神的宁静性格，"理论上的宁静正是希腊众神性格上的主要因素"②。伊壁鸠鲁的神"回避世界，世界对它说来是不存在的"③，伊壁鸠鲁已经将神从这个世界中驱除出去了，已经不愧为"最伟大的希腊启蒙思想家"④。但可惜的是，马克思错过了将古希腊的宗教与公众、大众所信仰的犹太教和基督教进一步区分研究的机会，而且也没有将古希腊的宗教视为对生命的肯定和感激的宗教形式。所以马克思也就只能得出随着共产主义的实现，宗教必将灭亡的结论。马克思说，"只有当实际日常生活的关系，在人们面前表现为人与人之间和人与自然之间极明白而合理的关系的时候，现实世界的宗教反映才会消失"⑤。马克思根本没有考虑过未来是否会出现或保留某种高贵的、肯定性的宗教的可能性。

大众的宗教具有什么特点呢？马克思继承了伊壁鸠鲁乃至斯宾诺莎的看法，即宗教源于恐惧，而恐惧源于无知，正如马克思所言，"非理性就是神的存在"⑥。与伊壁鸠鲁相比，马克思和斯宾诺莎揭示了宗教产生的社会根源。在斯宾诺莎看来，人产生宗教或迷信，是由于人不能总是用确定的判断操持自己的事务，或者人的遭遇总是不幸。⑦ 总而言之，是

---

① *Karl Marx /Friedrich Engels Gesamtausgabe*，Erste Abteilung，Band 2，Dietz Verlag，1982，S. 184. *Karl Marx /Frederick Engels Collected Works*，Volume 1，Progress Publishers，1975，p. 196.《马克思恩格斯全集》第1卷，人民出版社1995年版，第221页。
② 《马克思恩格斯全集》第1卷，人民出版社1995年版，第36页。
③ 《马克思恩格斯全集》第40卷，人民出版社1982年版，第120页。
④ 《马克思恩格斯全集》第1卷，人民出版社1995年版，第63页。
⑤ 马克思：《资本论》第1卷，人民出版社2004年版，第97页。
⑥ 《马克思恩格斯全集》第1卷，人民出版社1995年版，第102页。
⑦ 参见［荷］斯宾诺莎《神学政治论》，温锡增译，商务印书馆1963年版，第9页。

由于人在社会生活中的苦难才导致了宗教的产生。正如马克思所说，"人就是人的世界，就是国家，社会。这个国家、这个社会产生了宗教，一种颠倒的世界意识，因为它们就是颠倒的世界"①，大众因为害怕直面现实生活中的苦难，所以才将他们对幸福的希望投射到虚幻的天国中。而天国同时又是对大众苦难的一种慰藉，他们相信有一个干涉世界、惩恶扬善的上帝存在，并保证他们通过安于苦难而得到死后的极乐，也保证那些压迫者、剥削者死后永远经受地狱的痛苦，"宗教是人民的鸦片"②，宗教使大众拜倒在自己虚构的想象之中而无法自拔。

在此，笔者并不认为马克思宗教批判的靶子是作为普鲁士国教的基督教，即"跟专制政治密切关联的基督新教"③。即便是后来欧美各国政治摆脱了国教，宗教跟特定政治权力的关系大大弱化了，私人领域内的宗教也仍然是马克思批判的对象，而且这种批判的强度也丝毫没有减弱的迹象。因为马克思批判的靶子是所有导致苦难和不幸的政治和社会制度，即便在国教被废除的今天的欧美国家，也不能打包票说已经消除了所有人的苦难和不幸，那么宗教（以及充当宗教的类似的东西，如道德、商品拜物教等）就依然存在生命力，④宗教和类似宗教的东西都依然是马克思批判的对象。

也就是说，马克思对宗教的批判，实际上是对现实政治和社会的批判。宗教只是现实苦难的锁链上生长的虚假的花朵，而人们却拜倒在自己的幻想之中，"宗教是人的本质在幻想中的实现"⑤。更加严重的是，人们崇拜全能的上帝其实就是在虚无面前彻底贬低和否弃了自我，"为了

---

① 《马克思恩格斯全集》第 3 卷，人民出版社 2002 年版，第 199 页。
② 同上书，第 200 页。
③ 徐长福：《马克思主义研究的学术化探索》，社会科学文献出版社 2010 年版，第 164 页。
④ 据伊格尔顿的报道，"全球每日仅靠不足两美元度日的人口数量增长了将近一亿。今天，三分之一的英国儿童生活在救济线以下，而英国的银行家们每年拿着上百万英镑的奖金还觉得心有不甘。"［英］伊格尔顿：《马克思为什么是对的》，李扬等译，新星出版社 2011 年版，第 17 页。
⑤ 《马克思恩格斯全集》第 3 卷，人民出版社 2002 年版，第 199 页。

使上帝富有,人就必须赤贫;为了使上帝成为一切,人就成了无"①,在全能的上帝面前,人就是虚无。所以马克思说,"宗教是还没有获得自身或已经再度丧失自身的人的自我意识和自我感觉"②,人在宗教中尚未获得自我或丧失自我,就是在宗教中尚未得到尊严和自由,或者是丧失了尊严和自由的卑劣状态。而马克思的宗教批判就是为了维护人的尊严和自由。马克思说,"只要哲学还有一滴血在自己那颗要征服世界的、绝对自由的心脏里跳动着,它就将永远用伊壁鸠鲁的话向它的反对者宣称:'渎神的并不是那抛弃众人所崇拜的众神的人,而是把众人的意见强加于众神的人。'哲学并不隐瞒这一点。普罗米修斯的自白'总而言之,我痛恨所有的神'就是哲学的自白"③。而人的自由和哲学的尊严归根到底是人的尊严和价值。如果说宗教是人的自我意识的产物,却反过来成为奴役人的主人,那么人与宗教的主谓关系的颠倒[即异化(Entfremdung)],无疑损害了人的尊严和价值。麦卡锡(George E. McCarthy)说,"马克思批判信仰上帝是铐在个体的精神、人性和道德完整性的自由发展之上的脚镣。一个绝对自由之存在的实存要求上帝的非实存"④,在马克思看来,要想树立人的自由和价值,就必须剥夺神的存在。而要想真正剥夺神的存在,就必须将造成人的苦难的政治、社会制度推翻掉,"对宗教的批判最后归结为人是人的最高本质这样一个学说,从而也归结为这样的绝对命令:必须推翻那些使人成为被侮辱、被奴役、被遗弃和被蔑视的东西的一切关系"⑤。

一方面,要想消灭宗教就必须推翻产生苦难的现实政治与社会制度;另一方面,要想推翻现实的政治与社会制度,又需要宗教的消失,因此宗教批判才有其必要性。在马克思看来,"宗教是这个世界……借以

---

① [德]费尔巴哈:《基督教的本质》,荣震华译,商务印书馆1984年版,第58页。
② 《马克思恩格斯全集》第3卷,人民出版社2002年版,第199页。
③ 《马克思恩格斯全集》第1卷,人民出版社1995年版,第12页。
④ [美]麦卡锡:《马克思与古人》,王文扬译,华东师范大学出版社2011年版,第70页。
⑤ 《马克思恩格斯全集》第3卷,人民出版社2002年版,第207—208页。

求得慰藉和辩护的总根据"①,而宗教批判的目的就在于,"使人不抱幻想,使人能够作为不抱幻想而具有理智的人来思考,来行动,来建立自己的现实"②。马克思的宗教批判就是要打破大众的幻想,并使他们成为勇敢面对现实的残酷,用自己的理智和行动去建构自由的未来的人民。为此,马克思选择不去迎合大众的信仰,不让他们再有"一时片刻去自欺欺人和俯首听命",而是"应当让受现实压迫的人意识到压迫,从而使现实的压迫更加沉重;应当公开耻辱,从而使耻辱更加耻辱……为了激起人民的勇气,必须使他们对自己大吃一惊"③。马克思希望通过宗教批判的手段使作为弱者的大众变成作为强者的人民,正视并反抗残酷的现实。换句话说,马克思希望通过宗教批判改造大众或无产阶级,并产生有能力改造世界、建立新社会的"新人"。因此麦克莱伦说,"宗教是形而上学的和社会学的误导,并且宗教的消失是社会条件彻底改进的必要前提条件"④。所以说,对宗教的批判是其他一切批判的前提。

马克思的宗教异化思想看起来是对宗教尤其是对基督教的激进敌对,但这一思想对后世基督教人文主义的影响确实是极大的,它极大地促进了基督教理论的自我更新。蒂利希(Paul Tillich)就认为,"马克思对现代社会的描述具有极大重要性。如果我们作为神学家谈到原罪时,例如却不知道社会环境中的异化问题,我们就不能真正地向人们讲述他们在日常生活中的现实处境"⑤。基督教不能仅仅关注人的原罪,更不能以人的原罪作为解释人在社会中的苦难和异化的借口,而应该沿着马克思所指出的道路,为消灭人为地产生苦难和异化的现实社会和政治制度,发挥宗教(或基督教)本有的革命性,加强基督徒与马克思主义者之间的联系,为人的解放而共同奋斗,这也是拉丁美洲解放神学(the

---

① 《马克思恩格斯全集》第 3 卷,人民出版社 2002 年版,第 199 页。
② 同上书,第 200 页。
③ 同上书,第 203 页。
④ David McLellan, *Marxism and Religion: A Description and Assessment of the Marxist Critique of Christianity*, Macmillan Press, 1987, p. 13.
⑤ [美]保罗·蒂利希:《基督教思想史》,尹大贻译,东方出版社 2008 年版,第 419—420 页。

Theology of Liberation)得以产生的背景,"马克思关于人的解放的思想,今天得到基督宗教解放神学家们的认同,极大地鼓舞了他们为争取穷人的利益而作的斗争努力"①。

而马克思对基督教进行强烈批评,不是因为他看不到基督教的革命性,而是源于当时基督教的保守性。正如后来马克思所说:

> 基督教的社会原则宣扬阶级(统治阶级和被压迫阶级)存在的必要性,它们对被压迫阶级只有一个虔诚的愿望,希望他们能得到统治阶级的恩典。
>
> ……
>
> 基督教的社会原则认为,压迫者对待被压迫者的各种卑鄙龌龊的行为,不是对生就的罪恶和其他罪恶的公正惩罚,就是无限英明的上帝对人们赎罪的考验。
>
> 基督教的社会原则颂扬怯懦、自卑、自甘屈辱、顺从驯服,总之,颂扬愚民的各种特点,但对不希望把自己当愚民看待的无产阶级说来,勇敢、自尊、自豪感和独立感比面包还要重要。②

马克思出此言论并非出于个人的偏见,而是因为19世纪的基督教会逐渐趋于保守和反动。根据麦克莱伦的报道,"随着19世纪的发展,基督教会持续地趋于保守,其保守性的一个顶点就是教皇庇古九氏(Pius IX)颁布的《错误纲要》(Syllabus Errorum)对自由主义、进步和民主的谴责;而另一方面,社会主义进步地获得了一种严格意义上的唯物主义的形而上学之形式即马克思主义,因此,在19世纪90年代,宗教与社会主义之间的分裂就不可避免了"③。而到了20世纪,基督教会的改革运动的开展,又为马克思主义与基督教的对话的展开奠定了基础。

---

① 张宪:《启示的理性:欧洲哲学与基督宗教思想》,巴蜀书社2006年版,第387页。
② 《马克思恩格斯全集》第4卷,人民出版社1958年版,第218页。
③ David McLellan, *Marxism and Religion: A Description and Assessment of the Marxist Critique of Christianity*, Macmillan Press, 1987, p. 1.

2. 宗教的意识形态性质

随着对政治经济学的接触，马克思逐渐形成了历史唯物主义的思想，他对宗教的看法也与他早年所持的观点不尽相同了。此时，在马克思看来，宗教只是一种高踞于经济基础之上而显得具有独立性的外观，实际上却是经济基础的反映，并为统治阶级的权力和利益辩护的意识形态。

马克思说，"道德、宗教、形而上学和其他意识形态，以及与它们相适应的意识形式便不再保留独立性的外观了。它们没有历史，没有发展，而发展着自己的物质生产和物质交往的人们，在改变自己的这个现实的同时也改变着自己的思维和思维的产物"①。宗教的产生、发展乃至灭亡都取决于它所基于的经济基础的产生、发展和灭亡的过程；但宗教却显得具有某种独立性的外观，宗教的教条与天国和救赎有关，却绝少与经济和政治保持直接的联系，但它的天国和救赎却归根结底是在为经济基础和阶级利益服务的。因为天国和救赎的观念既产生于阶级统治所造成的苦难，同时它所产生的麻痹作用，又对统治阶级的阶级统治起到了维护作用。因此，马克思说，对于无产者来说，"法律、道德、宗教在他们看来全都是资产阶级偏见，隐藏在这些偏见后面的全都是资产阶级利益"②。

这一点马克思也显然受到斯宾诺莎的影响，因为斯宾诺莎说，"君主统治（regiminis monarchici/monarchical government）的最高秘密与最终本质就在于欺骗人们，用宗教的华丽名义来掩饰恐惧并统治他们，这样他们就可以为自己的奴役而战，犹如为他们的救赎（salute/deliverance）而战一样，并且不以为耻、反而无上荣光地为某个个人（unius hominis/a

---

① 《马克思恩格斯选集》第 1 卷，人民出版社 1995 年版，第 83 页。
② 同上书，第 283 页。

single man)的荣誉而流血牺牲"①。在斯宾诺莎看来,宗教往往是专制统治者用来加强其专制统治的工具,是掩盖其统治利益的偏见。因此阿尔都塞说,在斯宾诺莎的著作中可以找得到马克思意识形态理论的雏形,"实际上无疑是曾经为人所想出来的有关意识形态的最早的一种理论。这种理论所讲的意识形态,具有三种性质:(1)它虚构的'现实';(2)它内在的颠倒;(3)它的'核心':关于主体的幻想"②。在阿尔都塞看来,关于意识形态的最早理论可以追溯到斯宾诺莎,斯宾诺莎早就已经将意识形态的机制揭示了出来。

首先,意识形态虚构了一个"现实",一个比真正的现实还要真实的东西,比如宗教里的天国和上帝,道德里的自然正当与普遍价值,等等。其次,这个"现实"是对真正的现实的颠倒,用马克思的话来说就是"头脚倒立";正如在宗教之中,天国本是人的虚构,而人却把天国视为比现世更加真实的东西;现实是人创造了上帝,而在宗教之中,人却认为是上帝创造了人。

实际上,"颠倒"和"虚构"是一致的,意识形态的性质就是在思维中将现实颠倒过来,虚构出一个比现实更"真实"的世界,并作为对现实苦难的补偿。"意识的这一颠倒并未被视为缺乏任何社会基础的纯粹的虚幻或误认,而是认为它们植根于现实社会的颠倒和矛盾之中。认知性颠倒的作用,就是在意识的层面来补偿现实层面的颠倒"③。在斯宾诺莎看来,人之所以虚构出具有人格的上帝,将人的意志和目的颠倒为上帝的属性,其根本原因就在于人的自我保存的努力。一个具有意志和目的的

---

① Pierre-F. Moreau (ed.), *Spinoza Oeuvres*, Ⅲ: *Tractatus Theologico-Politicus*, Presses Universitaire de France, 1999, pp. 60-62. Spinoza, *Theological-Political Treatise*, translated by Michael Silverthorne and Jonathan Israel, Cambridge University Press, 2007, p. 6. 参见[荷]斯宾诺莎《神学政治论》,温锡增译,商务印书馆1963年版,第11页,译文有改动。
② [法]阿尔都塞:《自我批评论文集》,杜章智、沈起予译,台北:远流出版社1990年版,第153页。
③ [英]乔治·拉雷恩:《马克思主义与意识形态:马克思主义意识形态论研究》,张秀琴译,北京师范大学出版社2013年版,第11页。

上帝可以抚慰人的恐惧，可以使人通过博取上帝的欢心来满足自己的欲望，"人们莫不竭尽心思，多方铺张，以媚祀天神，冀博上帝欢心，使上帝拿出整个自然界来满足他们盲目的欲望与无餍的贪心"①，但恰恰是由于自然界无法满足人的欲望，所以人们才虚构出一个上帝，希望上帝可以满足他们的欲望以求自我保存。

所以说，在斯宾诺莎那里，宗教的产生具有其现实的基础，宗教不是单纯的幻想，而是对现实的颠倒的反映，它的现实基础就是人的自我保存的努力。在马克思那里也是如此，宗教的产生是由于一个社会的政治、经济等体制的异化和颠倒，所以特纳（Denys Turner）说，"宗教对马克思来说是社会幻想的媒介（medium），对幻想的需要本身是现实的（real）。宗教有其现实性的基础②"。由此，我们也可以发现马克思早年对宗教所做的"鸦片"的比喻就显得不那么成功了，"鸦片的类比是失败的。这个类比只解释了宗教所表明的其更深层的需要，而鸦片产生的是纯粹幻觉的信仰，而非以扭曲的形式经历的这个世界"③。鸦片这个比喻仅仅解释了宗教对人的苦难的慰藉作用，犹如鸦片对病人的镇痛作用一般；但是鸦片所产生的是纯粹的、主观的幻觉，这种幻觉的内容可以没有任何现实性的基础，可以并不反映现实生活中的颠倒。而宗教所产生的幻想并非纯粹的幻想，而是以颠倒的方式、扭曲的方式反映现实生活的内容。宗教或意识形态都具有现实的基础，这是斯宾诺莎和马克思都认同的一点，所以温斯坦说，"对斯宾诺莎与马克思来说，宗教/意识形态，是反映物质需要与经济、政治体制的意识的异化形式，对他们来说，对宗

---

① ［荷］斯宾诺莎：《伦理学》，贺麟译，商务印书馆1958年版，第36页。
② Denys Turner, "Religion: Illusion and Liberation", in Terrell Carver (ed.), *The Cambridge Companion to Karl Marx*, Cambridge University Press, 1991, p. 321.
③ Ibid., p. 324.

教/意识形态的批判以及对政治、经济的批判是分不开的"①。

所以说，最后，意识形态的核心是，它是人的幻想，是由于人对它的需要才导致了它的产生。因此对马克思的肤浅理解就是，宗教之所以存在，乃在于它被有权力的人宣讲，"当然马克思确实认为统治阶级利用宗教维护统治，统治阶级鼓励基督教，因为基督教宣扬服从伦理。但是，宗教的存在在于被压迫阶级自身的需要"②。马克思说宗教是意识形态，是掩盖阶级利益和阶级对立的偏见，但这并不意味着只有统治阶级才宣讲和维护宗教。而且恰恰由于被压迫阶级对它的需要，所以才会为统治阶级所利用；而不是相反地去问，宗教是统治阶级的意识形态，为何被统治阶级也信仰它，或者问"如果某种宗教被认为是某个阶级的意识形态，那么，它必须限于那个阶级，或者至少这个阶级比别的阶级更广泛地接受它？"③

很显然，宗教作为某个阶级的意识形态，并不意味着这个阶级就比其他阶级更为广泛地接受它。恩格斯就说过，"宗教是由那些本身感到宗教的需要，并且懂得群众对宗教的需要的人创立的"④。而且宗教作为统治阶级的意识形态，并不是说它只是统治阶级欺骗被统治阶级的阴谋把戏，或者说它只是在隐秘地反映着统治阶级的利益。实际上，意识形态首先反映的恰恰是被统治阶级的需要或利益，毕竟大部分的宗教（如基督教）最初创立时，都是"被压迫者的运动"："它最初是奴隶和被释奴隶、穷人和无权者、被罗马征服或驱散的人们的宗教"⑤。所以宗教首先反映的当然是被压迫者、被统治阶级的需要，用马克思早年的话来说，

---

① Idit Dobbs-Weinstein, "The Paradox of a Perfect Democracy: From Spinoza's Theologico-Political Treatise to Marx's Critique of Ideology", in Hasana Sharp and Jason E. Smith (ed.), *Between Hegel and Spinoza: A Volume of Critical Essays*, Bloomsbury Publishing, 2012, p. 204.
② Denys Turner, "Religion: Illusion and Liberation", in Terrell Carver (ed.), *The Cambridge Companion to Karl Marx*, Cambridge University Press, 1991, pp. 321 - 322.
③ 张宪：《启示的理性：欧洲哲学与基督宗教思想》，巴蜀社2006年版，第376页。
④ 《恩格斯论宗教》，人民出版社2001年版，第3页。
⑤ 同上书，第19页。

"宗教里的苦难既是现实的苦难的表现,又是对这种现实的苦难的抗议"①。

宗教本身就是被统治阶级对阶级统治的不满,当然反映了(虽然以扭曲的形式反映了)被统治阶级的需要或利益。"意识形态的特征是在与统治阶级的利益关系中被赋予的,而不是在其得以产生的阶级谱系关系中被赋予的。这就是说,意识形态必然要为统治阶级的利益服务,即便它不是那个阶级生产的"②。某个思想或观念是意识形态的,并不意味着只有统治阶级才生产意识形态。所以,马克思当然明白宗教所具有的革命性或"人民性",③以及在革命过程中可能扮演积极的角色,当然也不会否定"革命阶级的宗教"即"证明这些破坏现存秩序的主张和态度是合理的"④宗教存在的可能性。

但是,宗教毕竟是以扭曲的形式反映了被统治阶级的需要和利益,它并不懂得被统治阶级真实的、现实的利益所在。在宗教中,被统治阶级往往将自己的需要和利益置于现实世界之外,以天国和救赎作为革命行动的目标,这就往往使他们忽视了现实的利益和需要的满足。因此,特纳认为,"通过宗教,社会主体(social agents)以扭曲的形式生活在他们的社会关系之外,因此宗教的虚假世界以虚假的形式存在于这个世界之外"⑤。如果革命阶级以宗教目标作为革命的目的的话,那么革命阶级就必须在宗教和政治、彼岸与此岸之间作出最终的抉择,并且"基督教的

---

① 《马克思恩格斯全集》第 3 卷,人民出版社 2002 年版,第 200 页。
② [英]乔治·拉雷恩:《马克思主义与意识形态:马克思主义意识形态论研究》,张秀琴译,北京师范大学出版社 2013 年版,第 23 页。
③ 参见赵敦华《宗教批判也是马克思批判批判思想的前提吗?——兼论马克思恩格斯宗教观的特点》,载《哲学研究》2014 年第 10 期,第 11 页。
④ 张宪:《启示的理性:欧洲哲学与基督宗教思想》,巴蜀书社 2006 年版,第 378 页。在此张宪教授对宗教作出了三种划分:统治阶级的宗教,即以承诺死后的赏罚使人顺从的宗教;被压迫阶级的宗教,即在宗教幻想中为现实苦难找到补偿的宗教;革命阶级的宗教,即证明破坏现存秩序是合理的宗教。并且他认为,同一个宗教如基督教可以同时作为这三种宗教。
⑤ Denys Turner, "Religion: Illusion and Liberation", in Terrell Carver (ed.), *The Cambridge Companion to Karl Marx*, Cambridge University Press, 1991, p. 324.

选择与社会主义的选择并不一致",因为在马克思看来,"基督教必然呈现神的问题而非人的问题"。① 这样,宗教性的革命者都去追求彼岸的利益了,现实的利益必然由(新的)统治阶级所掌握,所以即便是革命阶级的宗教,其最终维护的还是统治阶级的利益,依然是统治阶级的意识形态。所以,在真正的革命中,马克思并不给予宗教任何位置,而且革命的成果恰恰是要消灭一切宗教。

关于宗教是一种意识形态,还有一个问题即马克思这一命题是不是一种"经济还原论"(economic reductionism)? 马克思说,"随着经济基础的变更,全部庞大的上层建筑也或慢或快地发生变革。在考察这些变革时,必须时刻把下面两者区别开来:一种是生产的经济条件方面所发生的物质的、可以用自然科学的精确性指明的变革,一种是人们借以意识到这个冲突并力求把它克服的那些法律的、政治的、宗教的、艺术的或哲学的,简言之,意识形态的形式"②。既然意识形态并不具有独立性,并且随着经济基础的变动而变动,那么马克思当然总是倾向于在经济基础之中理解意识形态,总是把宗教、道德、艺术和法律等意识形态的变动归因于生产力和生产关系之间的矛盾关系的变动。

倘若马克思(和恩格斯)仅仅如此解释宗教,当然是一种经济还原论,还原论当然是"不充分的"(inadequate)③、"定会挂一漏万"④;因为宗教本身是一个非常复杂的过程,绝不是单单从经济方面就能够解释清楚的。但是由于马克思并没有对宗教做过详尽的研究,而只是对宗教加以格言式的批判,所以我们很难看出来马克思对宗教的研究是仅仅将宗教现象还原为经济现象呢,还是把经济因素和其他各方面如政治、社会、文化乃至心理因素都纳入宗教研究中去,而只是把经济因素作为最主要的

---

① See Denys Turner, "Religion: Illusion and Liberation", in Terrell Carver (ed.), *The Cambridge Companion to Karl Marx*, Cambridge University Press, 1991, pp. 329 - 330.
② 《马克思恩格斯选集》第 2 卷,人民出版社 1995 年版,第 33 页。
③ David McLellan, *Marxism and Religion: A Description and Assessment of the Marxist Critique of Christianity*, Macmillan Press, 1987, p. 32.
④ 徐长福:《马克思主义研究的学术化探索》,社会科学文献出版社 2010 年版,第 167 页。

因素来看待。但是,我们可以从恩格斯对宗教的研究中得到某些启示。恩格斯在《布鲁诺·鲍威尔和原始基督教》《论原始基督教的历史》①中,对于基督教的起源做了较为详细的考察。他不仅将古罗马帝国晚期的经济、社会(社会各阶层的划分、社会各团体的利益)、政治(古罗马帝国的政治统治)、宗教(犹太教和小亚细亚各民族宗教)、哲学(亚历山大里亚学派、斯多葛哲学)乃至所有社会阶层的心理(贵族的颓废、奴隶对救赎的渴望)都加以分析,而且对他来说经济因素的主导性仅仅体现在经济、社会、政治上阶级和阶层的划分上,阶级和阶层概念绝不是单纯的经济问题。

由此可见,马克思主义的创始人们绝不是将复杂的宗教现象简单地归结为经济因素,而是多元性地将各种因素都考虑在内,并作出详尽的研究,至少恩格斯绝非"经济还原论者"。可惜的是,马克思由于过于强调经济基础的作用,以至于轻视了对宗教的研究,在宗教之谜还未彻底解答之时,就已经认为宗教批判已然结束了。因此汉斯·昆(Hans Küng)有理由质疑,马克思过多地采纳了费尔巴哈对他的无神论的决定性的论证,并坚信通过费尔巴哈,宗教批判已经完成,却缺乏对费尔巴哈的心理学投射假说(即上帝是人的本质的投射或反映)的反思,"马克思已经假定了这种投射理论(表面上费尔巴哈无可争辩地证明了这个理论),只是要求并显示出其如何在政治上、在人道主义中和在经济学上来解释这种理论。但恰恰是这种无神论的假设,甚至在费尔巴哈那里,已经证明最终是没被证实的"②。马克思只是认为上帝观念的来源不能仅仅从人的自然的方面来解答(如费尔巴哈),还应该从人的社会、政治、经济等方面来揭示上帝观念和宗教的起源问题。但是马克思对费尔巴哈决定性的论证表示认同,即上帝只是人的观念,而不是一种实存。也就是说,马克思和费尔巴哈一样,将上帝的观念和上帝本身混淆了,"诚然,

---

① 参见《恩格斯论宗教》,人民出版社2001年版,第1—10、19—45页。
② [瑞士]汉斯·昆:《上帝存在吗?——近代以来上帝问题之回答》卷上,孙向晨译,香港:道风书社2003年版,第387页。

上帝的观念随着经济条件而变化,在这个意义上,上帝是一种人的'反映'。但这确实也不能证明上帝只是一种表象而已"①。实际上,上帝是否存在依然是一个"悬而未决"的问题,因为我们依然可以反过来质问神学家汉斯·昆,即便所有时代、所有地域的人都持有固定不变的上帝观念,上帝是否存在也还是一个问题。对待这个问题的唯一合理的态度就是,保持沉默,而中世纪和近代启蒙的哲人在这个问题上的正反两方面的回答都太多了。

实际上,马克思并不关心上帝是否存在的问题(也许他真的认为上帝已经被费尔巴哈驳倒了,所以才不去关心这个问题),马克思只关心以上帝的观念作为教义核心的宗教(如犹太教和基督教),它的社会起源和社会作用是什么。

二、马克思与斯宾诺莎的宗教批判的受众之差异

马克思宗教批判的受众无疑是处于社会底层的人民、大众或无产阶级。马克思相信他的批判可以破除宗教对大众的束缚,使倾心于奇迹和上帝恩典的弱者上升为以自己现实的行动改造世界的强者。基督教总是寄希望于基督再临和千年王国的到来,却放弃用自己的行动实现必然到来的共产主义社会,所以马克思说,"弱者总是靠相信奇迹求得解救,以为只要他能在自己的想象中驱除了敌人就算打败了敌人;他总是对自己的未来,以及自己打算建树,但现在还言之过早的功绩信口吹嘘,因而失去对现实的一切感觉"②。

而斯宾诺莎却对大众不抱希望,他说,"我意识到,在大众的心中迷信与恐惧都是牢不可拔的。我认识到他们的坚忍不挠却是固执顽强,他们对于什么的褒贬是由于一时的冲动而不是靠着理智。所以,大众或与

---

① [瑞士]汉斯·昆:《上帝存在吗?——近代以来上帝问题之回答》卷上,孙向晨译,香港:道风书社2003年版,第388页。
② 《马克思恩格斯选集》第1卷,人民出版社1995年版,第589页。

大众脾气相投的人请不要读我的书"①。斯宾诺莎使用拉丁文而不是荷兰文写作的目的就在于此,他不希望大众能够接触到他的著作,这一点与马基雅维利用意大利语写作、霍布斯用英语写作相比要审慎得多。当斯宾诺莎听说有"好事者"想把他的《神学政治论》翻译为荷兰文时,他急忙给出版商致信制止该行为。因为一旦该书以荷兰文出版,那么受众就会大面积增加,当局就会担心受到威胁而出来禁书,从而使那些具有一定人文素养的"朋友"都得不到此书的启蒙了。② 可见,斯宾诺莎宗教批判的受众并非大众,那么,又到底是谁呢? 这就要看他批判宗教的目的为何了。

在1665年给奥尔登堡的信中,斯宾诺莎提到了自己撰写《神学政治论》的理由,他说:

  1. 神学家的偏见;因为我认为这些偏见是阻碍人们思想通往哲学的主要障碍,因此我全力揭露他们,在比较谨慎的人们的思想中肃清他们的影响。

  2. 普通群众对我的意见,他们不断地错误地谴责我在搞无神论。只要有可能的话,我也不得不反驳这种责难。

  3. 哲学思考的自由,以及我们想什么就说什么的自由。我要全力为这种自由辩护,因为在我们这里由于教士的淫威和无耻,这种自由也常常是被禁止的。③

从第一点理由中我们得知,斯宾诺莎的读者是在哲学与神学之间摇摆不定的基督教知识分子(如奥尔登堡等人),他的目的就是要肃清这些知识分子思想中的神学偏见,将他们争取到哲学的营帐之中。

从第二点中我们得知,他的读者其实是大众的领袖。因为既然他不想让大众接触他的书,他自然就不想当着普通大众的面肃清他们对他的

---

① [荷]斯宾诺莎:《神学政治论》,温锡增译,商务印书馆1963年版,第17页。
② 参见《斯宾诺莎书信集》,洪汉鼎译,商务印书馆1993年版,第213—214页。
③ 同上书,第138页。

无神论指责，所以只能通过大众的领袖来达到这一目的，正如罗森所言，"通过对大众领袖们（the leaders of the multitude）施加影响，大众（the multitude）本身就可以得到改变"①。因此，斯宾诺莎把《神学政治论》呈献给荷兰的统治者，②在他看来，只有那些具有政治经验的政治家、大众领袖才是他的读者。他的目的不仅仅是要教育统治者们有必要将宗教的权力收归主权所有，而且更重要的是他希望教育统治者们不要干涉哲学思考的自由以及信仰的自由，也就是斯宾诺莎在第三点中所言及的理由。

既然斯宾诺莎的宗教批判并不是为了提升大众的理智（至少他直接的目的并非如此），那么他就必然陷入一个矛盾之中，即他若认为大众必然受宗教的束缚，那么他的民主政治中理性的"自由的大众"又是如何产生的呢？这一点，在吴增定看来，是斯宾诺莎政治哲学的内在张力甚至是致命的问题所在，"斯宾诺莎政治哲学的内在张力或矛盾就在于：一方面，为了捍卫民主政治，他必须肯定大众具有理性的能力；另一方面，为了批判'神权政治'，他又必须反过来否定大众有理性的能力。但是，他始终没有清楚地向我们论证：为什么在'神权政治'中蒙昧无知并且容易受迷信和激情奴役的大众，在民主政治却能够摇身一变，甚至脱胎换骨，变成理性的自由人？从根本上讲，斯宾诺莎政治哲学的矛盾来自于他的哲学或形而上学本身的困难"③。虽然斯宾诺莎在他的著作中暗示了这个问题的回答（笔者将在本书第四章第一节帮助斯宾诺莎在他自己的理论框架之中解答这一问题），但他的著作却不得不面对吴增定等人对他的质疑。

相比之下，马克思并不需要面对斯宾诺莎所面对的内在张力，他的

---

① [美]施特劳斯、克罗波西编：《政治哲学史》，李天然等译，河北人民出版社1993年版，第53页，译文有改动。Leo Strauss, Joseph Cropsey (ed.), *History of Political Philosophy*, University of Chicago Press, 1987, p.469.
② 参见[荷]斯宾诺莎《神学政治论》，温锡增译，商务印书馆1963年版，第17页。
③ 吴增定：《斯宾诺莎的理性启蒙》，上海人民出版社2012年版，第192页。

宗教批判就是要改造大众，将"受宗教束缚的大众"改造成为"自由的大众"。但马克思又不得不面对另一个问题：既然大众或公众更加倾心于宗教，那么马克思真的有把握改造这一人性吗？在徐长福教授看来，"人性可以满全"恰恰是马克思宗教观的前提预设，同时也是马克思的宗教批判非常需要省思的地方，"今天看来，'人性可以满全'完全是近代欧洲人理性空前膨胀所导致的一种自我意识"①。在此，马克思确实也有过分自负和过分乐观的倾向。虽然抛开"人性是否可以满全"这一终极问题来看，随着近代启蒙的推进、科学技术的进步、教育的普及，社会成员总体的素质是可以逐步提高的，但至于能否真的直线上升以至于满全，恐怕是谁都不能打包票的事情。

第二节　马克思对宗教批判的扩展及其问题的产生

马克思认为宗教批判已经结束，而他要做的就是将宗教批判扩展到法、道德、国家乃至政治经济学领域去。假如马克思的批判仅仅停留在宗教领域的话，马克思也就不成其为马克思了（至少不会成为今天人们所认知的马克思），而只会是青年黑格尔派中的一分子，恐怕早就被淹没在历史的尘土之中，默默无闻了。

但也正是在他扩展宗教批判的过程中，马克思的学说吊诡地获得了宗教之名，马克思也被赋予了宗教先知的身份，而这一切直接影响到与马克思宗教批判有关的另一个话题，即马克思主义是不是一个宗教？马克思是不是一个宗教先知？通过斯宾诺莎哲学，我们可以澄清这些问题。

一、马克思的宗教批判向其他各领域的扩展

马克思说，宗教批判是一切批判的前提。所以宗教批判一旦结束，

---

① 徐长福：《马克思主义研究的学术化探索》，社会科学文献出版社 2010 年版，第 167 页。

马克思便开始着手将批判扩展到社会生活的其他各领域之中。他本打算"用不同的、独立的小册子来相继批判法、道德、政治等等"①,虽然这一批判计划并未用独立小册子的形式实现,但马克思确实在接下来的著作中实现了对法、道德、政治甚至经济的批判工作。

为何宗教批判是其他领域批判的前提呢?马克思的宗教批判与他的道德批判、法哲学批判乃至政治经济学批判到底有着怎样的内在联系呢?实际上,宗教是人的社会生活一切领域中最典型也是最明显的神化过程和异化过程,宗教的产生过程本身就是一场"造神运动"和意识形态化过程。宗教批判为道德批判、法和政治哲学批判与政治经济学批判起到了典范作用,只有认识到宗教的异化和意识形态作用,我们才能更好地认识到社会生活其他领域内的异化现象和意识形态性质。从宗教批判到道德、法和国家批判,再到政治经济学批判,这一过程绝不是简单的类比过程,而是马克思对宗教批判的扩展、延伸和深化的过程。因为,"上帝"存在于社会生活的方方面面,宗教批判所打倒的只是宗教里的上帝、教堂里的神,其他领域的上帝还继续存活着,"实际上,上帝没那么容易就彻底死去。死了的'上帝'充其量只是教堂里的那个'上帝'。其他形式的'上帝'仍然会以其他方式继续存在,甚至以新的方式活得更好"②。所以,为了防止上帝或宗教以其他的形式继续存在,马克思就必须将宗教批判扩展到其他社会生活领域中去,正如洛维特(Karl Löwith)所说,"他所反对的不再是神灵,而是偶像"③,但凡社会生活领域中还有令人膜拜的偶像的存在,那么马克思的宗教批判就仍然具有用武之地。

马克思认为,宗教就是把属人的理想目标转化(颠倒或虚构)成神,并且把神或神的恩典作为现实生活中理想目标未能实现的补偿;不仅如

---

① 《马克思恩格斯全集》第 3 卷,人民出版社 2002 年版,第 219 页。
② 刘森林:《"上帝"之死与不死:以恩格斯评卡莱尔为中心》,载《山东社会科学》2014 年第 8 期,第 10 页。
③ [德]洛维特:《从黑格尔到尼采:19 世纪思维中的革命性决裂》,李秋零译,三联书店 2006 年版,第 474 页。

此,这种颠倒或虚构的过程,同时掩盖了现实生活中的利益矛盾和阶级冲突,因而成为维护阶级统治的思想或观念。同样的,异化过程和意识形态化过程也体现在道德、国家乃至商品、货币和资本之中,只不过在这些领域之中的神化过程和意识形态化过程与宗教相比,没有那么明显,所以更需要哲学的批判在其中发挥作用。

关于道德批判,马克思毫不忌讳地把正义、自由、平等和博爱等道德称为"女神"和"现代神话"。[①] 这意味着,在马克思看来,道德和宗教一样,也不过是一种颠倒现实的理想目标,并且作为对现实中不能满足这一目标的补偿,因为道德宣讲的是,只要遵守道德就可以获得恩典或自由、尊严等。信从道德的人实际上无力面对也不敢面对残酷和苦难的现实,于是将主观美好而高尚的愿望强加给了外在现实,用抽象的、缺乏外在条件将其实现的"应然"与现实的"实然"相对立。道德的产生和宗教产生的机制一样,它是把原本属人的理想目标转化成道德的教条,并用这道德的教条来表达对现实苦难的不满和抗议;然后人再对道德教条顶礼膜拜,把道德视为先天的、先验的存在,而人只有是道德的才是自由和有尊严的,却遗忘了是人创造了道德,而不是道德创造了人。

道德与宗教一样,不仅仅是一种异化,还是一种意识形态。因为道德就是在思维中对现实的一种颠倒,颠倒的同时也在(自觉或不自觉地)掩盖着现实的利益冲突和阶级斗争,掩盖的同时也就起到了维护统治阶级利益和权力的作用。所以,马克思说,对于无产者来说,"法律、道德、宗教在他们看来全都是资产阶级偏见,隐藏在这些偏见后面的全都是资产阶级利益"[②]。但这并不是说只有统治阶级才生产道德、宣讲道德,或者道德只是统治阶级的骗局和阴谋,仅仅反映统治阶级的利益;道德也像宗教一样具有现实性的基础,它也(以扭曲的形式)反映了被统治阶级的利益和需要,因为正是由于"颠倒的现实"所以人才需要在思维中将现

---

① 参见《马克思恩格斯选集》第 4 卷,人民出版社 1995 年版,第 627 页。
② 《马克思恩格斯选集》第 1 卷,人民出版社 1995 年版,第 283 页。

实再一次地颠倒过来,而道德和宗教就是这种颠倒的产物。

关于法哲学和政治哲学批判,马克思是以批判黑格尔的法权哲学和国家学说的形式从事对法和政治的批判的。在马克思看来,黑格尔把国家视为伦理的最高体现,以及自由的实现,这是将国家神化和意识形态化的体现。正如麦克莱伦所说,"像宗教一样,马克思把国家视为对人的理想目标的一种陈述,也是对这种理想目标未能实现的一种补偿。国家之所以有限,是因为它的目标仍是理想的"①。马克思并不像黑格尔那样认为国家足以实现人的自由,因为国家有其自己的限度,而国家的限度就在于,政治国家建立在与市民社会的分裂之上,并且面对市民社会的压迫、剥削和赤贫(贫富悬殊)显得无能为力,因为市民社会(或市民社会中的一部分,即统治阶级)恰恰是政治国家的基础。马克思说,"国家是建筑在社会生活和私人生活之间的矛盾上,建筑在普遍利益和私人利益之间的矛盾上的。因此,行政管理机构不得不局限于形式上的和消极的活动,因为市民生活和市民活动在哪里开始,行政管理机构的权力也就在哪里告终"②。而一旦将国家视为"地上的神物",也就掩盖了国家在市民社会中的无能;一旦把国家视为实现所有人的自由的最高阶段,也就掩盖了阶级的划分和对立,同时也起到了维护掌握国家权力的统治阶级的利益的作用。

关于政治经济学批判,马克思不仅批判了资本主义经济生活中的商品、货币和资本拜物教,而且还破除了政治经济学家把资本主义社会自然化、永恒化的企图,揭示了社会发展的规律,揭示了资本主义社会必将灭亡的必然性。

在资本主义社会中,本来表现人与人之间社会关系的商品、货币和资本,却以物与物的关系的虚幻形式表现出来,马克思把这种现象称为"拜物教","在那里,人脑的产物表现为赋有生命的、彼此发生关系并同

---

① [英]麦克莱伦:《马克思思想导论》(第三版),郑一明、陈喜贵译,中国人民大学出版社2008年版,第206页。
② 《马克思恩格斯全集》第3卷,人民出版社2002年版,第386页。

人发生关系的独立存在的东西"①。这样，本来是人的劳动产物的商品、货币和资本却取得了独立性的外观，人不再能掌控它们，反而受到它们的支配，对它们顶礼膜拜，"正像人在宗教中受他自己头脑的产物的支配一样，人在资本主义生产中受他自己双手的产物的支配"②。在资本主义社会中，每个人都或自觉或不自觉地遵从商品的生产、分配、交换和消费的规律，追求财富（货币）的积累，而追求财富的积累就要服从于资本的逻辑。我们总是自觉或不自觉地用货币的数量来衡量自己和他人的价值，以利益算计和利己主义来处理人与人之间的关系，却遗忘了货币和资本原本就是人的产物。马克思说，"依靠货币而对我存在的东西，我能为之付钱的东西，即货币能购买的东西，那是我——货币占有者本身。货币的力量多大，我的力量就多大。货币的特征就是我的——货币占有者的——特征和本质力量。因此，我是什么和我能够做什么，决不是由我的个人特征决定的"③。

不仅如此，政治经济学家从一开始就以资产阶级私有财产的事实出发来研究社会经济现象，却从来不曾解释资产阶级私有财产的来源、发展以及最终的灭亡的情况。仿佛资产阶级私有财产以及资本主义社会是一个自然的、永恒的事实，没有开端也没有终点，马克思说，"国民经济学从私有财产的事实出发。它没有给我们说明这个事实。它把私有财产在现实中所经历的物质过程，放进一般的、抽象的公式，然后把这些公式当作规律"④，当作永恒的自然规律，好像资本主义社会是永恒不朽的、不会灭亡的社会形态。这无疑是将资本主义社会形态神化的过程，政治经济学在此便发挥了宗教的作用，起到了为资本主义社会辩护的意识形态的功能。而马克思则通过对政治经济学的研究，建构了历史唯物主义理论，并根据生产力和生产关系的矛盾运动规律，揭示了人类社会发展

---

① 马克思：《资本论》第 1 卷，人民出版社 2004 年版，第 90 页。
② 同上书，第 717 页。
③《马克思恩格斯全集》第 3 卷，人民出版社 2002 年版，第 361—362 页。
④ 同上书，第 266 页。

规律,以及资本主义社会必将灭亡的必然性事实。马克思说:

> 社会的物质生产力发展到一定阶段,便同它们一直在其中运动的现存生产关系或财产关系(这只是生产关系的法律用语)发生矛盾。于是这些关系便由生产力的发展形式变成生产力的桎梏。那时社会革命的时代就到来了。随着经济基础的变更,全部庞大的上层建筑也或慢或快地发生变革……大体说来,亚细亚的、古代的、封建的和现代资产阶级的生产方式可以看作是经济的社会形态演进的几个时代。资产阶级的生产关系是社会生产过程的最后一个对抗形式,这里所说的对抗,不是指个人的对抗,而是指从个人的社会生活条件中生长出来的对抗;但是,在资产阶级社会的胎胞里发展的生产力,同时又创造着解决这种对抗的物质条件。因此,人类社会的史前时期就以这种社会形态而告终。①

马克思的历史唯物主义,不仅破除了资本主义社会是自然的、永恒的神话,而且还为资本主义社会的灭亡找到了"掘墓人"即现代工业无产阶级,并且无产阶级革命的最终结果就是共产主义社会的到来。

总之,马克思将宗教批判的逻辑扩展到了其他社会生活领域中去,消除了其他领域中的神话和意识形态。马克思的道德批判、法和政治哲学批判,以及政治经济学批判,都可以视为马克思的宗教批判的扩展、延伸和深化。因此,研究马克思的宗教批判,也就具有了超出宗教领域之外的意义。

二、马克思主义是一种宗教吗?

吊诡的是,马克思如此不遗余力地对宗教展开严厉的批判,而他自己的学说(以及后人对他学说的继承和发展,即马克思主义)却到头来被人视为一种宗教,他本人也被赋予了"宗教先知"的身份。在笔者看来,

---

① 《马克思恩格斯选集》第2卷,人民出版社1995年版,第32—33页。

马克思在宗教方面"攻守之势"的调转,恰恰源于马克思对宗教批判的扩展和延伸,以及在这种扩展之中,马克思革命策略的转变。

通过对比马克思的学说和犹太—基督教传统的各要素,当代许多神学家和知名学者都得出了马克思主义是一种宗教,以及马克思是一个宗教先知或救世主的结论。其中罗素(Bertrand Russell)的类比最为简洁明了:

亚威[耶和华——引者注]＝辩证唯物主义

救世主＝马克思

选民＝无产阶级

教会＝共产党

耶稣再临＝革命

地狱＝对资本家的惩罚

基督作王一千年＝共产主义联邦①

笔者并不认为罗素的类比是"穿凿附会的荒唐类比",或者只是"玩弄语汇上的把戏",②因为这种相似性是谁都无法抹杀的。问题只在于,简单地罗列相似性,不足以说服人,因为"家族相似"不等于本质上的相同;要想说服人,就必须作出进一步的论证,即解释马克思的学说在理论结构和精神实质上没有在根本上超越犹太—基督教传统,并且还要说明"马克思的宗教"和马克思所批判的宗教具有什么样的差异性。在这一点上,塔克(Robert C. Tucker)的研究最为详尽充足。

塔克认为,马克思的宗教批判只是批判了宗教的传统形式,但却为宗教赋予了新的内容,"马克思的无神论仅仅意味着对西方传统宗教中的、超绝于彼岸的(transmundane)上帝的否定。但是它并不意味着对最高存在物(a supreme being)的否认。实际上……对超绝于彼岸的上帝的否认,仅仅是以消极的方式主张'人'应该被视为最高存在物或终极关

---

① [英]罗素:《西方哲学史》上卷,何兆武、李约瑟译,商务印书馆1963年版,第447—448页。
② 参见陈先达等《被肢解的马克思》,上海人民出版社1990年版,第268页。

怀的对象。因此,他的无神论就是一种积极的宗教主张"①。马克思只是否定了上帝的存在,却保留了上帝的位格,并且把人提升到了上帝的高度。也因此,卡斯培(Walter Kasper)说马克思主义是一种"世俗化的弥撒亚主义"②,而马克思是"新人文主义无神论的先知"③。

马克思确实曾说过,"人是人的最高本质"④。其含义是:对人而言,人是最高的存在物,不存在比人更高的神。马克思学说的根本目的就是"人的解放",因此明显带有强烈的人道主义色彩。但在马克思那里,人(甚至包括与先进生产力相联系的无产阶级)却并非是受崇拜的对象,而恰恰是需要受启蒙和受教育的对象,是需要在革命中抛弃"陈旧的肮脏东西"的人。⑤ 所以说,马克思并没有塑造什么"无产阶级的神话",无产阶级担负历史使命是由于其阶级地位,由于"随着工业的发展,无产阶级不仅人数增加了,而且它结合成更大的集体,它的力量日益增加,它越来越感觉到自己的力量"⑥;而不是因为它的受难。马克思的学说并不符合雷蒙·阿隆(Raymond Aron)所说的"马克思主义","马克思主义的'末世学'赋予无产阶级一种集体救世主的角色。青年马克思所使用的表达方式清楚地表现出了'天选阶级'神话的'犹太—基督教'根源。这一阶级之所以被选中,主要是因为它为拯救人类遭受了苦难"⑦。因此,塔克认为马克思的思想是关于人的宗教,这是一个错误的观点。

在解释了"马克思的宗教"与马克思批判的宗教之间的区别之后,塔克又详细论述了马克思的学说与基督教之间的四点内在联系。

(1) 马克思和基督教同样致力于包罗广阔的总体性(totality)。塔

---

① Robert C. Tucker, *Philosophy and Myth in Karl Marx*, Cambridge University Press, 1972, p. 22.
② [德]卡斯培:《现代语境中的上帝观念》,罗选民译,华东师范大学出版社2008年版,第60页。
③ 同上书,第44页。
④ 《马克思恩格斯全集》第3卷,人民出版社2002年版,第207页。
⑤ 参见《马克思恩格斯选集》第1卷,人民出版社1995年版,第91页。
⑥ 同上书,第281页。
⑦ [法]阿隆:《知识分子的鸦片》,吕一民、顾航译,译林出版社2005年版,第68页。

克说,"像中世纪的基督教一样,马克思的体系着手提供一种对现实的相融不分、无所不包的理解,并将所有重要的知识组织起来形成一个相互交织的总体(whole),并提供一个对解决所有可能出现的重要性问题的参考"①。

在这里,塔克所强调的恐怕并非像陈先达先生所说的那样,是"世界观的一致性",更不是什么"除了空话连篇就是热昏的呓语";②而是指马克思与基督教所共同存在的"宏大叙事"(grand narrative)问题。所谓"宏大叙事",就是"借助于贯穿始终的'故事主线',我们被置身在具有确定性的过去和可预见的未来的历史之中"③,宏大叙事的关键在于,它建构了某种连续性的总体或主线,并利用这个连续性的总体或主线来理解过去、现在和未来的一切事物或现象。

马克思的总体性,可以说是一种历史的总体性,即整个历史过程中各种社会形态的产生、发展和灭亡的全部过程,以及贯穿于整个历史发展的客观规律。而且只有这样的历史总体才是真正的现实,正如卢卡奇(Ceorg Lukacs)所说,"正是历史过程的整体才是真正的历史现实"④。只有在历史的总体性之中才能理解一切社会学的、经济学的、心理学的现象等,因此马克思和恩格斯说,"我们仅仅知道一门唯一的科学,即历史科学"⑤。与之类似的是,基督教则致力于把一切现象都置于与全知全能的上帝之间的联系中来理解,而上帝就是一切事物的总体。

但是,马克思的学说所具有的总体性特征还远远没有达到宗教的程度。马克思没有试图去解决万物的起源和世界的开端等本体论的问题(更没有把这些问题一劳永逸地在神秘的信仰中解决掉),也没有把历史的总体性或历史的客观规律视为全知全能的上帝来崇拜。在马克思看

---

① Robert C. Tucker, *Philosophy and Myth in Karl Marx*, Cambridge University Press, 1972, p. 22.
② 参见陈先达等《被肢解的马克思》,上海人民出版社1990年版,第265页。
③ [英]吉登斯:《现代性的后果》,田禾译,译林出版社2011年版,第2页。
④ [匈]卢卡奇:《历史与阶级意识》,杜章智等译,商务印书馆1999年版,第236页。
⑤ 《马克思恩格斯选集》第1卷,人民出版社1995年版,第66页。

来,历史与上帝不同,它并不具有独立的人格,一切历史只是人的历史,一切目的都是人的目的,历史本身并不具有目的,"创造这一切、拥有这一切并为这一切而斗争的,不是'历史',而正是人,现实的、活生生的人。'历史'并不是把人当做达到自己目的的工具来利用的某种特殊的人格"①。所以说,马克思的社会总体性与基督教的上帝总体性,有着十分巨大的差异。

（2）马克思和基督教具有相同的历史观,即历史从人的堕落开始,以人的苦难作为全部过程,并以人的救赎作为终结。塔克说,"对马克思而言,人类历史存在的戏剧有着这样的框架,即它始于世俗化了的前历史(pre-history)即原始共产主义,并且终结于世俗化了的后历史(post-history)即未来共产主义。共产主义的丧失与重获——这是马克思所阐述的世界历史的情节"②。马克思所言的无产阶级苦难与解放,与基督教所言的人的堕落与救赎是一致的;马克思的共产主义,与基督教的千年王国也是一致的,马克思的思想就是世俗化了的末世论。塔克的第三个理由与第二个理由具有相关性,它们都一定程度上讨论着马克思的历史、共产主义与基督教的救赎之间的关联。

（3）马克思的人的自我改变理论与基督教的救赎具有一致性。塔克说,"马克思当然不用'救赎'(salvation)这个词。但是他有一个相似的概念,即人的完全再生(total regeneration of man)。在他的体系之中,人性的彻底转变或'自我改变'(change of self),并因此人彻底地成为新人(a wholly new man),这是最后的革命所要完成的使命"③。

虽然从表面上看,马克思的历史理论与基督教的历史观是一致的,它们都认为历史有其起点和终点。甚至可以说,马克思历史理论的形成,或直接或间接地(如以黑格尔为中介)受到了基督教的重大影响。但

---

① 《马克思恩格斯全集》第 2 卷,人民出版社 1957 年版,第 118 页。
② Robert C. Tucker, *Philosophy and Myth in Karl Marx*, Cambridge University Press, 1972, p. 23.
③ Ibid., p. 24.

正如麦克莱伦对塔克的反驳一样,"马克思思想中的末世论向度具有很强的宗教根源。但是一个可能具有宗教渊源的对世界的看法,它本身可能并不是宗教"。马克思的历史理论可能具有基督教的渊源,但这并不能等于说,马克思的历史理论与基督教的历史观是同一个东西。基督教也不是全无合理之处,基督教的历史观一旦摆脱了神圣的叙事,它还具有宗教性吗?因此,麦克莱伦继续说,"马克思主义在某种意义上或在某些方面上来说,确实是一个世俗化了的宗教,但那也仅仅是世俗化了的宗教,并且应该在它自己的范畴体系之中被理解,而不能把它重新译回到宗教中去"。① 马克思主义可能是一种世俗化了的宗教,但值得疑问的是,世俗化了的、破除了神圣性和神秘感的宗教还是一种宗教吗?马克思本人十分注重将宗教批判扩展到社会生活的其他领域之中,马克思是绝对不会承认什么东西是神圣性的,马克思绝不会将国家、党和领袖神圣化,也不会将自己的学说神圣化、教条化,共产主义社会也绝不是神圣性的千年王国,而是根据他理性的历史科学所得出的结论而已。

(4)马克思和基督教都要求理论和实践的统一。马克思说,"哲学家们只是用不同的方式解释世界,问题在于改变世界"②。因此塔克说马克思要求将理论和实践相统一是没有问题的。但他没有详细解释基督教理论和实践统一的特征,一般而言,基督教讲求"因信称义",只要内心信仰上帝和基督就能够获救而不要求基督徒的外在事功(在外在行为上实践律法和箴言,或者获得世俗事业的成功)。塔克所说的理论和实践相统一的基督教大概指的是加尔文新教,该教派虽然也讲求因信称义,但同时要求信徒们以外在事功,尤其是世俗事业(尤其是财富的积累)的成功来证实自己上帝选民的身份,在这个意义上,可以说基督教也具有理论和实践相统一的特征。那么,按照塔克的意思,所有主张实践的学说都是宗教。这个结论恐怕很难为人接受,因为几乎所有的政治、社会理

---

① See David McLellan, *Marxism and Religion: A Description and Assessment of the Marxist Critique of Christianity*, Macmillan Press, 1987, p. 161.
②《马克思恩格斯选集》第1卷,人民出版社1995年版,第57页。

论都不同程度地要求实践,那么就可以说这些以理性的方式考察政治和社会的理论都是宗教吗?另一方面,那些加尔文新教之外的教派,那些不主张理论和实践相统一的基督教派,如路德新教和天主教,难道就不是宗教了吗?塔克所给出的第四个理由是最难以令人信服的。

综上所述,无论是罗素还是塔克,无论是阿隆还是卡斯培,他们对"马克思主义是一种宗教"这一命题的研究,都不能令人信服。马克思主义当然不是一种宗教,那么为何它总是显得是一种宗教呢?马克思当然也不是什么宗教先知,那么为何他总是显得是一个先知呢?

三、马克思宗教先知身份的由来

既然马克思的学说不是宗教,那么马克思也肯定不是什么宗教先知。但是马克思为什么总是被当代西方学者认为是一个先知呢?回答这一问题,同时也就回答了"马克思的学说何以显得是一种宗教"这一问题。

什么是"先知"?从斯宾诺莎那里,我们得知,先知就是那些想象力强、理智不足,但却具有卓越的道德德性的人。① 在韦伯看来,"'先知'一词实乃意指一纯粹个人性之卡利斯玛禀赋的拥有者,他基于个人所负使命而宣扬一种宗教教说或神之诫命"②,而且这种神之诫命往往带有道德和伦理内容,"唯有敦促民众守德并(以灾祸威胁)惩罚罪恶的先知才不是伪先知"③。斯宾诺莎和韦伯对先知的定义有一个相同之处,即先知所传递的神之诫命,必须是道德性的,也就是说,它在劝服民众或世俗统治者服从祖先(摩西)所留下的伦理(十诫)。

这样,我们就可以理解理性的预测(predicting)与先知的预言(prophetic)之间的区别之所在了:理性的预测就是通过对某事物或现象

---

① 参见[荷]斯宾诺莎《神学政治论》,温锡增译,商务印书馆1963年版,第42页。
② [德]韦伯:《宗教社会学》,康乐、简惠美译,广西师范大学出版社2005年版,第57页。
③ 同上书,第375页。

的过往与当下的理性研究,发现事物或现象发展的趋势,并对这种趋势的未来作出合理、准确的判断;而先知的预言虽然也在预报和言说未来,但他根据的是上帝的诫命,看现实的社会政治是否符合祖先的伦理,以此来判断现实的人的祸福。就像李美尔(Neal Riemer)所说:

> 当我说预言时,我并不必然言及对未来的准确预测或预报。根据圣经传统,先知是言说上帝之言的人,言说有关理想与现实之间的鸿沟的真理的人,是命令民众完成 mitzvot 即上帝诫命的人。于此相似,世俗的先知支持一套更高的价值,批判现实对这些价值的缺失,并呼吁行动来弥补这种缺失。先知也在预测未来,但他只是根据上帝之言或更高价值是否受到世人的赞许来做出自己的许诺,如果世人不赞许这些他就警告世人接下来将会出现的灾祸,如果世人赞许这些他就会承诺将会出现的光明。①

从这样的区分来看,马克思对未来共产主义社会的预报,并非先知式的预言,而是理性的预测。虽然这种预测可能由于缺乏对资本主义社会自我调整的认识,以及缺乏对生态环境和自然资源的限度的认识,很难令人信服,但我们不能否认马克思在不考虑这些限度的条件下对社会规律所做的理性思考。马克思作出判断说共产主义必然实现,并非出于对资本主义社会的罪恶的控诉;资本主义之所以必然灭亡,也并非由于它的罪恶(如造成无产阶级的苦难,以及利己主义的金钱崇拜),而是由于社会化的大生产与资产阶级私有制之间的矛盾,是由于生产力的不断进步必然突破资本主义的生产方式。就像熊彼特(Joseph A. Schumpeter)所说的那样,"无论如何,如果马克思只是一个空泛的布道者,到现在他早已默默无闻了。人类不会感谢那种服务,会很快忘记为政治歌剧写歌词者的名字"②。

但是,难以解释的是,马克思虽然对道德加以严厉的批判,而他本人

---

① Neal Riemer, *Karl Marx and Prophetic Politics*, Praeger Publisher, 1987, p. 2.
② [美]熊彼特:《资本主义、社会主义与民主》,吴良健译,商务印书馆 1999 年版,第 46 页。

的著作中又到处充满了对资本主义社会和资产阶级的道德义愤。比如马克思(和恩格斯)对资本主义取代封建主义的评论,"总而言之,它用公开的、无耻的、直接的、露骨的剥削代替了由宗教幻想和政治幻想掩盖着的剥削"①;比如,马克思对资本的原始积累的批判,"资本来到世间,从头到脚,每个毛孔都滴着血和肮脏的东西"②。这些道德性的批判在马克思的著作中随处可见,笔者不便也不必一一列举下去。可以说,正是由于马克思在道德上的"似是而非的矛盾",才导致了英美学界对马克思与正义、马克思与道德之间的关系40多年的讨论。

马克思对资本主义社会加以的道德性批判,如果再加上他的历史唯物主义对社会发展规律的揭示,以及对资本主义必然灭亡的预测,就很容易给人一种印象:马克思根据资本主义社会的罪恶,预言了资本主义社会未来的灾祸;马克思是一个先知,他的上帝就是历史发展规律,而共产主义就是人的救赎。因此洛维特说,"《共产党宣言》所描述的全部历史程序,反映了犹太教—基督教解释历史的普遍图示,即历史是朝着一个有意义的终极目标、由天意规定的救赎历史","历史唯物主义是国民经济学语言的救赎史"。③ 洛维特所言虽然是对马克思的误解(马克思的学说不是一种宗教,上文笔者已然得证),但他对马克思的这种印象却是马克思本人及其继承者们对资本主义社会作道德性的批判所造成的。

问题的关键在于,马克思对资本主义社会的道德义愤到底从何而来?马克思既然把宗教批判扩展到了道德领域,对道德也展开了严厉的批判,那么他为何还要对资本主义社会开展道德性的批判呢?

这一切都得从马克思对于改造世界和人的自我改变的关系说起。马克思说,"环境的改变和人的活动或自我改变的一致,只能被看作是并

---

① 《马克思恩格斯选集》第1卷,人民出版社1995年版,第275页。
② 马克思:《资本论》第1卷,人民出版社2004年版,第871页。
③ 参见[德]洛维特《世界历史与救赎历史——历史哲学的神学前提》,李秋零译,三联书店2002年版,第53页。

合理地理解为革命的实践"①。环境的改变需要伴随着人的自我改变,同时人的自我改变还需要环境的改变。也就是说,在马克思看来,人与环境的改变是交互的、同时的,因为"人的本质不是单个人所固有的抽象物,在其现实性上,它是一切社会关系的总和"②,而社会关系同时也是人的环境的(甚至是最重要的)组成部分。所以,实际上,马克思并不需要人或无产阶级先行自我改造成为"新人",然后再去改造世界,而是要作为"旧人"的无产阶级首先投入到革命的实践中去,然后在革命的实践中,在改造环境的同时也实现自我改变。正如马克思所说,"革命之所以必需,不仅是因为没有任何其他的办法能够推翻统治阶级,而且还因为推翻统治阶级的那个阶级,只有在革命中才能抛掉自己身上的一切陈旧的肮脏东西,才能成为社会的新基础"③。

因此沃格林(Eric Voegelin)说,"马克思不像早期的教派主义者那样首先创造出有着新的心灵的上帝的人民,然后再引导这些人民进行革命,而是想先让革命发生,然后让上帝的人民从革命过程中产生出来"④。既然只有革命经历才能产生新人和新世界,那么马克思的关键任务就是要使革命发生;要想使革命发生就必须吸引大众,而要吸引大众就必须迁就或俯就大众的理解力,就不能站在精神的高点上对大众的心灵加以鞭挞、批判和指导,只能让大众在革命实践中自我启蒙、自我教育、自我改变。

在此我们发现,马克思在布鲁塞尔对法国唯物主义的研究和对费尔巴哈的批判之后,放弃了早先宗教批判时期的革命策略。马克思之所以从事宗教批判,就是要在革命之前产生"新人",然后由这些"新人"创造新的世界,"对宗教的批判使人不抱幻想,使人能够作为不抱幻想而具有

---

① 《马克思恩格斯选集》第 1 卷,人民出版社 1995 年版,第 55 页。
② 同上书,第 56 页。
③ 同上书,第 91 页。
④ [美]沃格林:《没有约束的现代性》,张新樟、刘景联译,华东师范大学出版社 2007 年版,第 94 页。

理智的人来思考,来行动,来建立自己的现实"①。而1845年之后,马克思的策略改变了,他不再试图在革命之前事先产生"新人",而是要在"新人"产生之前先引起革命,而让"新人"在革命实践之中与新世界一起锻造出来。

从这种革命策略的转变上说,马克思的宗教批判已经结束了。接下来,随着宗教批判逐渐向社会生活的其他领域的扩展,马克思的另一个使命就是吸引大众、引起革命。马克思当然明白大众对道德的需要,但他更清楚道德的意识形态性质。马克思明白道德和宗教一样,是无产阶级在革命实践中需要抛弃的"肮脏东西",但如果让那些道德主义的革命领袖如巴枯宁和杜林来领导整个革命的话,那就很难讲无产阶级能否做到在革命中成为"新人",新世界就更无法实现了。所以马克思、恩格斯一方面要用历史唯物主义在党内与巴枯宁和杜林争论,另一方面又要俯就大众的理解力,用道德性的词语和道德上的义愤来吸引大众加入革命队伍、点燃革命运动。关于前者,马克思在写给弗·阿·左尔格的信中说:

> 在德国,我们党内流行着一种腐败的风气,在群众中有,在领导(上层阶级出身的分子和"工人")中尤为强烈。同拉萨尔分子的妥协已经导致同其他不彻底分子的妥协:在柏林(通过莫斯特)同杜林及其"崇拜者"妥协,此外,也同一帮不成熟的大学生和过分聪明的博士妥协,这些人想使社会主义有一个"更高的、理想的"转变,就是说,想用关于正义、自由、平等和博爱的女神的现代神话来代替它的唯物主义的基础(这种基础要求一个人在运用它以前认真地、客观地研究它)。②

从马克思的话中我们可以看出他对"正义、自由、平等和博爱"等道德价值的不屑一顾,他对作为道德主义论者的党内领袖表示的不满,以及大

---

① 《马克思恩格斯全集》第3卷,人民出版社2002年版,第200页。
② 《马克思恩格斯选集》第4卷,人民出版社1995年版,第627页。

众对这些道德价值的青睐。为了满足大众对道德的需要,马克思在为国际工人协会(第一国际)撰写共同章程时写道:

> 工人阶级的解放应该由工人阶级自己去争取;工人阶级的解放斗争不是要争取阶级特权和垄断权,而是要**争取平等的权利和义务**,并消灭一切阶级统治。
>
> ……
>
> 加入协会的一切团体和个人,承认真理、正义和道德是他们彼此间和对一切人的关系的基础,而不分肤色、信仰或民族……①(黑体为引者所加)

可见,马克思并不想对第一国际的全体工人群众宣讲他对道德的批判,而是迁就或俯就工人群众对道德的需要,以便吸引他们留在国际工人协会之中,并伺机发起革命。所以,马克思在1864年11月4日第一国际成立之后写给恩格斯的信中说,"不过我必须在《章程》引言中采纳'义务'和'权利'这两个词,以及'真理、道德和正义'等词,但是,这些字眼已经妥为安排,使它们不可能为害"②。可见马克思是在极不情愿但又万般无奈之中,才在写给工人群众的章程之中使用道德词汇的。那么,我们也有理由认为,马克思在其著作中对资本主义社会的道德义愤或道德性的批判,同样也是出于极不情愿和万般无奈。正如沃格林所说,"可以为之做准备的只是必然王国之中的革命。为了实现这个目标,心灵的改变不是必要的,只要求助于诸如下面的这些情绪就行了:如,道德义愤、理想主义、怜悯、同情、小磨难会得到大福报的'人道主义'的微积分、怨恨、嫉妒、憎恨、提高地位的适度欲望、贪婪、破坏欲、对统治的欲望,等等。这些情绪再与道德、为自由而战、末世英雄主义、以及历史命运等结合在

---

① 《马克思恩格斯选集》第4卷,人民出版社1995年版,第609—610页。
② 《马克思恩格斯全集》第31卷,人民出版社1972年版,第17页。

一起,就构成了一个具有很强的心理吸引力的混合物"①。为了激起革命,就要用道德来感染大众,因此马克思就不得不借助于道德义愤和道德词汇,尽管马克思将道德批评为像宗教一样的意识形态。

革命策略的改变,不仅使马克思主义极大地改变了世界历史的进程,而且还为马克思本人赢得了世界性的声誉。伊格尔顿(Terry Eagleton)就十分感慨地说,"与政治家、科学家、军人和宗教人士不同,很少有思想家能真正改变历史的进程,而《共产党宣言》的作者恰恰在人类历史的发展进程中发挥了决定性的作用"②。但同时,对道德义愤和道德词汇的使用使得马克思主义显得像宗教一样了,或者说,马克思革命策略的转变,对大众理解力的俯就,一定程度上使马克思主义发挥了(道德)宗教的作用。

马克思主义当然不是一种宗教,但在其大众化的过程之中,不得不承担(道德)宗教的角色。纯粹的科学理论并不吸引大众,为了吸引大众就必须降低理论的科学姿态和理性态度,使它可以教给信徒们可以在任何讲台上都足以振奋人心、吸引人心的激烈言辞、热情控诉和道德高点。葛兰西说,"群众本身只能把哲学当作一种信仰来体验"③,群众对待马克思主义也是如此,即便马克思主义是一种科学、一种理性的理论,但一旦接触群众、让群众接受,它就不得不暂时放下自身的理性姿态,以信仰体验抑或激情奋起的方式面对群众;否则它就会遭到群众的唾弃,更别提引起群众的行动或革命了,"群众信奉或不信奉一种意识形态,是对思想方式的合理性和历史性的真正批判性检验"④。因此熊彼特说,"为了铸就在社会斗争舞台上使用的那种武器,马克思有时不得不歪曲或偏离从他理论体系逻辑地引申出来的主张"⑤。为了引起群众的行动,马克思就

---

① [美]沃格林:《没有约束的现代性》,张新樟、刘景联译,华东师范大学出版社2007年版,第108页。
② [英]伊格尔顿:《马克思为什么是对的》,李扬等译,新星出版社2011年版,第2页。
③ [意]葛兰西:《狱中札记》,曹雷雨等译,河南大学出版社2014年版,第391页。
④ 同上书,第395页。
⑤ [美]熊彼特:《资本主义、社会主义与民主》,吴良健译,商务印书馆1999年版,第46页。

不得不在群众面前有意地歪曲自身,使带有激进的宗教批判意味的唯物史观发挥着宗教的作用;使批判道德并把道德视为宗教的马克思主义,在群众那里发挥着道德宗教的作用。这样,我们就可以理解马克思主义何以显得是宗教,马克思又何以显得是宗教先知了。

另外,还有一个问题马克思并没有注意到,即他既然知道大众需要道德,那么马克思早年在《共产党宣言》中向无产阶级宣讲道德是意识形态,是掩盖统治阶级利益的偏见时,又是如何面对无产阶级对道德的需要的?换句话说,当马克思在无产阶级大众面前摧毁了道德之后,马克思又将用什么来充当道德,以满足大众对道德的需要呢?如果马克思没有道德的替代品,大众就有可能会陷入道德空场或价值虚无主义的深渊之中;共产主义也将失去道德上的支持,即共产主义或共产党将没有能力在道德上为自己辩护。为此,马克思就不得不在大众面前使共产主义充当道德理想,使本来只是"现实的运动"的共产主义发挥道德宗教的作用,似乎共产主义成了一种新的道德和新的信仰。

与马克思相比,斯宾诺莎并不向大众宣讲,尽管他的读者和听众也绝非一流的哲人而是政治家或大众领袖,但也因此其理论姿态不必降低很多。吊诡的是,斯宾诺莎以神作为其哲学的起点和终点,却保持了其理论的纯粹性;而将宗教批判贯彻到底的马克思,却获得了宗教先知的身份。

为了免于对马克思的误解,如果马克思的道德义愤是故意说给普通工人群众听的,那么我们对马克思著作的理解,必须分清哪些是他的"显白教诲",而哪些是他真实的教诲。马克思对资本主义社会的道德谴责,以及对新社会的道德辩护,其实是马克思为了吸引大众参与革命运动的显白教诲;马克思基于历史唯物主义而对道德展开的批判才是他真实的原则。如果在马克思的学术性著作中,尤其是《资本论》这样的大部头理论著作中对资本主义社会的道德义愤并非出于有意处理,并非是写给大众以引起革命(《资本论》是一本严肃的学术著作,其读者并非普通工人阶级)的话,那么我们就有必要像斯宾诺莎处理圣经、马克思处理斯宾诺莎《神学政治论》一样,区分出马克思《资本论》的"内在结构"和"外在结构"。对资本主义社会的道德谴责只是马克思实际提供的外在结构、"外在的意识形式",基于历史唯物主义而对道德展开的批判才是其内在结构、"内在的本质的意识"。因此,我们需要根据他的"内在的本质的意识"来说明他的"外在的意识形式",根据他的"自在体系"来调整、改造其"自觉体系"。

如果我们一味地挖掘马克思的道德情怀和正义理论,甚至把马克思主义视为一种道德理论的话,那么马克思主义就难逃宗教之名,马克思也不再能够摆脱宗教先知的标签。我们当下学界对于马克思与正义关系的讨论就越来越倾向于把马克思主义视为正义理论、道德理论。这种做法看似在应对现代社会道德失范问题,但其危害性更甚!这其实是在伤害马克思主义的理论性和思辨性,使马克思越来越难逃宗教先知之名!因为,一方面,宗教先知往往以道德的名义宣判当下社会的必将灭亡,一旦把马克思主义视为道德理论,那么马克思对资本主义社会必将灭亡的审判也便不再是一种历史判断,而变成了一种道德谴责,或者历史规律就像基督教里的上帝一样开始对万恶的资本主义加以审判。另一方面,一个作为道德理论、正义理论的马克思主义必然是取代宗教并承担宗教任务的学说。以往对大众革命的激起是通过宗教来完成的,以神的名义,以绝对正义、普遍价值的名义对当下社会进行谴责才具有吸引力,即"替天行道"才是以往革命合法性的根源,革命合法性绝不能在当下社会的法律中寻找。马克思主义以无神论为标榜,那么马克思主义必然不会再以宗教作为手段,但大众对宗教的青睐又促使马克思主义不得不用类似于宗教的方式,如以永恒的道德、普遍的真理、真正的权利和不变的正义等名义来谴责当下社会、激起大众革命。一旦我们把这种激起大众起而革命的口号视做真正的马克思主义理论的话,马克思主义的理性和思辨性也会大打折扣。因为用以谴责资本主义社会来激起大众革命的道德、真理、权利和正义,恰恰是经不起理性推敲的宗教性的东西、意识形态的东西。

但是，如果我们反过来，不顾大众对道德和宗教的青睐，就将马克思对道德、正义等意识形态的批判公之于众，不厌其烦地将这些真理向大众宣讲的话，势必使大众失去道德之心，并在凸显个体、崇尚私人权益的市民社会、市场经济的大潮中放辟邪侈、无所不为，最终陷入价值虚无主义之中。传统的"义利之辨"，随着意识形态批判的深入人心而取消了"义"的实在性、凸显了"利"的重要性，从而使大众获得了"利己"的正当性，甚至使物（商品、货币、资本等）的价值高于人的价值（包括人的生命和尊严等基本价值），"随着物化价值的极端发展，否定人的基本价值的现象，挑战现代基本价值底线的行为，正在成为一个引人关注的问题"①。因此，对马克思主义的坚持，既要保证它的思辨性，又要保证它对大众的道德规范作用，就必须注意区分马克思的"隐微"和"显白"，甚至要区分马克思的"内在结构"和"外在结构"。

为此，我们首先要区分马克思的不同著作，哪些是用于群众宣传的，而哪些是用于学术研究的。像《共产党宣言》和"国际工人协会成立宣言"以及各种大会演讲作品很明显是用于群众宣传的，其中对资本主义罪恶的道德义愤和对革命合法性的道德辩护，就更明显一些。像《德意志意识形态》与《资本论》这样的学术专著，它们面向的读者就并非普通工人群众，而是相应领域的专家学者、有理论基础的工人领袖等。虽然马克思的许多理论著作都是用来出版或打算用来出版的，批判道德意识形态的理论著作一旦出版就会面向公众，大众也有接触到的可能性。但是，既然一般的大众不喜欢理论也不理解哲学，那么又怎么会去接触马克思的大部头的理论著作呢？马克思的理论著作是写给那些喜欢理论、理解哲学的特殊大众的，"只有那些拒斥现代资本主义社会，并且对富有革命性传统的德国古典哲学怀有兴趣的特殊'民众'，才会引起马克思的兴趣。在他看来，也只有这部分民众才会对自己的哲学感兴趣，经过努

---

① 刘森林：《物与无：物化逻辑与虚无主义》，江苏人民出版社 2013 年版，第 101 页。

力也能够理解自己的理论"①。尽管马克思在修订《资本论》法文版时也在努力地使之"平易近人",并且分册出版以便更容易到达工人阶级手里,但他依然担心他们会因为一开始就不能继续读下去而气馁,"对此我没有别的办法,只有事先向追求真理的读者指出这一点,并提醒他们。在科学上没有平坦的大道,只有不畏劳苦沿着陡峭山路攀登的人,才有希望达到光辉的顶点"②。马克思只是希望他的理论著作,以及恩格斯等人通俗易懂的介绍性中介环节,能够到达那些有觉悟的无产阶级手中,让这些工人阶级的先进分子支持他的革命工作,或者尽可能地去启迪其他工人阶级。至于普通的工人群众,那些对科学加以信仰体验的大众,他们只需要接受马克思在国际工人协会的章程和宣言中所宣讲的"真理"、"正义"和"道德"就足够了。他们可以在革命的过程中自我改变,抛弃道德、宗教、法权等意识形态,在改造世界的过程中把在头脑中颠倒的世界,在现实世界中真正地实现出来!那时,普通工人群众就不再需要意识形态去补偿其现实的苦难了。

---

① 刘森林:《实践的逻辑》,社会科学文献出版社2009年版,第50页。
② 马克思:《资本论》第1卷,人民出版社2004年版,第24页。

第四章　马克思、斯宾诺莎宗教批判的旨归：现代伦理的建构

马克思与斯宾诺莎的宗教批判拥有共同的目的,即建构现代伦理生活,重建民主秩序。而民主的现代重建不等于现代民主制的建构。与主张直接民主的古代民主相比,代议制是现代民主制的标志,但斯宾诺莎和马克思所认为的最佳政治制度或社会制度并非现代民主制,毋宁说是古代民主的现代重建,其中既有古代民主的成分,同时又在回应着现代民主制对古代民主的批判。

民主的现代重建需要理性,而启示宗教就是通往理性的障碍,因此也是通往民主重建的障碍。对宗教的批判导致了以神和神圣的道德规范为中心、以信仰宗教为基础的传统伦理生活的坍塌。个体和自我的凸显,反思和批评精神的发展,使现代西方人对耶稣的"登山宝训"弃若敝屣,也使现代中国人不再对圣人之言和领袖语录惟命是从,个人从教会、家庭和国家等神圣的共同体之中摆脱了出来,并在市场或市民社会之中享受个人自由和私人权益。但同时,民主的现代重建又需要公民的公共精神,市民社会中的私人如何在民主的国家或超国家的共同体之中培养出公共精神呢？公共精神的培养,新的共同体,即既能保障个体自由又能维持人与人之间的联合与交往的共同体或伦理生活的建构,是否需要某种新的宗教,比如斯宾诺莎

所言的道德宗教，或者马克思说给普通群众听的"真理、正义和道德"？从宗教批判到现代伦理生活的建构，其问题就不再是民主的现代重建是否需要宗教批判，而是需要什么样的宗教，又需要批判什么样的宗教的问题。

第一节 斯宾诺莎的现代伦理：古典民主的现代重建

由于斯宾诺莎在《神学政治论》中大力维护了民主政治，有学者认为斯宾诺莎是现代民主之父。但实际上，斯宾诺莎的民主理论并非现代民主的理论基础，毋宁说，斯宾诺莎肯定非常反对以代议和普选为标志的现代民主理论。笔者认为，斯宾诺莎的民主是古典民主的现代重建，并且他想以此为基础完成现代伦理生活的真正建构。

一、斯宾诺莎民主的三个界说

"民主"一词对于现代人尤其是"五四"以来的现代中国人来说都是一个具有不言而喻的正当性的"徽章"，它甚至在当代新左派分子那里被奉若神明，成了解决一切社会和政治问题的"灵丹妙药"。

正如巴迪欧（Alain Badiou）所言，"您可以表达政治社会诉求，可以对它进行前所未有的大肆批判，还可以谴责所谓的'经济恐怖'——只要冠以'民主'之名，那么您所做的一切都可以被原谅"①。言下之意，对于现代人而言，对民主的批判就是反动的言论，只有民主的才是进步的、正当的，一切不符合民主的制度和国家都是应该走向灭亡或崩溃的。

先不论这种民主论调是否合理，不论我们是否需要像巴迪欧所说的那样，必须抛开民主的徽章才能认清真正的社会现实，对民主的正当性的研究，首先要做的就是弄清民主的含义。

但是，民主究竟何意，民主的界说或定义可否存在迥然不同于通常

---

① ［法］巴迪欧：《民主的徽章》，载阿甘本等编著《好民主，坏民主》，王文菲等译，上海社会科学院出版社2014年版，第13页。

的理解？要想回答这样的问题，就必须梳理和澄清斯宾诺莎对民主的界说，因为斯宾诺莎本人被称为"第一个公开承认是民主分子的现代政治哲人"①，他的政治哲学被称为"现代民主理论的诞生地"②。但是，斯宾诺莎的民主的含义却是难以捉摸的。斯宾诺莎拥护民主，但他拥护的究竟是何种民主？人们在阅读斯宾诺莎著作时不免会有如此疑问，"斯宾诺莎是倡导自由的抑或宪政的（liberal or constitutional）民主呢，还是虽然基于人民主权，但仍允许少数个人自由地思想和言说他们的思想的民众政府（popular government）呢？"③所谓"自由民主"或"宪政民主"就必然意味着为保障私人领域的个人自由而为民主国家的权力制定宪法以限制其权力的扩张，在这个过程中代议和分权是必要的，不仅要由民众选出若干代表代为统治和管理整个国家，而且代表之间也要划分出不同的权力部门（立法、行政和司法等部门）以相互制衡；而"民众政府"或大众民主就意味着作为社会的大多数成员的大众直接参与到国家总体权力的各方面、各职能的运行中，因此代议和分权就是不必要的了。

但斯宾诺莎很少在这两者之间摆明自己的态度，这并非由于他不知道民主政体有多种样式，而是他觉得根本没有必要这样去区分民主的类型，"显然，民主政体可以分成多种多样。但是，我不打算讨论各种类型的民主政体"，他只想讨论一种民主形式，即"在这种民主政体之下，人民只受本国法律的约束，不受任何人的支配，生活体面，有权在最高议事会上投票及担任政府公职"。④ 他只想讨论的这种民主形式，似乎是大众民主的一种，因为它要求或允许所有成年的男性公民参与议事和担任政府公职。

---

① Lewis S. Feuer, *Spinoza and the Rise of Liberalism*, Beacon Press, 1958, p. 101.
② Steven B. Smith, "Spinoza's Democratic Turn: Chapter 16 of The Theologico-Political Treatise", in *The View of Metaphysics*, Vol. 48, No. 2(Dec., 1994), p. 359.
③ Steven B. Smith, "What kind of Democrat Was Spinoza?" in *Political Theory*, Vol. 33, No. 1(Feb., 2005), p. 6.
④ 参见［荷］斯宾诺莎《政治论》，冯炳坤译，商务印书馆1999年版，第145页。

在斯宾诺莎看来,他的民主理论是明确的一种,而作为读者的我们却经常疑惑重重。因为他对"少数的理性自由人"和"大多数受激情束缚的大众"的区分,似乎与他只想讨论的民主形式并不相容。如果智愚有别就应该由智者代表愚者立法、参政或司法;而既然斯宾诺莎希望所有公民参与政事、担任公职,那么前提应该是智识平等,而不应该是智愚有别。因此斯密什说,"斯宾诺莎所保留的某种前现代的观念即智者(the intellectuals)与俗众(the vulgar)之间的区分,实际上削弱了他民主的承诺"①。在斯宾诺莎看来,在社会上占多数的大众是受激情束缚的,"因此,如果认为民众或为公共事务而忙碌的人们能完全凭理性的指令生活,那简直是沉迷于诗人们所歌颂的黄金时代,或耽于童话似的梦想"②,让大众接受理性的指导,这是不现实的。但另一方面,民主国家的目的就是要指导国家的所有成员理性地生活,"民主政体的基本与目的在于避免不合理的欲求,竭力使人受理智的控制,这样大家才能和睦协调相处"③。那么,由受激情束缚的民众参与议事和担任公职的民主国家,又如何做到使所有人理性地生活呢?当然,斯宾诺莎的民主政治中的大众是"自由的大众",而不是受激情束缚的大众,"我所说的以和睦生活为目的而建立的国家应指自由的大众(multitudo libera)所创设的国家,而不是凭借战争权利略取民众而形成的暴政"④。这样,问题就变成了,如何将受激情束缚的大众转变为自由的大众呢?在斯密什看来,这是斯宾诺莎的政治哲学自相矛盾的地方,"受恐惧束缚的大众联系着民主政治和

---

① Steven B. Smith, "Spinoza's Democratic Turn: Chapter 16 of The Theologico-Political Treatise", in *The View of Metaphysics*, Vol. 48, No. 2(Dec., 1994), p. 360.
② [荷]斯宾诺莎:《政治论》,冯炳坤译,商务印书馆1999年版,第7—8页。
③ [荷]斯宾诺莎:《神学政治论》,温锡增译,商务印书馆1963年版,第217页。
④ Baruch de Spinoza, *Politischer Traktat* (Lateinisch-Deutsch), Felix Meiner Verlag, 2010, S. 64. [荷]斯宾诺莎:《政治论》,冯炳坤译,商务印书馆1999年版,第43页,译文有改动。

民众启蒙(popular enlightenment)的可能性,这是自相矛盾的"①。

我们应该如何在斯宾诺莎自己的理论框架内,理解斯宾诺莎的这一矛盾呢?为了理解斯宾诺莎而不是轻率地毁掉哲人的智慧,我们就要从头理解斯宾诺莎对民主的界说。笔者发现,斯宾诺莎在《神学政治论》第 16 章对民主的最先界说,非常难以理解而且往往受到学者们的忽视或误解。

> 一个社会就可以这样形成而不违犯自然权利(naturalis iuris/natural right),契约(pactum/contract)能永远严格地遵守,就是说,若是每个个人把他的权力(potentiam/power)全部交付给国家,国家就有统御一切事物的最高自然权利(summum naturae ius/the supreme natural right)。就是说,国家就有唯一绝对统治的权力(summum imperium/supreme power),每个人必须服从,否则就要受到最严厉的处罚。这样的政体即民主。②

这个界说非常奇怪,因为它所强调的绝对统治的权力或主权,不仅民主政体具有,君主政体和贵族政体也具有,为何斯宾诺莎仅仅把民主政体定义为具有绝对统治权力的国家政体呢?弗耶尔(Lewis S. Feuer)就此嘲笑斯宾诺莎在此对民主的定义,"照他这话的意思,任何绝对的君主制,任何要求公民放弃权力和权利的政府,都可以归类为'民主政体'。这样民主政体就有可能是这样的政府,在其中公民们并不保有任何权利,这个政府就拥有了专政(dictatorship)的绝对权力"③。也就是说,斯

---

① Steven B. Smith, *Spinoza, Liberalism, and the Question of Jewish Identity*, Yale University Press, 1997, p. 37. 另参见吴增定《斯宾诺莎的理性启蒙》,上海人民出版社 2012 年版,第 192 页。但是无论是斯密什还是吴增定,都没有打算在斯宾诺莎的理论框架内解决这个矛盾,而只是把它作为斯宾诺莎哲学的致命弱点来看待。笔者怀疑这样做是否会因为读者自身的缘故,轻率地毁掉了哲人的智慧。
② Pierre-F. Moreau (ed.), *Spinoza Oeuvres*, Ⅲ: *Tractatus Theologico-Politicus*, Presses Universitaire de France, 1999, p. 514. Spinoza, *Theological-Political Treatise*, translated by Michael Silverthorne and Jonathan Israel, Cambridge University Press, 2007, p. 200. 参见[荷]斯宾诺莎《神学政治论》,温锡增译,商务印书馆 1963 年版,第 216 页,译文有改动。
③ Lewis S. Feuer, *Spinoza and the Rise of Liberalism*, Beacon Press, 1958, p. 105.

宾诺莎在此对民主的定义,就可能为寡头制和僭主制奠定合法性的基础。

但是,弗耶尔忽视了两点:首先,在斯宾诺莎看来,君主制和贵族制并不是完全绝对统治的国家,"完全绝对统治的国家,我们称它为民主政体"①。所谓"完全绝对统治",按照斯宾诺莎的规定,就是其治下的所有公民的权利都转让给主权者,而且转让之后社会契约还能严格遵守不至于毁坏;这就需要主权者具有足够的力量来制服所有国民的力量,否则就没有权利统治国民,因为权利取决于力量。

按照这个规定,君主政体就不是"完全绝对的统治",因为仅凭君主一人的力量,不足以制服所有公民的力量,"认为仅仅一个人就能够掌握国家的最高权利是很大的误解。因为……权利只取决于力量,而一个人的力量毕竟不足以承担这样大的负荷",所以它必须不断地扩大统治基础,如委托将帅、顾问官、心腹等,即设置庞大的官僚体系来照管国家的事务。这样,君主政体实际上是隐蔽的贵族政体,"我们认为纯属君主政体的国家实际上是贵族政体的国家,只是一种隐蔽的而非公开的贵族政体,因而也是最坏的贵族政体";此外,君主本人还有童稚、病弱和衰老的时候,在这些时候,"他只是名义上的君主,而最高主权实际上掌握在重臣或亲信之手"。② 所以,君主政体没有足够的力量维持社会契约,所以也就不是什么好的政体。

同理,由于少数贵族的力量也不足以制服所有公民,所以贵族政体也不是完全绝对的统治。另一方面,因为"贵族总是将富有者或自己的亲友视为优秀",所以在遴选国家官吏的时候难免于私情;更有甚者,"在寡头统治的情况下,因为贵族没有竞争对手,他们的意志完全不受法律的约束。那里的贵族故意将优秀者排除于议事会之外,只是将那些俯首听命者遴选为同事"。③ 所以,贵族政体的国家很容易陷入腐败和私情之

---

① [荷]斯宾诺莎:《政治论》,冯炳坤译,商务印书馆1999年版,第144页。
② 参见同上书,第48页。
③ 参见同上书,第145页。

中,因而也很难维持其社会契约的稳定。

相比之下,民主政体是将最高权力交予社会中的绝大部分成员,因而作为主权者的人民有力量制服所有国民的力量,因为民主就是自己服从于自己,"在民主政治中,没人把他的自然权利(iure naturali/natural right)绝对地转付于人,以致对于事务他再不能表示意见。他只是把自然权利交付给一个社会的大多数,而且他又是这个社会中的一分子。这样,所有的人仍然是平等的,与他们在自然状态之中无异"①。因此,斯密什把斯宾诺莎的民主与卢梭的"公意"(the general will)相联系,认为"民主政体就是所有人都仅服从于每个成员所参与制定的法律的政体"②。

总的说来,对于何种政体才是"完全绝对的统治"的证明,本身就是在证明民主政体的合理性(reasonableness)与合法性(legitimacy)。而君主政体和贵族政体的合法性就在于它们对民主政体的趋近:君主和贵族只有尽力满足大众的福利,逐渐扩大其统治基础乃至于使所有人都成为主权者的一分子,君主政体和贵族政体才是正当的。所以,巴利巴尔说,"每种其他政体由于总是趋向于自身的'完美化',因而也开放了通向民主的一条道路"③。民主政体是君主政体和贵族政体的完美化,或是它们所趋向的目标。

其次,弗耶尔虽然正确地看到了斯宾诺莎的民主政体的权威性的一面,即要求所有国民(subjects)绝对服从于国家主权的一面,但他忽视了斯宾诺莎理论中的另一面,亦即,所有国民即使绝对服从于国家主权,甚

---

① Pierre-F. Moreau (ed.), *Spinoza Oeuvres*, Ⅲ: *Tractatus Theologico-Politicus*, Presses Universitaire de France, 1999, p. 520. Spinoza, *Theological-Political Treatise*, translated by Michael Silverthorne and Jonathan Israel, Cambridge University Press, 2007, p. 202. 参见[荷]斯宾诺莎《神学政治论》,温锡增译,商务印书馆1963年版,第219页,译文有改动。
② Steven B. Smith, "What kind of Democrat Was Spinoza?" in *Political Theory*, Vol. 33, No. 1 (Feb., 2005), p. 19.
③ [法]巴利巴尔:《斯宾诺莎与政治》,赵文译,西北大学出版社2015年版,第114页。Étienne Balibar, *Spinoza and Politics*, translated by Peter Snowdon, Verso, 2008, p. 74.

第四章　马克思、斯宾诺莎宗教批判的旨归:现代伦理的建构

至他们绝对服从于君主和贵族的权力时,依然能够获得自由。斯宾诺莎如何做到让人们既绝对服从于主权者又保持其自由呢？要做到这一点,就必须满足两个条件,第一,国家必须按照公共利益行事,国家法律必须符合绝大多数人的利益,"国家必须组织得使所有的成员,统治者也好,被统治者也好,不论是否愿意,都按公共利益行事,换句话说,必须使全体成员,不论出自自愿,还是出自强制或必要,都按照理性的指令来生活"①。也就是说,在民主国家里,即使绝大多数成员缺乏理性,国家的法律和指令也必须符合理性;这样,绝大多数成员虽然有不自愿服从国家法律和指令的时候,但由于国家按照公共利益行事,因而他们即便有不情愿和不满,但依然能从中受益。

但是,这种不情愿仍然有碍于他们的自由,"如果一个国民不情愿地服从,他也不是受奴役的,他的不情愿是通往更强类型的自由的障碍"②。因为这种不情愿会威胁到国家对共同利益的促进,从而导致国民利益的受损,最终因此国家分裂乃至灭亡,所有人又重新回到自然状态之中。不仅如此,这种不情愿还使国民仅仅出于恐惧而服从于国家和法律,这就与奴隶无异了,"对于自由的大众来说,希望比恐惧有更大的引导作用;但是,对于被征服的大众来说,恐惧比希望有更大的支配力量"③。

---

① [荷]斯宾诺莎:《政治论》,冯炳坤译,商务印书馆 1999 年版,第 47 页。另见斯宾诺莎:"遵从命令而行动在某种意义上确实是丧失了自由,但是并不因此就使人变成了奴隶。这全看行动的目的是什么。如果行动的目的是为统治者(imperantis/of the ruler)的利益,不是为行动者本人的利益,则本人是一个奴隶,于其自己没有好处。但在一个国家或一个王国之中,最高的原则是全民的利益,而不是统治者的利益,则服从主权并不使人变成奴隶,而是使他成为一个国民(subditus/subject)。因此之故,最自由的国家是其法律建筑在健全理性(sana ratione/sound reason)之上,这样国中每一成员才能自由,如果他希求自由,就是说,完全听从理性的指导的话"。参见 Pierre-F. Moreau (ed.), *Spinoza Oeuvres*, Ⅲ: *Tractatus Theologico-Politicus*, Presses Universitaire de France, 1999, p. 518. Spinoza, *Theological-Political Treatise*, translated by Michael Silverthorne and Jonathan Israel, Cambridge University Press, 2007, p. 201. [荷]斯宾诺莎:《神学政治论》,温锡增译,商务印书馆 1963 年版,第 218 页,译文有改动。
② Susan James, "Freedom, Slavery, and the Passions", in Olli Koistinen (ed.), *The Cambridge Companion to Spinoza's Ethics*, Cambridge University Press, 2009, p. 229.
③ [荷]斯宾诺莎:《政治论》,冯炳坤译,商务印书馆 1999 年版,第 43 页,译文有改动。

所以，要想使人们既绝对服从于主权者又保有自由，还要满足第二个条件，即国民以自愿的方式接受理性的、符合公共利益的国家法律和指令。这样，问题就变成了，如何使受激情束缚的国民接受理性的法律呢？

斯宾诺莎说，"既然国家的实体必须宛若在一个头脑指挥之下，结果；国家的意志被当作全体公民的意志，而国家确定为公正与善良的东西，应当被视为犹如每个公民都是这样确定的一样。所以，即使国民认为国家的法令是不公正的，他也有加以贯彻执行的义务"①。关键就在于"犹如"一词，在斯宾诺莎看来，国家的法律和指令可能并非每个公民参与立法的结果，但是每个国民一定要把法律"视为己出"。之所以能够做到这一点，就必须满足两个条件：其一，国家的法律和指令必须是理性的、符合所有人利益的，这样以追求自我利益为目的的个体就有可能将符合自身利益的法律"视为己出"，即便这法律并非自己参与立法的结果；其二，国民要发挥想象的作用，把符合所有人利益的法律想象为自己立法的结果。正如巴利巴尔所说：

> 实际上，所有人都既生活在想象世界又生活在理性世界。在每个人那里都存在某种理性……只要他对他自己的有效性有局部的认识的话；在每个人那里也还存在着某种想象……只要他自己还无法支配所有外部原因（我们统称这些原因为"命运"）的话。一切政治的根本难题——这种难题从来都是有关政治制度和国家的保持的难题——就在于去认识理性与想象以何种方式相互作用，它们以何种方式促成了社会性。②

也就是说，理性和想象共同发挥作用来维持国家和社会契约的存在。人有理性，所以国家法律必须满足人们的利益要求；同时，人有想

---

① [荷]斯宾诺莎：《政治论》，冯炳坤译，商务印书馆1999年版，第26页。
② [法]巴利巴尔：《斯宾诺莎与政治》，赵文译，西北大学出版社2015年版，第180页。Étienne Balibar, *Spinoza and Politics*, translated by Peter Snowdon, Verso, 2008, pp. 109–110.

象,所以人们在没有参与理性立法的前提下,要把理性的法律想象成为自己参与立法的结果。只有这样,他才可以做到自愿地服从于理性的法律,从而在服从主权者的过程中不至于丧失自己的自由。

所以,斯宾诺莎实际上探讨了三种民主:第一种也是在历史上和逻辑上最先的民主,即自然状态。在自然状态下,每个人都按照自己的意愿行事,某种程度上也是一种"自我立法",虽然并非每个人都按照理性的法则行事。所以马泰隆称之为"原初民主"(original democracy)①。

第二种也是最现实的一种民主,就是由理性法律指导政治生活的民主。由于占社会绝大多数的大众缺乏理性,所以必须由理性的少数人为大众制定理性的法律,"只要一部分国民可以通过设计正确的法律(right kind of law)以促进国民们的政治自由,自由就会被特定类型的共同体所培养。这样的共同体被斯宾诺莎称为自由人的联合体(one of free men)。这个自由人的联合体致力于追求理性,通过理性,自然的专断力量被打败"②。

第三种也是最理想化的、更是在历史上最终的民主,就是所有受激情束缚的大众转变为理性的、自由的大众,"只要是在理性指导下生活的人,我便称他为完全自由的人"③,这样所有人都参与国家的立法,制定国家的方针政策。实际上,此时国家就变得没有任何必要了,"如果人们都是理性的,那么形成主权权威就是没有必要的了"④。因为国家的目的在斯宾诺莎看来就是要促进每个成员的理性和自由,而当每个人都成为理

---

① Alexandre Matheron,"The Theoretical Function of Democracy in Spinoza and Hobbes",in Warren Montag, Ted Stolze (ed.),*The New Spinoza*, University of Minnesota Press,1997, p. 211.
② Susan James, "Freedom, Slavery, and the Passions", in Olli Koistinen (ed.), *The Cambridge Companion to Spinoza's Ethics*, Cambridge University Press, 2009, pp. 239 - 240.
③ [荷]斯宾诺莎:《政治论》,冯炳坤译,商务印书馆1999年版,第16页。
④ Michael A. Rosenthal, "Miracles, Wonder, and the State in Spinoza's Theological-Political Treatise", in Yitzhak Y. Melamed and Michael A. Rosenthal (ed.), *Spinoza's Theological-Political Treatise: A Critical Guide*, Cambridge University Press, 2010, p. 232.

性和自由的人的话,国家的使命也就完成了。

受激情束缚的大众如何转变为理性、自由的大众呢?这就需要一开始理性的少数人为激情的大多数人所制定的法律的逐渐内化的过程,把原本外在的理性法律逐渐内化为大众内心的意志法则,进而培养出或实现理性和自由,"重要的是,当一个国民把遵守法律内化为理性时,他的行动将如法律命令一般,他将不再是服从于一个命令,或服从于代表法律的主权者的意志,他的行动将依据于他自己的意志。不再是让法律来决定他的行动,而是他决定自己的事情的进展过程"①。至于这个民主理想最终能否实现,斯宾诺莎似乎并不"自打包票",理想毕竟是理想,他所中意的现实,还是第二种民主的实现。但第二种民主似乎也具有某种理想性质,如果说第三种民主将大众理想化了,那么第二种民主实际上将政治家理想化了。真的会有理性的、为公共利益而掌权、立法和执政的政治家出现吗?

斯宾诺莎认为这个问题的解决并不困难,因为统治者不得不顾全公共利益,否则必然惹起杀身之祸,"主权者(summae potestates/sovereigns)强行完全不合理的命令是罕见的,因为他们不能不顾全他们自己的权位(prospiciant/position)和统治权(imperium/power)。他们顾全公共利益(communi bono/common good),按照理性的指导行动才能保持他们的权力,正如塞涅卡(Seneca)所说,'没人能长久维持一个暴虐的统治(vielenta imperia/a violent government)'"②。斯宾诺莎实际上是在用大众的革命来威胁统治者,以统治者自己的身家性命担保民主的实现。斯宾诺莎对统治者的奉劝和威胁,令人想起马基雅维利对君主的奉劝,"如果君主避免引起国民的憎恨和轻视,使人民对他感到满意,他

---

① Susan James, "Freedom, Slavery, and the Passions", in Olli Koistinen (ed.), *The Cambridge Companion to Spinoza's Ethics*, Cambridge University Press, 2009, p. 231.
② Pierre-F. Moreau (ed.), *Spinoza Oeuvres*, Ⅲ: *Tractatus Theologico-Politicus*, Presses Universitaire de France, 1999, p. 516. Spinoza, *Theological-Political Treatise*, translated by Michael Silverthorne and Jonathan Israel, Cambridge University Press, 2007, p. 200. 参见[荷]斯宾诺莎《神学政治论》,温锡增译,商务印书馆 1963 年版,第 217 页,译文有改动。

就能够坐稳江山了"①。

与马基雅维利不同的是,斯宾诺莎希望通过某种立法或制度设计来约束主权者的行为,使主权者不论是出于私利还是公益,都能够对公共利益有所增益,"为了国家能够维持不坠,政府必须组织得不论其领导人出于理性动机还是出于激情因素都无关紧要——决不使其做出违背信义的或邪恶的行动来"②。那么如何立法、谁来设计制度,以及具体的约束内容是什么呢?斯宾诺莎在《政治论》中已经为君主政体和贵族政体事无巨细地规定了它们的行为(大到国民军队的组建,小到君主的妻室、贵族的薪俸等)的正当标准。可见,真正的立法者和制度的设计者,在斯宾诺莎看来,是像他这样的哲人,而不是统治者或大众。而哲人能做到的恐怕只有对统治者的"苦苦相劝"了!

二、斯宾诺莎民主理论的古典性与现代性

施特劳斯说,"正如他[在哲学中]回归到有关 theoria[理论/静观]的古典构想那样,斯宾诺莎在其政治哲学中回归到古典的共和主义……但是,正如他的理论哲学不止是古典学说的重述、事实上却是古典思辨与现代思辨的一种综合那样,他的政治理论亦不止是古典共和主义的重述。他所赞同的共和乃是一种自由民主制。斯宾诺莎是首位兼民主主义者与自由主义者于一身的哲人。他是奠立自由民主制这种现代特有政制的哲人"③。也就是说,斯宾诺莎的民主理论乃至整个政治哲学、整个哲学都是古典与现代的综合。

那么,他的民主理论所体现出来的古典性与现代性又有什么表现呢?要想讲清楚这个问题,我们必须先弄清楚共和主义的古典与现代,而共和主义的古典与现代的区分,就在于共和与民主之间的辨析。

---

① [意]马基雅维里:《君主论》,潘汉典译,商务印书馆1985年版,第88页。
② [荷]斯宾诺莎:《政治论》,冯炳坤译,商务印书馆1999年版,第8页。
③ [美]施特劳斯:《斯宾诺莎的宗教批判》,李永晶译,华夏出版社2013年版,第30—31页。

民主(democracy)是古希腊的概念,它由两个希腊词组成。demo 是克里斯提尼民主改革之后,阿提卡地区最小单位的居民区。在改革之前,雅典的区划由以贵族大家庭为中心建立的 gene 组成,而改革的目的就是打破 gene 的区划以及贵族大家庭的支配地位,"克里斯提尼将阿提卡地区划分为十个区域,将它们的居民组成十个新的部落。每个部落都进一步划分为十个区(demoi)。现在,公民权就取决于是否为其中一个区中的一员"①。所以 demo 这个词后来引申为拥有公民权的普通大众,是公民中最贫穷、数量最多的阶级,他们大多是自由的(非奴隶的)劳动者,或者是城市周边农村的农民,或者是在城市中的手工业者。而另一个词 cracy 的意思是统治。所以所谓 democracy 就是普通大众的统治,它强调的是全体公民对城邦公共事务的直接参与。但需要说明的是,希腊城邦的公民,并不包括奴隶、妇女、儿童以及外邦人,同时也并非所有具有公民资格的人都有时间和兴趣去参与城邦公共事务。这是古代民主实践上的缺陷,有其历史局限性,但作为一种理论或原则,让全部公民,尤其是自由劳动者公民直接参与公共权力,对于民主的现代重建而言具有指导意义。

共和(republic/ res publica)是古罗马的概念,它由两个拉丁词组成,res 是物品、事情、事务的意思,publica 是公众的、大众的意思,所以所谓共和国,就是作为大众的、公共的事务的国家。西塞罗说:"共和国乃是人民的事业,但人民不是人们某种随意聚合的集合体,而是许多人基于法权的一致性和利益的共同性而结合起来的集合体。(res publica res populi, populus autem non omnis hominum coetus quoquo modocongregatus, sed coetus multitudinis iuris consensu et utilitatis communione sociatus)"②在共和国之中,所有权力都属于人民,而人民就是公民的总和,他们拥有着并维护着共同的利益即城邦或共同体的利益,并且生活

---

① [美]沃格林:《秩序与历史·卷二:城邦的世界》,陈周旺译,译林出版社 2008 年版,第 180 页。
② [古罗马]西塞罗:《论共和国》,王焕生译,上海人民出版社 2006 年版,第 74、75 页,译文有改动。

在共同的法律支配之下,拥有相同的权利和义务。

由此可见,在西方的古典时代,共和与民主几乎是同一个概念,都是指所有公民,至少是占公民人口大多数的普通大众对国家权力的掌握,都是指大众的自我统治,只是一个源于古典拉丁语,一个源于古希腊语而已。因为在古代人看来,要想维护所有人的利益,就必须由所有人参与制定法律,乃至担任政府公职。但也因此在历史上出现了很多"多数人的暴政"事件,如雅典民主的"陶片放逐法",乃至试图回到古罗马共和传统的法国大革命期间的罗伯斯庇尔专政。因为这样的民主要求少数服从多数,并且总是倾向于承认多数人强迫乃至压制和迫害少数人是正当的。

到了现代,共和与民主开始区分开来,最典型的说法就是康德对共和制与民主制的概念区分。在康德看来,民主制是一种"统治的形式"(forma imperii),看主权归于何人之手;共和制则是一种"政府的形式"(forma regiminis),它只考察行政权如何行使。民主"按照执掌国家最高权力的人格"而区分,主要看掌握国家主权的是一个人(君主制)、几个人(贵族制)还是所有人(民主制),民主制就是"构成公民社会的所有的人一起握有统治权力"。共和制则"按照其元首对人民的治理方式来划分,而不管元首是谁"。不管主权归谁所有,君主也好,贵族也罢,只要行政权出于普遍立法就是共和,若行政权出于主权者(君主、贵族或所有人)私人意志就是独裁。总之,共和制要求权力分立,使行政权与立法权相互区分、相互制约,"共和制是把(政府的)行政权与立法权分离开来的国家原则";与共和相对的是独裁,独裁就是自己所立之法由自己执行,缺乏权力之间的相互牵制,必然导致暴虐之法的暴虐执行,"独裁制是国家恣意地执行它所立的法的国家原则,亦即被君主当做其私人意志来操控的公共意志"。即便是所有人所立之法由所有人一同执行的民主制,也是一种按照私人意志来操纵公共意志的独裁。民主制所造成的结果就是多数人的意志压倒少数人的意志,即便某个政治决议是针对少数人的,但多数人却往往通过民主制为少数人的事务作出决定,进而侵犯少数人的利益,"民主政体的形式在这个词的真正意义上必然是一种独裁制,因为它建立一种行政权,让所有人对一个人作出决定,而且或许是不利于一个人的决定(因此这个人并不同意)"。为了防止多数人的暴政,康德提倡代议制,"一切非代议制的政府形式,真正说来都是一个怪物,因为立法者在同一个人格中竟能够同时是他的意志的执行者"①。不仅如此,康德还以代议制的名义批判古代的共和国,"在古代所谓的共和国中,没有一个共和国知道这种制度[即代议制度——引者注],而且它们因此也绝对必然沦为独裁制"②。古代共和国如罗马,可以有元老院,甚至可以有独裁官,但人民大会的作用从来没有被忽视过,而且代议从来不是古罗马共和的原则之一。

斯宾诺莎的民主理论的古典性就在于,他的民主理想要求所有公民参与立法和担任政府公职,并且拒绝代议原则。与霍布斯对民主政体的不稳定性的批评不同,斯宾诺莎愿意为大众参与的民主政体正名。霍布斯说,"至于专门反对君主政体的叛乱,有一个最常见的原因是读古希腊与罗马人的书籍",因而人们往往忘记了古代共和国"由于政治不完善而经常发生的叛乱与内战",并且"人们读了这些书之后就从事弑君……他们不说弑君(即杀害君主)是合法的,而说杀暴君(即除暴)是合法的"③。在霍布斯看来,主权最好交付于一个人手中,因为一旦交给两个人就有可能分割主权,交给所有人的话,就意味着国家处于无休无止的争吵和战争即无政府的状态之中,"要是有的话,就是建立两个主权者,同时也使每一个人都由两个代理人代表自己的人格,在他们彼此对立时,就必然会分割主权(人们如果要过和平生活,主权便是不可分割的),因而便使大家陷入战争状况之中,与一切按约建立主权的宗旨相违背","在民主政体之下感到不满的人就称之为无政府状态"。④

---

① 李秋零主编:《康德著作全集》第 8 卷,中国人民大学出版社 2010 年版,第 357 页。
② 同上书,第 359 页。
③ [英]霍布斯:《利维坦》,黎思复、黎廷弼译,商务印书馆 1985 年版,第 255 页。
④ 参见同上书,第 143 页。

斯宾诺莎不是不知道君主政体的稳定性以及民主政体的不稳定性，他说，"经验似乎表明，若把全部权力交给一个人掌握，反而有利于确保和平与和谐。确实，没有一个国家像土耳其人的国家那样历时悠久而无显著变化，反之，也没有什么国家是像人民的或民主的国家那样短暂而易于发生内乱了"①。但是，在他看来，人不能为了自我保全而放弃自由进而沦为奴隶，"但是，如果奴役、野蛮和荒芜都冠之以和平的美名，那么，和平就成了人类所遭受的最大不幸。诚然，一般在父母与儿女之间发生的争吵比在主人与奴隶之间发生的更多和更激烈，不过，如果把父亲变成主人，把儿女当作奴隶，对于家庭生活也没有什么好处。所以，若将全部权力赋予一个人，所造成的却是奴役，而非和平。……和平不仅是免于战争，而且是精神上的和谐一致"②。奴隶或奴役的生活，并非"真正的人的存在状态"，而仅仅是"血液循环和所有动物共有的其他生理过程"③而已，人若只有安全而无自由，便与动物无异。斯宾诺莎不满于霍布斯将人的目标降低，他认为人的生活的目的不能仅仅是自我保存，更不能为了自我保存而放弃做人的尊严。

人应该保持他的自由和尊严，尽管这样在政治生活中会出现争吵甚至冲突，但人的自由的保持，恰恰体现了这种政体的伟大。在马基雅维利看来，罗马之所以能够保持自由，原因就在于平民与元老院之间的争执，因为"优秀楷模生于良好的教养，良好的教养生于良法，而良法生于受到世人无端诋责之纷争也"④。纷争才能产生良好的法律与制度，而自由正源于此，因为只有纷争才能体现出平民的需要，而元老院为了安抚平民，就只得一定程度地满足他们。"享有自由的民众，其欲望鲜有危害自由者，因为这种欲望或是生于受人欺凌，或是来自于担心自己受到压迫"，如果一定程度地满足了他们的要求，并且不以民众的无知为由而隐

---

① [荷]斯宾诺莎：《政治论》，冯炳坤译，商务印书馆1999年版，第47页。
② 同上书，第47—48页。
③ 同上书，第43页。
④ [意]马基雅维里：《论李维》，冯克利译，上海人民出版社2011年版，第56页。

瞒国家事务的实情,民众就不会担心受到压迫,并且愿意服从国家法律和命令,"民虽无知,若有值得信赖者告以实情,他们既有能力辨明真相,也易于服从"。① 正是由于平民对自由的渴望更加强烈,所以罗马共和国将权柄交予平民,并把平民视为国家自由的保障,而古代的斯巴达以及马基雅维利时代的威尼斯则将权柄交予贵族。虽然斯巴达和威尼斯比罗马共和国有着更长久的寿命,但罗马的自由则更加珍贵而伟大,"你要么是在思考一个希望成为帝国的共和国,如罗马;要么是在思考一个只想维持自身的共和国。对于前者,它务必如罗马一样行事;对于后者,则可效法威尼斯和斯巴达"②。正如斯宾诺莎认为一个人不能因为自我保存而放弃人的自由一样,在马基雅维利那里,一个国家也不能因为维持自身而放弃给予公民自由、权利。因此,斯宾诺莎眼中的马基雅维利就是一个典型的共和主义者,甚至他对《君主论》的解释都带有十足的古典共和主义色彩。

> 马基雅维里或许想要说明,获得自由的民众应该如何慎于将自己的身家性命完全信托给一个人,因为,那个人如果不是狂妄自负到自以为能达到天下归心的程度,那么,他必然随时提防别人的暗算,因而不得不更多地为自己打算而不是考虑国民的利益,甚至反而暗算其国民。因为马基雅维里维护自由,而且为此提过一些非常有益的意见,如果这样解释这位贤哲的思想,我觉得更为可信。③

马基雅维利在《君主论》中向君主提出的诸多建议,如效法狮子和狐狸、成为半人半马的怪物等,都被斯宾诺莎视为提醒民众的教科书。马基雅维利说,"君主必须深知怎样掩饰这种兽性,并且必须做一个伟大的伪装者和假好人。人们是那样地单纯,并且那样地受着当前需要所支

---

① 参见[意]马基雅维里《论李维》,冯克利译,上海人民出版社2011年版,第57页。
② 同上书,第59页。
③ [荷]斯宾诺莎:《政治论》,冯炳坤译,商务印书馆1999年版,第44—45页。

配,因此要进行欺骗的人总可以找到某些上当受骗的人们"①。马基雅维利的本意是要君主不择手段地统一意大利,而斯宾诺莎则认为马基雅维利揭穿了君主假仁假义的本来面目,以提醒民众不要对君主全然信任以至于放弃自己对政治的参与权利。显然,斯宾诺莎是在有意误解马基雅维利,"这个被称之为授恶之师的人可能理解为对民众自由(popular liberty)之爱会更加真实一些。斯宾诺莎相信,马基雅维利警告公民们要小心留意君主,并声称公民才是民众政府的根据"②,斯宾诺莎对马基雅维利的误解实际上是对他自己的理解而已。

而斯宾诺莎民主理论的现代性就表现在他的第二个民主概念,即理性的少数人为激情的多数人立法的原则。但这并不意味着斯宾诺莎支持代议制,因为理性的少数人承担立法职责并非民众选举的结果,而且民众选举只会选举出具有民众品性的领袖来,他们是不愿意选举那些理性的少数人去管束他们的激情的。"智慧"与"同意"之间的鸿沟是很难跨越或填平的,通过社会契约或"商谈"、"承认"所获得的仅仅是"同意",但其层次要远远低于"智慧",现代民主及其变形都不过是将"同意"等同于或混淆于"智慧",毋宁说是将"智慧"降低为"同意"。因此斯密什说,"斯宾诺莎不是情感上的民主分子,他并不必然认为民众集体具有最高智慧或协商的固有本性"③,既然民众集体并不具有最高智慧,那么国家的治理和法律的制定就必须由少数理性的、智慧的人来操作,进而将民众的参与排除在外。而在古典民主理论看来,民众的个体虽然在智识上无法与少数贤哲相对比,但他们集体地拥有的智慧的总和,则是少数贤哲所不能相比的,亚里士多德就曾说,"就多数而论,其中每一个别的人常常是无善足述;但当他们合而为一个集体时,却往往可能超过少数贤

---

① [意]马基雅维里:《君主论》,潘汉典译,商务印书馆1985年版,第84页。
② Steven B. Smith, *Spinoza's Book of Life: Freedom and Redemption in the Ethics*, Yale University Press, 2003, pp. 131–132.
③ Ibid., p. 132.

良"①。斯宾诺莎似乎在这一点上背离了古代民主的原则,即民众直接参与公共权力的原则。

斯宾诺莎排斥民众选举,其理由源于他对民众集体智慧的怀疑,正如斯密什所说,"讽刺的是,第一个承认是民主的捍卫者的人竟对作为整体的民众(the people as a whole)的智慧,无论是现实的还是潜在的智慧,都没有任何太大的信心"②。如果民众集体地并不拥有最高智慧,那么民众集体的选举结果,也不会是最高智慧的产物。所以,在斯宾诺莎看来,代议制民主政体必然是一种自相矛盾,既然代议是为了防止多数人的暴政,又为何需要大多数人参与选举?另一方面,被选举的候选人为了获得个人名利,可能出现讨好民众的行为,那么这样选出的代表,依然是一种"多数人的暴政"!

然而斯宾诺莎对民众选举的排斥,实际上并没有背离古代民主的原则。一方面,理性的少数自由人对多数人的立法,是在为古代民主的民众直接参与公共权力的原则的真正实现奠定基础罢了。另一方面,符合普遍利益的才是理性的,那么理性的少数人的立法就会增益大众的利益,就如同他们理性地参与到了公共权力中一般。斯宾诺莎把理性的少数比作"父亲",把激情的大众比喻为"子女",认为父亲能够照顾子女的利益,但不能因此就把子女视为奴隶,"孩子们虽然必须听从父母的一切命令,可是他们不是奴隶,因为父母的命令大致说来是为了孩子们的利益的"③。父亲的角色不是统治子女,让子女去做只对父亲有益的事情;父亲的作用是培养和教育子女,让子女逐渐学会独立思考、独立生活。既然父亲的职责是让子女独立思考和生活,那么子女与父亲之间的争吵乃至冲突就是不可避免的,但父亲依然不能以消除冲突的名义,把子女变成奴隶。因为子女会不满于奴役,从而反抗父权,家庭生活就会走向

---

① [古希腊]亚里士多德:《政治学》,吴寿彭译,商务印书馆1965年版,第146页。
② Steven B. Smith, "Spinoza's Democratic Turn: Chapter 16 of The Theologico-Political Treatise", in *The View of Metaphysics*, Vol. 48, No. 2(Dec., 1994), p. 362.
③ [荷]斯宾诺莎:《神学政治论》,温锡增译,商务印书馆1963年版,第218页。

分裂解体的边缘,而这结果是一个家庭必须避免的。斯宾诺莎的民主理论在此有一种父权的色彩,并且认为只有通过这种父权色彩的"专政",才能建立真正的、最终的民主政体,因此根本就不存在以民主的方式来建立民主政体的可能性。

然而,马泰隆和奈格里则过于强调斯宾诺莎的理想民主,反而无视了他更为关注的第二个民主概念。在马泰隆看来,斯宾诺莎对实体与样态之间的关系的论述,为他的民主理论奠定了基础。既然所有国家是从原初民主即自然状态之中产生出来的,犹如所有样态都是从实体中分殊出来一般,那么民主就如同实体一般,绝对高于作为样态的其他政体如君主政体和贵族政体等,"主权的其他形式的合法性(legitimacy)现实地源于民主的合法性"①。由此可见,马泰隆所理解的斯宾诺莎的民主,就是接近于原初民主的理想民主状态,即每个公民都参与立法和担任政府公职(依然如自然状态下每个人都只服从于自己的法则一般),并且认为只有这样的国家才会为公共利益服务。奈格里甚至认为,斯宾诺莎所言的自由的大众普遍参与的民主,处于共产主义的谱系之中,"不需要扫除共产主义的想象,而是要将它实现。斯宾诺莎的创新之处就是共产主义的哲学(a philosophy of communism),并且斯宾诺莎的本体论(ontology)不是别的,只是共产主义的谱系学(genealogy)"②。而斯宾诺莎所认为的民主,即便采用君主政体或贵族政体的形式,只要主权者是为公共利益服务的,便都可以视为民主的,并且为理想的民主的到来奠定了基础。可见,斯宾诺莎并不认为只有民主地制定的法律,才能为公共利益服务,这恐怕就是斯宾诺莎与马泰隆和奈格里这样的解释者之间的不同吧。

---

① Alexandre Matheron, "The Theoretical Function of Democracy in Spinoza and Hobbes", in Warren Montag, Ted Stolze (ed.), *The New Spinoza*, University of Minnesota Press, 1997, p.217.
② Antonio Negri, *Subversive Spinoza*, edited by Timothy S. Murphy, Manchester University Press, 2004, p.100.

不仅如此,斯宾诺莎提倡民主政体的原因在于维护思想自由,而思想自由是私人领域的个人自由,那么斯宾诺莎的民主必然是一种自由民主,即为了维护私人领域的个人自由而为民主国家划定公私领域界限的民主政体。因此,弗耶尔说,"斯宾诺莎是现时代第一个称自己为民主主义者(democrat)的政治哲人。然而,他是一个民主主义者,并非由于他将民众(the people)、平民(plebs)或无产阶级(proletariat)理想化了。他对普通人(the common man)没有神秘的信任(mystic faith)。相反,他提倡民主是因为他相信民主是确保人的自由的最好方式"①。斯宾诺莎并没有把大众理想化,更没有像奈格里那样,把大众视为绝对民主、共产主义的主体。在他看来,民主政体绝不是最终的目的,民主只是维护思想自由的手段,因为"在民主政治中,每个人听从治权控制他的行动,但不是控制他的判断与理智;就是说,鉴于不能所有的人都有一样的想法,大多数人的意见有法律的效力"②。斯宾诺莎的民主是为思想自由留下广阔地盘的"自由民主",而这一点是古典民主理论所不具备的。

当然,这并不是因为在古代城邦或共和国之中没有公私领域的划分,而是因为在古人看来,公共领域的目的绝不是为了维护私人领域的自由:私人领域是专制的,而自由只属于公共领域。阿伦特说,"在希腊人的自我理解中,用暴力强迫人,命令而非说服,乃前政治的、用来对付在城邦之外生活的人的特有方式,也是家庭生活的方式,在家庭中,家长以无可置疑的专制权力统治,或者是亚洲的野蛮人国家的生活方式,在那里专制统治通常被比作家庭组织"③。在家庭的经济生活即私人生活之中没有自由可言,因为"家庭领域的显著特点是,在其中,人们被他们的需要和需求所驱使而在一起生活"④。为了满足自己的身体需要和物质利益,人们不得不服从于比自己更有能力因此更加拥有权威的家长。

---

① Lewis S. Feuer, *Spinoza and the Rise of Liberalism*, Beacon Press, 1958, p. 101.
② [荷]斯宾诺莎:《神学政治论》,温锡增译,商务印书馆1963年版,第277页。
③ [美]汉娜·阿伦特:《人的境况》,王寅丽译,上海人民出版社2009年版,第16—17页。
④ 同上书,第19页。

但是城邦或政治的公共领域是自由的领域,"城邦区别于家庭之处在于唯有城邦知道'平等者',而家庭则是最严格的不平等场所。成为自由意味着不受制于生命必然性或他人的强制,亦不受制于自身的强制。意味着既不统治人也不被人统治。……他是自由的,仅仅在于他有权力离开家庭和进入政治领域,在政治领域中所有人都是平等者"①。只有当人们摆脱了经济领域的束缚,进入公共领域,通过公民大会而自由言说,通过担任公职而集体行动,只有在这个时候,人们才是自由的。

而斯宾诺莎将理性的主权者比做父母、家长,而把激情的大众比做子女、孩子,在阿伦特看来,这是将公私领域相互混淆的典型表现,因而斯宾诺莎将权威和服从的观念即不平等的政治观念注入政治生活的肌体里了。斯宾诺莎之所以如此,一方面源于他把政治理解为对公共利益的照顾,而利益严格说来是经济领域的主题;另一方面,他把思想视为比行动更高的事情,而在古希腊人看来,思想是私人性的、不可言说的,因为"哲学家的最终体验是某种语言所无法形容的状态,所以他就使自己脱离了政治领域"②。言说与行动是高于思想的,"思想与言说相比是次要的,言说和行动则是同时发生和同等重要的,属于同一层次同一类型"③。思想是沉默的,暴力也是沉默的,它们都由不得辩解也无须辩解,因此哲学家成为国王,必然出现的是理性主义的专政,"如果哲学家得到了城邦的统治权,那么他会像对待自己的肉体那样对待其居民"④,哲人王必定以智慧的名义拒绝其他所有人的争辩,强制其他所有人服从于他,顺从于他的智慧。恰如斯宾诺莎将理性赋予少数人,而大众则处于激情的束缚中那样,理性对激情的统治,恰如理性的少数自由人对大众的统治一样。

---

① [美]汉娜·阿伦特:《人的境况》,王寅丽译,上海人民出版社2009年版,第20页。
② [美]阿伦特:《哲学与政治》,载贺照田编《西方现代性的曲折与展开》,吉林人民出版社2002年版,第363页。
③ [美]汉娜·阿伦特:《人的境况》,王寅丽译,上海人民出版社2009年版,第16页。
④ [美]阿伦特:《哲学与政治》,载贺照田编《西方现代性的曲折与展开》,吉林人民出版社2002年版,第357页。

当然，在斯宾诺莎那里，理性的少数对激情的大众的统治，不是赤裸裸的暴力威吓，也不仅仅是严厉的法律束缚，他还要求宗教和道德等人与人之间较为温情脉脉的联系（犹如父母与子女之间的关系，更多的是情感上的联系而不是宗法的制度关系），以使大众不至于在理性的少数自由人的统治之中有被压迫和被统治的感觉，这种感觉恰恰阻碍了大众的理性和自由的增长。恰如斯宾诺莎在处理理性与情感之间的关系时，理性对情感的制约也并非严厉乃至苦行一样，"在斯宾诺莎那里没有清教徒和苦行僧，只有许多热爱生活之乐趣，特别是享受笑容和友谊的人道主义者"①。与阿伦特对经济和市民社会的贬低和无视不同，斯宾诺莎关注利益问题，因为他注意到近代以来作为需要体系的市民社会对政治国家的强大作用，认为无视它们是没有意义的，以道德或德性的名义贬低乃至无视经济力量，也改变不了经济对政治的强大影响力。与阿伦特理想的德性城邦相比，斯宾诺莎的理想国家是一个商业共和国，"斯宾诺莎一旦完成了对圣经神学的重构，他在其著作的后四分之一便转而建构最佳政体（the best regime）。这个政体不是古典时代的德性共和国，也不是圣经中的神圣城邦，而是现代性的商业大都市"②。如何在市民社会的条件下营造一个最佳政体，这才是斯宾诺莎政治哲学的任务所在。

如果按照阿伦特的说法，哲人对身心关系的理解决定了哲人对大众的态度的话，那么斯宾诺莎的身心平行论（parallelism）就具有了某种政治哲学的意义。在德勒兹看来，身心平行论表明身体在身心关系之中不再处于被压制的地位，身体与心灵处于平等的地位，因为身体与心灵都是同一实体的不同属性所分殊出来的样态，"在广延与思想之间，和在此方与在彼方所发生的事物之间，品位平等，原则平等：依照斯宾诺莎对一切超越，一切先验和模糊性之批判，没有任何属性高于另一属性……因

---

① Steven B. Smith, "What kind of Democrat Was Spinoza?" in *Political Theory*, Vol. 33, No. 1(Feb., 2005), p. 22.
② Steven B. Smith, "Spinoza's Democratic Turn: Chapter 16 of The Theologico-Political Treatise", in *The View of Metaphysics*, Vol. 48, No. 2 (Dec., 1994), p. 362.

此,身体之系列与心灵之系列在平等的原则下不仅呈现同一的次序,而且呈现同一的联系"①。身体和心灵是平等的,既不能像古人那样以灵魂的名义压迫身体,也不能像今人那样以身体的名义忽视灵魂的提高,身心应处于和谐一致的状态。同样,代表心灵的哲人与代表身体的大众也是和谐一致的。

对身体的维护就表现为斯宾诺莎对人的本质的看法,"一物竭力保持其存在的努力不是别的,即是那物的现实本质"②。人也不例外,人的现实本质就是人的自我保存的力量或努力,这种努力首先就是身体的保持,因为没有身体则更谈不上心灵的存在,心灵是对身体的观念的总和。正是由于斯宾诺莎对身体的维护,德勒兹认为斯宾诺莎的哲学是以力量为根据的。因为那种自我保存的努力本身就是人的力量的表现,"为了能真正地以力量作为思考的依据,我们必须将其与身体联系起来考虑,首先,我们必须将身体从那种相反的比例关系中解放出来,这种关系使得所有关于力量的比较成为不可能,因此也使得对心灵力量的评估成为不可能"③。德勒兹对斯宾诺莎的独特解释,使斯宾诺莎成为早于尼采和福柯便实现了"身体转向"的哲学家,并为当代生命政治学(biopolitics)的诞生奠定了理论基础。但同时他也忽视了,自我保存在斯宾诺莎那里只是理性的最基本目标,还远非最高目标,其最高目标是人的自由。斯宾诺莎反对那些纯粹出于情欲和激情而不是出于清醒理智的、只顾眼前的需要。④ 他希望人可以通过理性来增强身体的力量,只有这样才不会被外物所束缚,人才是自由的。为了实现自由,人就必须一定程度地控制自己的喜怒哀乐之情感,但控制情感并不意味着禁欲,他只要求人们在享有外物的时候勿使自己的情感与他人的情感相冲突。

实际上,斯宾诺莎要做的是,从人性的低处着手,对人性加以提升和

---

① [法]德勒兹:《斯宾诺莎的实践哲学》,冯炳昆译,商务印书馆2004年版,第81—82页。
② [荷]斯宾诺莎:《伦理学》,贺麟译,商务印书馆1958年版,第105页。
③ [法]德勒兹:《斯宾诺莎与表现问题》,龚重林译,商务印书馆2013年版,第261页。
④ 参见[荷]斯宾诺莎《神学政治论》,温锡增译,商务印书馆1963年版,第82页。

改进,在保障人的基本物质需要的前提下,控制人的感情和欲望;所以罗森说,"这一方法的姿态显得比过去的老方法(古典的或基督—圣徒式的)来得低,老的方法恰恰因为目标过高而达不到应有目的。建立在通过人的力量控制自己天性基础上的自由和德操,即知性改进所要达到的境界,只有通过适宜降低起点而实现"①。与古典政治哲学从高处向人们提出道德要求相比,斯宾诺莎则采取从低处逐渐改进大众的理性和德性的方法,这种方法虽然显得降低了道德标准,但却为较高道德标准的实现提供了切实可行的道路。即便斯宾诺莎主张某种父权色彩的专政,但这种专政也肯定是温情脉脉的,而且以大众的利益为重,并逐步提高大众的理性和德性。而且,理性的少数人在进行理性的专政的过程中,使得大众的利益获得增益,犹如他们共同参与了政治一般,如果他们参与政治的目的是各自利益的话;同时在理性法律内化的过程中,大众的理性和德性也提高了,犹如他们共同参与了政治一般,如果他们参与政治的过程就是提高理性和德性的过程的话。

因此,斯宾诺莎关于民主的第二个界说,看似有违于古典民主的全部公民直接参与的原则,实则是对古典民主的现代重建。一方面,该民主虽然存在理性的专政,但该专政既在近似的意义上实现了全民参与的原则,同时又为全民参与的民主的实现奠定了坚实的基础;另一方面,该民主又回应了现代民主对古典民主的"多数人的暴政"以及"践踏私人领域的自由"的质疑,既能保证全民利益,又能保证思想自由。这就是斯宾诺莎对民主的现代重建的贡献。马克思又在斯宾诺莎民主理论的前提上,同样为民主的现代重建而努力着,既维护古典民主的正当性,同时又回应着现代民主对于古典民主的质疑和批判。

---

① [美]施特劳斯、克罗波西编:《政治哲学史》,李天然等译,河北人民出版社1993年版,第541页。

第二节　马克思的共产主义伦理:古典民主的现代重建

与斯宾诺莎一样,马克思的民主理论,可以说是对古典民主理论的一种现代回归。然而,马克思的政治哲学的古典性质,是学界不够重视的理论点。麦卡锡(George E. McCarthy)就说过,随着东欧铁幕的破碎,多年来被隐匿在马克思著作中的多样性的文化传统也逐渐被揭示出来,尤其是亚里士多德和伊壁鸠鲁等古希腊哲学传统对马克思的影响逐渐受到学界的重视;但他也指出,古希腊哲学传统尚未成为学术界解释马克思思想的中心主题。①

一、"雅典城邦"与"巴黎公社"的关联

一般说来,马克思是与民主相对立的,或者说,马克思随着思想的发展逐渐放弃了早年的民主理想转而形成了他自己的共产主义理论,因此有人得出结论说,共产主义是反民主的,"对于许多当代的自由主义者而言,英美民主看起来是无可置疑的最好政治形式。与之相反,几乎所有马克思主义的政制或许马克思本人都被视为在捍卫民主方面是有缺憾的"②。马克思在自由主义者心中留下专制形象,大抵源于他对无产阶级专政的坚持,然而自由主义者们忽视了无产阶级专政与民主之间的联系,尤其是与古代民主之间的联系。阿伦特就说过,"当我们深入考察马克思理想社会的实际情形,他的理想社会与雅典城邦国家之间的相似性就显得更令人震惊了"③,但她并没有清楚地对雅典城邦与马克思的理想社会之间的联系展开具体而详细的论述。洛维特也说,"马克思的无产阶级社会主义,它依据的是黑格尔的亚里士多德样板:城邦;城邦的人是

---

① Cf. George E. McCarthy (ed.), *Marx and Aristotle*, Rowman and Littlefield Publishers, Inc., 1992, pp.1-2.
② Alan Gilbert, "Political Philosophy: Marx and Radical Democracy", in Terrell Carver (ed.), *The Cambridge Companion to Karl Marx*, Cambridge University Press, 1991, p.168.
③ [美]汉娜·阿伦特:《过去与未来之间》,王寅丽、张立立译,译林出版社2011年版,第15页。

一个政治动物,其自由就是在他在中与自身同在"①,但由于这句话语言晦涩、语焉未详,所以洛维特也没说清楚作为亚里士多德的理想城邦原型的雅典政制,与作为马克思的无产阶级专政典型的巴黎公社之间,到底有什么样的联系。

首先我们要知道的是,什么是城邦(polis)?城邦通常被理解为古希腊的"城市—国家"(city-state)。② 然而,这种理解其实默认了城邦是"国家"(state)的一种特殊形式,但古希腊人却不知"国家"为何物。当我们现在谈及国家的时候,通常与"社会"(society)相区别,而这种区别是古希腊人所不了解的。"更确切来说,'城邦'先于国家与社会的区分并且因此不能被置于国家和社会之外"③,古希腊城邦既是国家也是社会,它不是国家之外的社会,亦非社会之外的国家,它在历史上先于国家与社会的区分。所以说,城邦是国家与社会尚未分裂、尚且融为一体时的公共生活领域。

"社会"一词源于古罗马,"Societas"最初表示"人民之间为了一个特定目标而结成的联盟"④。在罗马帝国时代,随着领土的扩张、人口的增加,像希腊城邦那样每一个公民都参与国家权力不再成为可能,于是不能参与国家权力的人民只能通过组建和参与国家权力之外的团体的方式影响国家权力以维护其利益,而这种团体的总和就是社会;所以,与国家相对,社会也代指被国家统治和管理的人民。与社会相对,国家则是指掌握政治权力并统治、管理一定领土范围内的人民或社会的暴力机关、官僚部门的总和,"这种从社会中产生但又自居于社会之上并且日益

---

① [德]洛维特:《从黑格尔到尼采:19世纪思维中的革命性决裂》,李秋零译,三联书店2006年版,第212页。
② 如肖厚国认为,"城邦又被称为城市—国家,它是古代希腊世界普遍采用的国家形式",参见肖厚国《什么是城邦》,载林国华、王恒主编《古希腊的傲慢与偏见》,上海人民出版社2011年版,第63页。
③ Leo Strauss, *The City and Man*, University of Chicago Press, 1978, p.30.
④ [美]汉娜·阿伦特:《人的境况》,王寅丽译,上海人民出版社2009年版,第15页。

同社会相异化的力量,就是国家"①。

在先于国家和社会区分的城邦,尤其是民主的雅典城邦,每一个公民都以不同的形式参与城邦权力,或参加公民大会以协商议事,或参加公民陪审团以审判,或担任公职以管理城邦事务,公民之间没有统治与被统治的关系,也就更没有国家与社会的区分。在古代雅典,公民资格的取得不在于人的经济地位、阶级地位,而在于其出身(其父母是否雅典公民)或对城邦的贡献(城邦对贡献较大的侨居者甚至奴隶赋予公民身份)。因此,雅典民主的一个显著特征就是自由劳动者(农民和手工业者)有权利直接参与公共权力,"毫不夸张地说,城邦本身作为一种国家组织形式的真正独特性恰恰在于劳动和公民权的统一"②。

雅典城邦的公民之间存在着贫富差距、阶级分殊,但尽管在社会和经济方面存在着不平等,但他们都平等地具有公民资格,都有权利直接参与到城邦公共权力之中。作为自由劳动者的公民甚至可以通过城邦公共权力来改变社会的和经济的不平等状况,比如对大财阀的罚款、没收财产甚至流放等。

而在马克思的《法兰西内战》定稿中的"巴黎公社"(Paris Commune of 1871),作为无产阶级专政的典型,③是"社会把国家政权重新收回,把它从统治社会,压制社会的力量变成社会本身的充满生气的力量;这是人民群众把国家政权重新收回,他们组成自己的力量去代替压迫他们的有组织的力量"④,即巴黎公社是将凌驾于社会之上的国家重新融入社会后的公共生活领域。在这样的公共生活领域中,全体劳动者从少数统治者手中重新获得了政治权力,不仅实现了政治民

---

① 《马克思恩格斯文集》第 4 卷,人民出版社 2009 年版,第 189 页。
② [加]伍德:《民主反对资本主义——重建历史唯物主义》,吕薇洲等译,重庆出版社 2007 年版,第 185 页。
③ 恩格斯:"先生们,你们想知道无产阶级专政是什么样子吗?请看巴黎公社。这就是无产阶级专政。"《恩格斯写的 1891 年版导言》,载《马克思恩格斯文集》第 3 卷,人民出版社 2009 年版,第 111—112 页。
④ 《马克思恩格斯文集》第 3 卷,人民出版社 2009 年版,第 195 页。

主,而且在国家与社会相融合的过程中逐渐实现着社会民主和经济民主,逐渐实现着经济平等和社会地位的平等。虽然无产阶级专政作为"在资本主义社会和共产主义社会之间"的"政治上的过渡时期",①仍然可以被称为国家,但毕竟开始了扬弃国家的过程。公社或无产阶级专政是后于国家与社会区分的公共生活领域,它不是国家的消亡,而是像希腊城邦一样,既是国家也是社会,它不是国家之外的社会,亦非社会之外的国家。

由此,我们得知,希腊城邦先于国家与社会的区分,而巴黎公社后于国家与社会的区分,希腊城邦尤其是雅典城邦与巴黎公社的共同点则是国家与社会的相融不分,所有人民共同掌握和参与政治权力。

而雅典城邦与巴黎公社的最主要的不同则在于雅典城邦奴隶制的存在,巴黎公社则消灭了所有的奴役。"对希腊人来说,对奴隶的统治,只是政治的'前政治'的条件"②,城邦的每一个公民都要有闲暇去培养政治才干或至少有闲暇去参加公民大会或陪审团,其前提就是,每一个公民应该摆脱生产劳动;于是这些生产劳动就必须交由奴隶来完成。亚里士多德说,理想的城邦不仅奴隶不能参与政治,甚至"不能以从事贱业为生而行动有碍善德的工匠和商贩为公民。忙于田畴的人们也不能作为理想城邦的公民;[因为他们没有闲暇,而]培养善德从事政治活动,却必须有充足的闲暇"③。因为闲暇不仅是参与政治权力的前提,更是有教养(breeding)即有知识和德性的前提,因为接受教育以获得知识和德性需要闲暇时间;最重要的是,参与政治权力的人又需要有一定的教养,需要接受一定的教育。亚里士多德说,"一个城邦,一定要参预政事的公民具有善德,才能成为善邦。在我们这个城邦中,全体公民对政治人人有责

---

① 参见《马克思恩格斯文集》第 3 卷,人民出版社 2009 年版,第 445 页。
② [美]汉娜·阿伦特:《马克思与西方政治思想传统》,孙传钊译,江苏人民出版社 2006 年版,第 14 页。
③ [古希腊]亚里士多德:《政治学》,吴寿彭译,商务印书馆 1965 年版,第 372 页。

[所以应该个个都是善人]"①。在民主制中,每个人都必须有教养才能实现民主,因为"民主制意味着普世皆贵族的贵族政治"②,民主制下的每个公民都必须是有政治知识和公共精神的贤人(gentlemen)。要有教养就必须一定程度地摆脱生产劳动以有闲暇时间接受教育,而在马克思看来,从事繁重的生产劳动的工人和农民又从哪里得到必要的闲暇时间以得到教养和参与政治权力呢?

在巴黎公社中,每一个人在参与政治权力的同时,都参加劳动,"剥夺剥夺者"之后,公社将现有的生产资料、土地和资本变成自由集体劳动的工具,每个人都在联合起来的合作社从事生产劳动,"劳动一解放,每个人都变成工人,于是生产劳动就不再是一种阶级属性了"③。然而,每一个人都参加劳动并不意味着每一个人都没有闲暇参与政治权力。在资本主义社会中,资本家专有大量闲暇,而工人则从事过量的生产劳动,闲暇与劳动在各阶级间的分配严重不均。无产阶级革命之后,劳动时间的分担带来闲暇时间的分享,而生产力的进步使社会总的闲暇时间足以让每一个人都有闲暇参与政治权力和接受教育。至于现阶段工人和农民缺乏教养的问题,马克思甚至认为,他们本可以有教养,只是学校被富人独占,他们不得不从小就从事繁重的劳动,因而得不到应有的教育;即使接受教育,也是基督教会对他们进行的宗教教条的灌输,使他们安于受苦受难的现状。巴黎公社则"宣布教会与国家分离",使人民不至于在接受宝贵的教育机会时受"人民的鸦片"的荼毒;"一切教育机构对人民免费开放,完全不受教会和国家的干涉"④,这样教育就不会被富人独享,人民也可以拥有教养以参与公共权力了。在马克思看来,生产劳动领域始终是一个必然王国,而闲暇和教养所带来的"每个人的自由全面的发展"才是"自由王国","在这个必然王国的彼岸,作为目的本身的人类能

---

① [古希腊]亚里士多德:《政治学》,吴寿彭译,商务印书馆1965年版,第390页。
② [美]施特劳斯:《古今自由主义》,马志娟译,江苏人民出版社2012年版,第3页。
③ 《马克思恩格斯文集》第3卷,人民出版社2009年版,第158页。
④ 同上书,第155页。

力的发挥,真正的自由王国,就开始了。但是,这个自由王国只有建立在必然王国的基础上,才能繁荣起来。工作日的缩短是根本条件"①,生产力进步,劳动时间相应缩短,闲暇时间就随之延长,总之雅典城邦与巴黎公社有无奴隶制的区别归根结底是生产力高低的区别。所以,麦卡锡把研究物质生产的经济学理解为马克思的伦理学和政治理论的亚领域,"经由古希腊的棱镜来看19世纪的古典政治经济学,经济学的作用和地位彻底地改变了;一方面,经济学变成了伦理学和政治理论的亚领域(subarea),另一方面,又从属于共同体(community)"②,因为物质生产的研究是为了创造政治的"前政治"的条件,即闲暇。

二、亚里士多德与马克思的民主思想

革命之后建立的无产阶级专政,如巴黎公社,是重新将国家与社会相融合的公共生活领域,是不仅"消灭阶级统治的君主制形式"(政治解放)而且"消灭阶级统治本身"(人的解放)的"社会共和国",③并且奠定了"真正民主制度"的基础④。

什么是民主?马克思说,"'民主的'说白了就是'由人民支配的'('demokratisch' zu deutsch 'Volksherrschaftlich')"⑤。支配(Herrschaft)不同于权力(Macht),在韦伯看来,权力可以不顾他人的反对去贯彻自身的意志,而支配则包含着他人的自愿顺从,"任何名副其实的支配形式都会包含一种最低限度的自愿顺从,即(基于隐秘的动机或真正的同意)在服从中获得利益"⑥。马克思说,民主就是由人民支配,

---

① 马克思:《资本论》第3卷,人民出版社2004年版,第929页。
② George E. McCarthy (ed.), *Marx and Aristotle*, Rowman & Littlefield Publishers, 1992, p. 16.
③ 参见《马克思恩格斯文集》第3卷,人民出版社2009年版,第154页。
④ 同上书,第157页。
⑤ 同上书,第443页,译文有改动。Cf. *Karl Marx / Friedrich Engels Gesamtausgabe*, Erste Abteilung, Band 25, Dietz Verlag, 1985, S. 20.
⑥ [德]韦伯:《经济与社会》第1卷,阎克文译,上海人民出版社2009年版,第318页。

意味着民主不仅仅是由人民掌握权力而已,更重要的是,人民掌权还需要以同意作为其合法性的基础。那么人民掌权需要谁的同意才算是由人民支配?当然是人民自己的同意。因为民主要求的是"人自己统治自己"①,因此只需要自己同意,自己的掌权便具有了合法性。而民主之外的君主制也好,贵族制也罢,都需要统治者(君主或贵族)之外的被统治的人民的同意才具有合法性地位。另一方面,由人民支配,就要求所有人或至少占大多数的劳动人民直接掌握并参与公共权力,参与权力的运作是对掌握权力的印证和强化,更是行使其支配的表现。当然,人民要参与的公共权力不仅仅是政治的、国家的权力,而且还是社会的、经济的权力,抑或更为准确地说,人民参与的是国家与社会相融合之后的公共生活领域的权力。

相比之下,一方面,资产阶级民主虽然也标榜自己是"民主的",但却不能做到让大多数的人民参与到政治权力的活动中来;选举与被选举权的财产限制以及立法的代议制成为人民与国家权力之间的鸿沟,资产者"通过选举权和被选举权的财产资格的限制,使选举原则成为本阶级独有的财产"②。即便普选实现了,每个成年公民不论性别、阶级、贫富、信仰和肤色都平等地拥有选举权和被选举权,但只要代议制存在,这种民主只能保证少数代表对国家权力的直接参与,而不能实现大多数人对国家权力的普遍的、直接的参与。既然不能保障人民参与国家权力,那么就更别提人民掌握它了;而且大多数人只有在每隔四年或五年举行一次的大选中才能算得上是对国家权力的参与,但他们投下选票的那一瞬间,他们的自由就被暂时剥夺了,剩下的就是对国家的服从、顺从而已。就像卢梭所言,"英国人民自以为是自由的;他们是大错特错了。他们只有在选举国会议员的期间,才是自由的;议员一旦选出之后,他们就是奴隶,他们就等于零了"③。资产阶级的民主是不充分的,马克思批评代议

---

① 《马克思恩格斯文集》第3卷,人民出版社2009年版,第406页。
② 《马克思恩格斯全集》第2卷,人民出版社1957年版,第648页。
③ [法]卢梭:《社会契约论》,何兆武译,商务印书馆2003年版,第121页。

制民主为"未加掩饰的矛盾"①；说它"矛盾"，因为它自称"民主"即人民当权，却阻止大多数人直接参与国家权力；说它"未加掩饰"，因为它对民主的限定即"代议制的"，就表明并非人民而是少数人代表人民参与国家权力。

另一方面，资产阶级的民主只是政治国家意义上的民主，人民用选票选举出国家领导人或立法机构，却不能通过选票改变社会经济的不平等和剥削的状态，"在现代资本主义民主中，社会经济的不平等和剥削与公民的自由和平等共存"②。因为在国家与社会二分前提下的民主仅仅是政治民主，民主只是一种国家形式，生产者或劳动者除在政治上享有投票选举的自由之外，还不得不服从于那些独立于政治之外的经济强制，如资本家对剩余价值的占有，贫富悬殊，市场社会中的工资价格机制、竞争规则，乃至于机器设备的操作工序，以及工厂为保证高效劳动而制定的章程、制度等。在这个意义上来讲，资产阶级民主也是不充分的。由此我们可以得知，马克思理想的民主是所有人民共同掌握和直接参与包括政治权力和经济权力在内的整个公共权力的民主。

与马克思相同，亚里士多德也认为城邦应该让所有的至少大多数的公民参与政治权力运作的公共生活领域。在亚里士多德看来，要想知道城邦是什么，就必须先考察什么是公民(politai)，"因为城邦正是若干(许多)公民的组合"③，而公民则是"有权参加议事和审判职能的人"④。实际上有权参与城邦权力运作，只是定义公民的必要条件而非充分条件，即一个人只有取得了公民资格或身份之后才有权参与公共权力，但一个人如何才能取得公民资格或公民身份呢？在古代雅典，一个人的公民身份的取得(即他的生活或生命，从自然出生的 zoe 转变为公共生活中的

---

① 《马克思恩格斯全集》第 3 卷，人民出版社 2002 年版，第 95 页。
② [加]伍德：《民主反对资本主义——重建历史唯物主义》，吕薇洲等译，重庆出版社 2007 年版，第 198 页。
③ [古希腊]亚里士多德：《政治学》，吴寿彭译，商务印书馆 1965 年版，第 113 页。
④ 同上书，第 116 页。

bios），其基本的法理依据在于他父母是该城邦公民（城邦依据贡献而为外邦的侨居者或奴隶赋予公民资格则是例外状态）。只要其父母是公民，则他便能够有权参与城邦权力，这种情况恐怕只有在伯里克利治下的雅典民主制中才能出现，而其他政制如君主制或贵族制等都无法让所有公民都有权利参与议事或审判。也就是说，唯有民主制的雅典才真正符合亚里士多德对城邦的定义；亚里士多德的理想城邦是以雅典民主政治为原型的。

马克思为什么要民主呢？民主与君主制或贵族制相比又有什么优越性呢？柏拉图质问道，民主制让普通民众参与公共权力，却不问其是否具备管理和统治的知识或技艺，这是否正当呢？柏拉图把治邦者（statesman）比喻为具备专门知识的医生或船长，而大多数人并不具备治国术或政治学这样的知识。由这些不具备治邦知识的大多数来治理城邦，这样的城邦必然是糟糕的，"民主制度以轻薄浮躁的态度践踏所有这些理想，完全不问一个人原来是干什么的，品行如何，只要他转而从政时声称自己对人民一片好心，就能得到尊敬和荣誉"①。巴迪欧根据柏拉图的结论接着说，民主生活实际上要求一切价值都是平等的，没有智愚之分，没有好坏善恶之别，这种颓废的意志无疑是资本主义市场经济所要求的普遍交换原则的体现，它必然导致"怎么都行"、"缺乏目标"的虚无主义状态，"既然一切皆平等，那么一切也就没有价值了——除了一切价值的准绳（金钱）以及用于保护财产的一切手段（警察、法院和监狱）"，"民主制与虚无主义之间便存在着某种联系"。②

然而，亚里士多德和马克思理想中的民主，如前所述，实际上是扩大了的贵族制。人民并非没有教养、没有知识的群氓，也不是一些不配享有平等的愚民。面对实际的民主实践，即城邦总体来说是贫困的，无法将每一个人都培养成贵族贤人的现实，亚里士多德针对柏拉图的质问，

---

① ［古希腊］柏拉图：《理想国》，郭斌和、张竹明译，商务印书馆1986年版，第333页。
② 参见［法］巴迪欧《民主的徽章》，载阿甘本等编著《好民主，坏民主》，王文菲等译，上海社会科学院出版社2014年版，第19、25页。

为民主制提供了两个辩护理由:其一,"多数"集体地优于"少数","就多数而论,其中每一个别的人常常是无善足述;但当他们合而为一个集体时,却往往可能超过少数贤良"①,作为个体的人民,其才智无法与治邦者相提并论,但作为集体的人民就可以凝聚成比治邦者更大的才智。其二,城邦由公民组成,不能将大多数公民排除在城邦政务之外,"如果一个城邦中大群的穷人被摈于公职之外,这就等于在邦内保留着许多敌人"②,如果大多数的人民被排除在政治权力之外的话,城邦的政治基础就狭隘而薄弱,其政制也就不会稳定而长久。

与亚里士多德相似,马克思也为民主制提出两个辩护理由:其一,民主制肯定人民的创造性。马克思说,"正如同不是宗教创造人,而是人创造宗教一样,不是国家制度创造人民,而是人民创造国家制度"③,只有民主制才肯定这一真理,把人民当做国家的主人。麦卡锡解释道,"这就是为什么说民主制是君主制的真理了。马克思意识到政治制度甚至君主制的真正内容是人的实践的历史产物"④,虽然君主制并不承认这一点,并压抑人民的创造性。其二,国家是由人民组成的整体,作为国家成员的人民如果不能有意识地掌握它的一部分,就不能真正成为它的一部分,"他们不仅是国家的一部分,而且国家也是他们的一部分。要成为某种东西的有意识的一部分,就要有意识地掌握它的一部分,有意识地参与它。没有这种意识,国家成员就无异于动物"⑤。人民要有尊严地生活,必须有意识地参与公共生活,意识到自己是共同体的主人而非奴隶;人们通过行动和言说共同决定共同体的命运,并在行动和言说中"表明了他们是谁,积极地揭示出他们独特的个人身份,从而让自己显现在人

---

① [古希腊]亚里士多德:《政治学》,吴寿彭译,商务印书馆1965年版,第146页。
② 同上书,第148页。
③ 《马克思恩格斯全集》第3卷,人民出版社2002年版,第40页。
④ George E. McCarthy, *Marx and Ancients: Classical Ethic, Social Justice, and Nineteen-Century Political Economy*, Rowman & Littlefield Publishers, Inc., 1990, p.192.
⑤ 《马克思恩格斯全集》第3卷,人民出版社2002年版,第146页。

第四章 马克思、斯宾诺莎宗教批判的旨归:现代伦理的建构

类世界中"①。每个人都在公共生活中,在发现自我独特性的过程中,彰显自我的尊严和意义。

虽然马克思在《法兰西内战》中并没有为民主制的正当性辩护,而只是把无产阶级专政当做历史的必然,"工人阶级不是要实现什么理想,而只是要解放那些在旧的正在崩溃的资产阶级社会本身孕育着的新社会因素"②;但他早期的著作,尤其是《黑格尔法哲学批判》却为这个历史必然到来的新社会奠定了道德基础。正如麦卡锡所说,"马克思早期强调的民主、人道以及个人自由和权利绝没有在他后期的著作中被拒斥。事实上,它们为他后期对资本主义的政治经济学批判奠定了根本的道德基础"③。因此,所谓"青年马克思"与"老年马克思"之间不是断裂,而是相互补充;前者为后者补充了规范性意义,后者为前者补充了历史现实。

除此之外,马克思必须面对雅典民主的另一个挑战,即这种所有人直接参与的民主,只能在狭小的领土内行使,"国家规模的扩大导致每一个人分享政治的重要性相应降低"④,领土的扩大,人口的增多,使全体人民直接参与政治权力成为一种不可能的事情了。另一方面,只有在狭小的城市中,雅典人民彼此熟识,拥有共同的文化,才可以形成全民利益,这样全民的民主制才可能存在,"相反地,在巨大的帝国里,不同的和冲突的利益是一定要发生的"⑤。重要的是,现代国家并非城邦,即使巴黎一个城市的面积和人口都是雅典城邦的数倍,⑥而无产阶级专政也不可

---

① [美]汉娜·阿伦特:《人的境况》,王寅丽译,上海人民出版社2009年版,第141页。
② 《马克思恩格斯文集》第3卷,人民出版社2009年版,第159页。
③ George E. McCarthy, *Marx and Ancients : Classical Ethic , Social Justice , and Nineteen-Century Political Economy*, Rowman &·Littlefield Publishers, Inc. 1990, p. 188.
④ [法]贡斯当:《古代人的自由与现代人的自由》,闫克文等译,上海人民出版社2005年版,第3页。
⑤ [德]黑格尔:《历史哲学》,王造时译,上海书店出版社2001年版,第253页。
⑥ 单就人口而言,全盛时代的雅典大约有4万公民,5万妇女、儿童,4万外邦人,35万奴隶,真正享有公民权利的人只占总人口的十分之一左右,见王绍光《民主四讲》,三联书店2008年版,第4页。而公社时期的巴黎总人口为1 873 713,是雅典全盛时代人口的近4倍,公民人口的47倍,见朱庭光主编《巴黎公社史》,中国社会科学出版社1982年版,第670页。

能孤立地在一个城市中实现,那么马克思要如何才能确保在广阔疆域内做到全体人民直接参与公共权力呢?

马克思的答案是在普选的基础上选举城市代表组成公社,"公社是由巴黎各区普选选出的市政委员组成的"①,与资产阶级的代议制不同的是,"从来还没有过进行得这样认真仔细的选举,也从来没有过这样充分地代表着选举他们的群众的代表"②。在完成政治解放的国家,虽然在政治上废除了财产限制,但财产的贫富差距仍然存在,财产仍然影响着选举活动。③ 而巴黎公社在废除了私有财产的同时,也就消除了财产对选举的影响,人民广泛参与选举,慎重对待选票,认真选拔能够充分代表其权益的委员,而没有像资产阶级民主那样出现贿选等情况,充分展现出人民参与公共生活的理性和热情。另外,所选委员接受人民监督审查,随时可以被人民撤换掉,而这一点作为人民直接参与公共权力的手段是资产阶级民主无法做到的。

普选和对代表的审查,保障所有人民都能够掌握和直接参与政治权力;而选取代表以行政和立法,以及公社所带来的自治,以面对城市和国家面积、人口对民主的挑战。当马克思回应巴枯宁的疑问"德国人大约有 4000 万。难道 4000 万人全将成为政府成员吗?"时说,"当然如此!因为事情是从公社自治做起的"④;而"公社的存在本身自然而然会带来地方自治"⑤,当所有大城市都按照巴黎的榜样组成公社的时候,"全法国都将组织起独立工作的、自治的公社",这样,"国民代表的选举将不再是总揽一切大权的政府玩弄手腕的事情,而是组织起来的各公社的意志的

---

① 《马克思恩格斯文集》第 3 卷,人民出版社 2009 年版,第 154 页。
② 同上书,第 190 页。
③ 恩格斯:"究竟是谁统治着英国? 是财产在进行统治。财产使贵族能支配农业地区和小城市的议员选举;财产使商人和工厂主能决定大城市及部分小城市的议员选举;财产使二者能通过贿赂来加强自己的影响"。参见《马克思恩格斯全集》第 3 卷,人民出版社 2002 年版,第 567 页。
④ 《马克思恩格斯文集》第 3 卷,人民出版社 2009 年版,第 405 页。
⑤ 同上书,第 157 页。

自觉表现"，①以各城市公社之间的联合的方式使整个法国在无产阶级专政的领导下真正实现"拯救民族"和"法国复兴"。

虽然马克思以普选和自治来应对现代国家的领土和人口的挑战，但这并不意味着马克思认同代议制的原则。确实，马克思要求普选，但人们并不因为普选而放弃了其他参与政治生活的方式。公社不是为了几年一度的选举而设立的，而是随时在监督着公社官员的工作，随时处理着至关重要的国务，公社并不因为普选而放弃其全部职能，从而体现出人民对国家的掌握和参与，体现出公社的绝对真实的民主性质。

三、"人民领袖"与"社会公仆"

巴黎公社铲除了旧的国家机器之后，"旧政权的合理职能则从僭越和凌驾于社会之上的当局那里夺取过来，归还给社会的承担责任的勤务员"，普选出来的官员不是在议会中代表和压迫人民，而是"为了服务于组织在公社里的人民"，②他们由选举产生，对选民负责，并且随时可以被撤换，"彻底清除了国家等级制，以随时可以罢免的勤务员来代替骑在人民头上作威作福的老爷们，以真正的责任制来代替虚伪的责任制，因为这些勤务员总是在公众监督之下进行工作的。他们所得的报酬只相当于一个熟练工人的收入"③。对公社官员的随时撤换和工资报酬的规定，是为了防止政治权力重新异化为压迫人民的工具，成为少数人获得利益的工具。

马克思对于社会公仆的规定，很容易让人想起亚里士多德笔下的人民领袖（demagagues）。在《雅典政制》中，亚里士多德记录了雅典历史上多位著名而优秀的人民领袖，如梭伦、克里斯提尼和伯里克利等，他们或为立法者，或为执政官，都为打击名门贵族，维护人民利益，最后使民主

---

① 参见《马克思恩格斯文集》第 3 卷，人民出版社 2009 年版，第 197 页。
② 参见同上书，第 156 页。
③ 同上书，第 196 页。

的雅典进入"黄金时代"作出了巨大的贡献。他们都由人民选举产生,并接受公民大会的监督和考察。另外,在雅典城邦中,担任公职者并没有报酬,其目的也在于防止将政治权力变为谋己私利的工具,直到伯里克利时期,公职人员才有象征性的津贴可得。①

然而,这是否意味着在雅典城邦和巴黎公社里,人民就可以具有无限的权威,以至于可以出现"多数人的暴政"呢?托克维尔(Alexis de Tocqueville)说,"当我看到任何一个权威被授以决定一切的权利和能力时,不管人们把这个权威称做人民还是国王,或者称做民主政府还是贵族政府,或者这个权威是在君主国行使还是在共和国行使,我都要说:这是给暴政播下了种子,而且我将设法离开那里,到别的法制下生活"②。因为在这样的政制中,人民就成了集体的专制君主,而此时的"人民领袖"就成了巴结奉承集体专制君主的佞臣,③不仅失去了伯里克利之前的人民领袖的既贤能为公又能平衡民主力量的能力,并且通过败坏人民而贪婪地攫取个人私利。④ 最有名的例子就是"陶片放逐法"(the rule of ostracism)的滥用,原本设立这一制度的目的是防止少数富强颠覆民主政治,而由人民决定是否将其放逐于邦外,后来就被滥用为排除异己的党争手段。一方面,伯里克利之后的"人民领袖"往往煽动人民通过"陶片放逐法"排除一己私敌;⑤另一方面,人民因为嫉妒少数贤良,所以也想通过"陶片放逐法"除之而后快。"一等到这些伟人,无论是谁,只要事功已成,职务已尽,嫉忌马上就发生了——嫉忌便是平等的情调对于卓越的才能的反感——他们不是被囚禁就是被流窜"⑥,这样,被败坏了的民

---

① 参见[古希腊]亚里士多德《雅典政制》,载颜一编《亚里士多德选集》政治学卷,中国人民大学出版社 1999 年版,第 322 页。
② [法]托克维尔:《论美国的民主》上卷,董果良译,商务印书馆 1988 年版,第 289 页。
③ 参见[古希腊]亚里士多德《政治学》,吴寿彭译,商务印书馆 1965 年版,第 194 页。
④ 参见[古希腊]亚里士多德《雅典政制》,载颜一编《亚里士多德选集》政治学卷,中国人民大学出版社 1999 年版,第 322、323 页。
⑤ 参见[古希腊]亚里士多德《政治学》,吴寿彭译,商务印书馆 1965 年版,第 160 页。
⑥ [德]黑格尔:《历史哲学》,王造时译,上海书店出版社 2001 年版,第 252 页。

主就产生了许多暴行。"我们切勿忘记,修昔底德笔下犯下暴行的人民,就是伯里克利黄金时代的人民"①,那么马克思又当如何使无产阶级专政避免这一危险呢?

在亚里士多德看来,民主政体并非绝对是好的,或者说它本身就是一种变态政体,与之相对的正当政体就叫做"政体"(polity,中译为"共和政体"或"立宪政体"),它"以群众为统治者而能照顾到全邦人民公益"②。它以"政体"作为自己的本名,无疑体现了亚里士多德对这一政体的认同,并把这一政体作为理想政体。这一政体的特点就是,它是寡头和民主政体的混合,③也就是说,有才德的杰出之人如梭伦和伯里克利这样的出身中产阶级的人民领袖执政并接受人民的监督和考察,全体人民以议事和审判的方式参与城邦权力。

这样,人民领袖和人民相互扶持、相互牵制,城邦就不会出现个人专制或集体暴政了。相应的,我们也不能把巴黎公社"负责的、社会公仆"理解为巴结奉承人民的佞臣,对选民负责并不意味着一味迁就、顺从选民的所有意见,而是既要贤能为公又要作为平衡民主力量的势力。在革命时代,马克思面对人民安于宗教幻想而拒绝反抗现实政治时说,"应当让受现实压迫的人意识到压迫,从而使现实的压迫更加沉重;应当公开耻辱,从而使耻辱更加耻辱。……为了激起人民的勇气,必须使他们对自己大吃一惊"④;马克思面对屈从于资本主义生产规律而不再反抗资本主义制度的工人阶级时说,"如果他们这样做,他们就会沦为一群听天由命的、不可挽救的可怜虫"⑤。那么,革命之后的无产阶级专政时代,马克思就会拒绝做人民的"牛虻"以鞭策和激励他们走上正确的道路,而是巴结奉承人民的错误决定吗? 比如,当人民面对生产力提高和劳动解放所

---

① [美]沃格林:《秩序与历史·卷二:城邦的世界》,陈周旺译,译林出版社2008年版,第181页。
② [古希腊]亚里士多德:《政治学》,吴寿彭译,商务印书馆1965年版,第136页。
③ 参见同上书,第201页。
④ 《马克思恩格斯全集》第3卷,人民出版社2002年版,第203页。
⑤ 同上书,第77页。

带来的巨大的闲暇,却惰于自由而全面地发展的话,马克思以及所有负责任的社会公仆们都会像亚里士多德一样发出"世间倘因不能善用人生内外诸善而感到惭愧,则于正值闲暇的时候而不能利用诸善必特别可耻"①的警告。

问题在于,既然人民集体地优于少数贤良,又何须平衡民主的力量的出现呢?虽然在才智上人民集体地优于少数贤良,但在意志上也有被败坏的危险。"在人民素质还比较好,传统的各种习俗和法律能够得到遵守的时候,这种危险尚可避免,一旦人民道德水准由于巨大的物质利益而败坏,则滑向极端民主制就只是时间问题了"②,在"集体财富的一切源泉都充分涌流"的共产主义社会到来之前,面对物质利益,人民之前所获得的知识和德性也有丧失的危险。如果说,巴黎公社规定公社官员随时可以被撤换,是防止政治权力被少数个人利用的话,那么平衡民主力量的出现就是为了防止人民以集体的力量换取个人私利的情况的出现,即马克思所说的"全体人员单个地参与"国家的普遍事务的讨论和决定,而不是"单个人作为全体人员参与"③的情况的出现。

麦卡锡认为,马克思与卢梭相似,"通过区分公共参与即一般善或'单个人作为全体人员参与'(卢梭的公意)以及自我的特殊利益或'全体人员单个地参与'(众意)来定义民主"④。前者旨在公共利益,而后者旨在个人私利,"公意只着眼于公共的利益,而众意则着眼于私人的利益,众意只是个别意志的总和",作为单个人参与政治的目的是使个人私利最大化,甚至不惜牺牲公共利益;而作为全体成员参与政治的目的是促进公共利益,在公共利益增加的前提下增进个人利益。"公意永远是公正的,而且永远以公共利益为依归;但是并不能由此推论说,人民的考虑

---

① [古希腊]亚里士多德:《政治学》,吴寿彭译,商务印书馆1965年版,第400页。
② 王恒:《柏拉图的"克里特远征"》,上海人民出版社2008年版,第68页。
③ 参见《马克思恩格斯全集》第3卷,人民出版社2002年版,第145页。
④ George E. McCarthy, *Marx and Ancients : Classical Ethic, Social Justice, and Nineteen-Century Political Economy*, Rowman & Littlefield Publishers, Inc. 1990, p. 195.

也永远有着同样的正确性。人们总是愿意自己幸福,但人民并不总是能看清楚幸福"①,人民的判断并不永远明智,有时会被个人私利冲昏了头脑,在卢梭看来于是就需要立法者(人民领袖们或社会公仆们)清醒地劝导人民服从于公意,以确保人民保有公共的精神、成为"公民","国家的体制愈良好,则在公民的精神里,公共的事情也就愈重于私人的事情"②。马克思的共产主义不正是要将利己主义的个人改造成在真正的共同体内的"公民"吗?

可以说,能够平衡民主力量的人民领袖的出现,就如同能够牵制人民领袖权力的人民一样,本身就是民主制不可或缺的部分。但遗憾的是,既贤能为公又能平衡民主力量的人民领袖,和素质良好、遵纪守法的人民一样,都十分的罕见难得,所以民主制度在历史上总是历尽曲折反复。卢梭就很感慨地说,"要为人类制订法律,简直是需要神明"③,"如果有一种神明的人民,他们便可以用民主制来治理"④。也许在卢梭看来,马克思的革命实践是一种"造神"运动,既创造神明般的人民领袖又创造神明般的人民,这几乎是不可能实现的事情。尽管如此,马克思却相信,随着生产力的提高,公共财富的增加,分配制度的完善,腐化人民的源泉最终会被克服,共产主义社会的建立之日就是真正的民主制完成之时。即便人民参与政治会出现"多数人的暴政"问题,即便为了防止"多数人的暴政"的出现而倚重平衡民主力量的社会公仆的作用,但在马克思那里,代议制仍然不是马克思的民主理论的原则。平衡民主力量的人物并不代替人民参与政权,不能因为有"多数人的暴政"的危险就拒绝让人民直接参与政治生活。人民只有在直接参与政治生活的过程之中,才能逐渐学会如何更好地参与政治生活;如果因为人民在政治上的不成熟就拒绝人民在政治上发挥作用,人民就永远没有机会在政治上成熟起来了!

---

① [法]卢梭:《社会契约论》,何兆武译,商务印书馆2003年版,第35页。
② 同上书,第120页。
③ 同上书,第50页。
④ 同上书,第86页。

实际上,人民在从利己的个人向民主的公民转变的过程中,既需要理性的、自由的立法者以及贤能为公的社会公仆的平衡,也需要理性的道德宗教对大众的约束,使大众在遵守立法者的理性立法以及遵从于贤能为公的社会公仆的同时,不至于有被束缚和受限制的感觉,以至于对理性的法律和正确的决策进行反抗。这一点,亚里士多德并没有自觉到,它是斯宾诺莎对民主的现代重建的特殊贡献,同时也是斯宾诺莎对马克思的民主理论的特殊贡献之一。从上一章中我们得知,马克思在面向普通民众写作时,将共产主义视为"权利"、"正义"和"真理",虽然他本人认为共产主义只是一个现实的运动,而不是这些道德价值。这说明马克思希望通过建构道德宗教来发起革命,在新世界刚刚建立起来但尚且保留着旧世界的遗迹和残骸之时,用以维持无产阶级专政并使大众在其中得到进一步的理性启蒙,逐渐成熟起来。

综上,我们发现马克思的民主思想与亚里士多德对理想城邦的研究具有一致性,体现了马克思的民主理论对古典民主理论的回归过程。所以麦卡锡说,"作为希腊精神实质的希腊城邦,尤其是亚里士多德为马克思提供了古典的理想"[①],"从雅典卫城看到的风景,为马克思提供了一个在现代自由主义的现实可能性的框架内把古人理想化的机会"[②]。亚里士多德对民主政治的研究,为马克思的民主思想提供了古典来源,也为马克思批判现代资产阶级民主提供了古典支持。但麦卡锡却忽视了斯宾诺莎对于马克思的民主理论的特殊贡献。

第三节 马克思与斯宾诺莎思想中的民主之关联

一般认为,斯宾诺莎是现代自由主义的奠基人之一,他的政治方案

[①] George E. McCarthy, *Marx and Ancients: Classical Ethic, Social Justice, and Nineteen-Century Political Economy*, Rowman & Littlefield Publishers, Inc. 1990, p. 21.

[②] George E. McCarthy (ed.), *Marx and Aristotle*, Rowman & Littlefield Publishers, 1992, p. 2.

所要求的不过是公私领域的划分和思想自由的实现,用马克思的话来说就是"国家从犹太教、基督教和一般宗教中解放出来",即实现"政治解放"。但这种观点却忽视了斯宾诺莎哲学中的"政治解放"与"人的解放",以及马克思的相应的区分与斯宾诺莎之间的关联。并且,这种观点还会将民主的实现仅仅视为政治解放,从而忽视了民主对于人的解放或共产主义的意义。

一、斯宾诺莎与马克思论"政治解放"和"人的解放"

在马克思看来,以自由主义原则为基础所建立的现代国家,所实现的只是"政治解放",即政治国家摆脱了宗教的束缚,国家可以不再信奉宗教,以其本质上所固有的方式即权力的方式运行,而不受宗教的干涉,"当国家从国教中解放出来,就是说,当国家作为一个国家,不信奉任何宗教,确切地说,信奉作为国家的自身时,国家才以自己的形式,以自己本质所固有的方式,作为国家,从宗教中解放出来"。也就是说,政治解放的主体是国家,而不是个人,只是国家从宗教之中解放了出来,而不要求个人摆脱宗教的束缚,所以"政治解放的限度一开始就表现在:即使人还没有真正摆脱某种限制,国家也可以摆脱这种限制,即使人还不是自由人,国家也可以成为自由国家"[①]。

政治解放在斯宾诺莎哲学那里体现得十分明显。斯宾诺莎反对政教合一的"神权政治",反对国教对国家事务的干涉。国家可以利用宗教实现政治统治,但政治统治本身是以权力为基础的运行模式,是国家本质上所固有的方式。国家和宗教只能限制个人的行为,但不能限制个人的思想,因为国家既没有力量干涉个人的思想自由,也因此没有权利干涉个人的思想自由。斯宾诺莎对个人的思想自由的维护,其目的虽出于维护哲学不被政治迫害,但其结果却使宗教信仰在私人领域之中保留了下来。

---

① 《马克思恩格斯全集》第3卷,人民出版社2002年版,第170页。

但是,"思想自由"的实现,只能视为一种阶段性的政治方案即政治解放的实现,但远非斯宾诺莎对人的解放的最终看法。因为,斯宾诺莎明白,思想自由的实现不等于行动的自由,人在私人领域内享有自由但在公共领域内还只是个奴隶。所以,思想自由实现的还只是"半截子"的自由,还不是人的自由的彻底实现。

在斯宾诺莎那里,人的自由的彻底实现,即人的解放是什么状态呢?在斯宾诺莎看来,人的自由在于"对神的理智之爱",在于哲学的沉思。他说,"凡是仅仅由自身本性的必性而存在、其行为仅仅由它自身决定的东西叫做自由(libera)"①,而这种自由只有理性的沉思才能够实现,因为除理性之外,其他任何状态都必然受到外在事物的束缚,所以"只要是在理性指导下生活的人,我便称他为完全自由的人"②。而如果所有人都是自由人即理性的人的话,那么国家就成为多余的存在了,因为国家的目的就是促进每个人的理智的发展,就是促进自由,"政治的真正目的是自由"③。而当国家的目的实现之时,国家的消亡也就不可避免了。所以说,国家的消亡是斯宾诺莎的"暗示的方案","斯宾诺莎的'暗示的方案'(implicit program)可以表述为'民众如此彻底地受他们的利益共同体的、理性理解的统治,以至于国家作为强制的力量可以消亡了'。但它只是斯宾诺莎的暗示方案,因为它仅仅是他所希望发生的事情,而不是他所预料能够发生的事情"。斯宾诺莎对民众的智慧不打包票,他只是暗示了一种可能性,即民众可以通过理性的法律的逐渐内化,从而成为理性的自由人,但他不认为这是历史发展的必然结果。而斯宾诺莎所暗示的方案,在马克思那里却变得明显了(explicit),"针对斯宾诺莎所指出的自由国家的道德缺陷,马克思相信,自由国家将最终被消除和超越,并且

---

① [荷]斯宾诺莎:《伦理学》,贺麟译,商务印书馆1958年版,第2页。
② [荷]斯宾诺莎:《政治论》,冯炳坤译,商务印书馆1999年版,第16页。
③ [荷]斯宾诺莎:《神学政治论》,温锡增译,商务印书馆1963年版,第272页。

由共产主义社会取代"①。马克思虽然认为政治解放是一大进步,但他仍然不满于自由主义的现代国家的"半截子"的自由,但却以与斯宾诺莎相反的方式提出来:

> 在政治国家真正形成的地方,人不仅在思想中,在意识中,而且在现实中,在生活中,都过着双重的生活——天国的生活和尘世的生活。前一种是政治共同体中的生活,在这个共同体中,人把自己看作社会存在物;后一种是市民社会中的生活,在这个社会中,人作为私人进行活动,把他人看作工具,把自己也降为工具,并成为异己力量的玩物。政治国家对市民社会的关系,也像天国对尘世的关系一样,也是唯灵论的。②

在马克思看来,在实现了政治权利和政治自由的政治国家领域中,人是自由的;但在私人领域的市民社会中,人与人之间充满了压迫和剥削,充满了奴役和束缚。在现代国家中,人就生活在这样的双重生活之中:在市民社会中人是奴隶,而在政治国家中则是自由人。这是一种"半截子"的自由,甚至这种"半截子"的自由也是虚构的、想象的:如果没有市民社会中的自由,政治国家中的自由则注定是虚构的、"非现实的普遍性",如同宗教中的天国一般。所以,要想彻底实现人的自由或人的解放,就必须使政治国家与市民社会的划分得以取消,就必须使政治国家消亡于市民社会之中,"只有当现实的个人把抽象的公民复归于自身,并且作为个人,在自己的经验生活、自己的个体劳动、自己的个体关系中间,成为类存在物的时候,只有当人认识到自身'固有的力量'是社会力量,并把这种力量组织起来因而不再把社会力量以政治力量的形式同自身分离的时候,只有到了那个时候,人的解放才能完成"③。政治国家消

---

① Joel Schwartz, "Liberalism and the Jewish Connection: A Study of Spinoza and the Young Marx", in *Political Theory*, Vol. 13, No. 1 (Feb., 1985), p. 72.
②《马克思恩格斯全集》第 3 卷,人民出版社 2002 年版,第 172—173 页。
③ 同上书,第 189 页。

融于市民社会之中,并不是说就连政治国家中的平等和自由也要消亡掉,相反,马克思是要让政治国家中的平等和自由扩展到市民社会之中,使市民社会中的个人之间也能建立起平等、自由的关系。

因此,无论是斯宾诺莎还是马克思,都认为人的自由的真正实现即人的解放的实现必然要求国家的消亡。但斯宾诺莎与马克思不同的是,他对人的解放的实现并不抱有乐观的态度,而马克思则认为人的解放即共产主义的实现是随着生产力的进步,以及无产阶级的阶级意识的增强,必然实现的新纪元。

具体来说,斯宾诺莎与马克思之间的差异,在于他们对大众的看法的不同。斯宾诺莎保留了少数与多数、智者与俗众之间的古典划分,认为少数与多数之间、智者与俗众之间的鸿沟几乎难以消除;而马克思则认为大众或无产阶级能够在实际的革命运动之中得以成长,最终抛弃自身与少数智者之间的差异。马克思说,"无论为了使这种共产主义意识普遍地产生还是为了实现事业本身,使人们普遍地发生变化是必需的,这种变化只有在实际运动中,在革命中才有可能实现;因此,革命之所以必需,不仅是因为没有任何其他的办法能够推翻统治阶级,而且还因为推翻统治阶级的那个阶级,只有在革命中才能抛掉自己身上的一切陈旧的肮脏东西,才能成为社会的新基础"[①]。但实际上,这可能只是马克思一厢情愿的"自打包票",而很难以实际的经验来证明。施米特说马克思对于"资产阶级的最后时刻"的必然到来的证明是一种"黑格尔理性主义特有的自打包票(Selbstgarantie)",因为在他看来,马克思的论证逻辑是:"历史发展意味着不断上升的意识,对这种意识本身的确信被用来证明这意识自身——意味着它是正确的"[②]。马克思是用一种确信来证实某种意识,他坚信"最后时刻"的必然到来,并用这种坚信来证明它的必然到来。马克思的问题归根结底在于,这种"最后时刻"属于未来的某个

---

① 《马克思恩格斯选集》第 1 卷,人民出版社 1995 年版,第 91 页。
② [德]施米特:《政治的浪漫派》,冯克利、刘锋译,上海人民出版社 2004 年版,第 207 页。

时刻,但当下的人们包括马克思本人都缺乏对它的经验,而马克思却把对这种缺乏经验的未来时刻的主观确信误认为是客观事实的必然趋势。所以克罗波西(Joseph Cropsey)说,"马克思的唯物主义以主张考虑经验的人开始,却自相矛盾地以没有经验根据或先例的社会处方而告终"①。但是,反过来认为马克思主义100多年的历史经验已经证明了"人性不可满全"②,这也是不可取的。因为人性是否能够满全这个问题本身就是不可证实也不可证伪的:100多年的历史经验只能证明迄今的人性不能满全,却不能证明今后的人性能否满全。所以,正确的态度就是搁置和沉默,对这样不能用经验事实证实证伪的命题不作回答,因为任何回答无论是肯定的还是否定的,都是一种信仰或主观确信的、绝非理性的态度所为。

在这一点上,斯宾诺莎的态度是可取的,他虽然根据历史经验认为智者与俗众之间的鸿沟很难消除,却并不否决鸿沟消除的可能性,并为这种可能性提供理性的支持。但我们也不能过分强调他所暗示的可能性,认为"他否定了市民社会与国家之间的区分,这种区分是生产关系的意识形态的另一种功能性的虚构"③。奈格里把斯宾诺莎所暗示的可能性视为后者的真实教诲,这就势必抹杀斯宾诺莎对市民社会自由的伸张。他不理解,在斯宾诺莎看来,国家的消亡只是一种可能性,甚至是一种不大可能实现的"抽象的可能性",也就是说,斯宾诺莎根本就否认国家消亡的必然性。

二、斯宾诺莎的民主与马克思的共产主义之关联

一般认为,民主只是马克思早年的政治理想,尤其体现在《黑格尔法

---

① [美]施特劳斯、克罗波西编:《政治哲学史》,李天然等译,河北人民出版社1993年版,第933页。
② 徐长福:《马克思主义研究的学术化探索》,社会科学文献出版社2010年版,第167页。
③ Antonio Negri, *The Savage Anomaly : The Power of Spinoza's Metaphysics and Politics*, translated by Michael Hardt, University of Minnesota Press, 1991, p.140.

哲学批判》手稿之中马克思对黑格尔的立宪君主制的批判上；随着马克思思想的发展，马克思逐渐放弃了民主理想，转而成为共产主义者。但是从本章第二节中我们看到，马克思的无产阶级专政乃至共产主义社会其实都与古希腊尤其是亚里士多德的民主制度紧密相联，马克思并没有因为成为共产主义者就放弃了民主理想，相反，"马克思的社会主义与共产主义概念是从他早年信靠共产主义之前所持有的民主概念中引申出来的"，或者说，"按马克思的理解，在共产主义之中，民主被维持并提升到更高的意义之上"。① 在马克思那里，共产主义不是对民主的否定抑或替代，而是民主发展的最高阶段，是民主的最终实现形态，真正的民主与共产主义之间并没有本质上的区别。

虽然马克思的民主思想与亚里士多德的民主理想具有紧密的联系，但仍然无法否认在民主方面斯宾诺莎对马克思的影响，因为马克思的思想受到多方面的影响是必然的，19 世纪的德国不仅古典教育盛行，而且启蒙思想更是渐为主导。那么，斯宾诺莎对马克思的影响，相比其他启蒙思想家来说又有什么独特之处呢？吕贝尔认为，"在斯宾诺莎的民主观中，马克思发现了他在黑格尔的政治哲学以及卢梭的《社会契约论》中不曾发现的东西，即提供给个人调和其社会存在（social existence）与自然生活（natural life）的机会"②。斯宾诺莎在他的《神学政治论》中表达得很清晰，"在所有政体之中，民主政治是最自然，与个人自由最相合的政体"③。如果说"马克思著作中的一个根本问题，即个人与共同体的关系问题"④的话，那么斯宾诺莎以民主政体的方式解决自然状态下的个人

---

① See M. Rubel, "Notes on Marx's Conception of Democracy", in Bob Jessop and Brown Charlie Malcolm (ed.), *Marx's Social and Political Thought: Critical Assessment*, vol. 3, Routledge and Kegan Paul, 1990, pp. 327 – 328.
② M. Rubel, "Notes on Marx's Conception of Democracy", in Bob Jessop and Brown Charlie Malcolm (ed.), *Marx's Social and Political Thought: Critical Assessment*, vol. 3, Routledge and Kegan Paul, 1990, pp. 319 – 320.
③ ［荷］斯宾诺莎：《神学政治论》，温锡增译，商务印书馆 1963 年版，第 219 页。
④ ［美］古尔德：《马克思的社会本体论：马克思社会实在理论中的个性和共同体》，王虎学译，北京师范大学出版社 2009 年版，第 2 页。

与社会状态下的国家之间的矛盾关系,为马克思解决个人与共同体之间的关系问题,提供了启迪,甚至可以说,民主也是马克思解决个人与共同体之间关系问题的钥匙。

从上一节我们得知,斯宾诺莎的自然状态其实是民主的原初状态,因为在自然状态中每个人都仅仅服从于自己的法则;而在民主社会中,每个人都仅仅服从于他们全体一致认定或制定的法则,所以仍然如同在自然状态之中一样,仅服从于自己的法则,"这样,所有的人仍然是平等的,与他们在自然状态之中无异"①。马克思也以此为公社、为无产阶级专政辩护,"如果人自己统治自己,那么按照这个原则,他就不是统治自己;因为他只是他自己,而不是别人"②。无产阶级专政是作为大多数人的无产阶级及其联盟对极少数人的专政,而大多数人的统治本身就是一种民主,所以无产阶级专政本身就是一种民主政体。在无产阶级专政之中,每个人都只服从于自己,因此它是一种"真正的共同体","在真正的共同体的条件下,各个人在自己的联合中并通过这种联合获得自己的自由"③。

不仅如此,在斯宾诺莎看来,既然自然状态是民主的一种原初状态,而其他政体如君主制和贵族制都是从自然状态既原初民主之中通过社会契约产生的,那么就可以说民主是其他政体的母体和源泉,"民主是所有政体的本质,是人们将之社会化为特殊的政治体制。民主是(如其曾是)其他政治形式的旧约(the Old Testament)"④。如同斯宾诺莎的形而上学在处理实体与样态之间的关系时一样——样态是实体的分殊,所以实体是样态的本质,样态只有通过实体才能得以存在并被认识——民主是其他政体的实体,其他政体是民主的样态,所以,民主相对于其他政体

---

① [荷]斯宾诺莎:《神学政治论》,温锡增译,商务印书馆1963年版,第219页。
② 《马克思恩格斯文集》第3卷,人民出版社2009年版,第406页。
③ 《马克思恩格斯选集》第1卷,人民出版社1995年版,第119页。
④ M. Rubel, "Notes on Marx's Conception of Democracy", in Bob Jessop and Brown Charlie Malcolm (ed.), *Marx's Social and Political Thought: Critical Assessment*, vol. 3, Routledge and Kegan Paul, 1990, p. 320.

而言,具有绝对的正当性。因此,马克思说:

> 正如同不是宗教创造人,而是人创造宗教一样,不是国家制度创造人民,而是人民创造国家制度。在某种意义上,民主制对其他一切国家形式的关系,同基督教对其他一切宗教的关系是一样的。基督教是卓越超绝的宗教,宗教的本质,作为特殊宗教的神化的人。**民主制也是一样,它是一切国家制度的本质,作为特殊国家制度的社会化的人。**①(黑体为引者所加)

民主是一切国家制度的本质,马克思很显然是受斯宾诺莎的影响才出此言论的。个体与共同体之间的关系问题的关键在于,个人如何才能既服从于共同体,又能保持个人的自由即只服从于自己。马克思与斯宾诺莎的答案都是民主,即认为共同体是所有个人集体建构的结果,并且共同体又反过来尊重并促进个人的自由,所以个人即使服从于共同体,也如同服从于自己一般。

与斯宾诺莎和马克思相比,黑格尔的政治哲学以及卢梭的《社会契约论》则更加强调个人对国家或共同体的服从。在黑格尔看来,"国家是地上的精神",是"自由的现实化",②而个人只有成为国家的成员、服从于国家时,才是自由的。在卢梭看来,国家是公意的产物,而公意是不可错的,任何人都必须服从于公意,并且因为服从于公意而获得自由,因为你自己的意志同时也是公意的一部分,所以自由就是服从于公意。这样,为了使人获得自由,"任何人拒不服从公意的,全体就要迫使他服从公意"③,公意赋予了国家强迫他人获得自由即服从于国家的绝对权利。

卢梭就因此产生了"强迫他人去自由"的悖论(这一点对于黑格尔也是成立的),正如伯林(Israel Berlin)所说,"公意差不多是一个庞大的、超个人的实体的拟人化意愿,这个实体被称为'国家',它现在不再是霍布

---

① 《马克思恩格斯全集》第 3 卷,人民出版社 2002 年版,第 40 页。
② 参见[德]黑格尔《法哲学原理》,范扬、张企泰译,商务印书馆 1961 年版,第 258 页。
③ [法]卢梭:《社会契约论》,何兆武译,商务印书馆 2003 年版,第 24 页。

斯笔下的那个压倒一切的利维坦,而更像一个团队,一个教会,多样性中的统一性,比'我'更大的东西,我将自己的个性沉浸其中,只是为了再次发现它"①。在卢梭那里,公意是单一性,它就是理性本身,它一旦产生就决不允许任何争吵和争辩的产生;它就是真理本身,它具有绝对的权威性和神圣性,任何个人都决不能违犯它、反抗它。所以卢梭的民主又被称为"极权式的民主",②或用施米特的话来说就是"理性主义专政"(rationalistsche Diktatur),"专政就是不摆平衡、没有商量、不容置辩。它与辩论、制衡,进行有原则的协商即资产者自由主义相对立"③。

与卢梭不同,斯宾诺莎虽然也强调个人应该服从于理性和公共利益,但他的民主,无论是父权色彩的第二种民主,还是理想中的"自由的大众"的民主,都十分强调争辩和协商的重要性,强调个人在政治国家生活中的独特性。在奈格里看来,斯宾诺莎与卢梭之间在此的差异源于,在斯宾诺莎那里并不存在市民社会与政治国家之间的区分,而霍布斯—卢梭—黑格尔传统对市民社会与政治国家之间的区分所造成的结果就是外在的主权权力(sovereign power)的形成以及"权力的神秘化"(mystify its Power)。④ 即主权权力像宗教中的上帝一样发出绝对的命令,要求市民社会的生产性力量即大众的力量(power)屈从于它,如此就会产生卢梭式的"民主的君主制"(democratic monarchy),⑤即以民主的外观包装下的极权和专制的制度,而非真正的民主政体。斯宾诺莎的民主制则是个体力量的内在建构,每个人的权利并没有转让给主权权力,更确切地说,外在性的主权权力在斯宾诺莎意义上的民主制中从未形

---

① [英]伯林:《自由及其背叛:人类自由的六个敌人》,赵国新译,译林出版社2005年版,第45页。
② 参见洪镰德《马克思和恩格斯对民主理论与实际的析评》,载张福建、苏文流主编《民主理论:古典与现代》,台北:"中央研究院",1995年,第97页。
③ [德]施米特:《政治的浪漫派》,冯克利、刘锋译,上海人民出版社2004年版,第201—202页。
④ See Antonio Negri, *The Savage Anomaly: The Power of Spinoza's Metaphysics and Politics*, translated by Michael Hardt, University of Minnesota Press, 1991, p. 200.
⑤ See Antonio Negri, *Subversive Spinoza*, edited by Timothy S. Murphy, Manchester University Press, 2004, p. 31.

成,"只有力量(即自由)是无可反对的,并且只有力量建构共同性(common)"①。奈格里对斯宾诺莎民主概念的论述,是十分符合马克思的共产主义概念的,或者说,奈格里其实就是用马克思的共产主义概念来理解斯宾诺莎的民主概念的。

但是无论是施米特还是洪镰德,都认为马克思的学说之中也具有卢梭式的"极权式民主"或"理性主义专政",只不过马克思的历史规律代替了卢梭的公意的位置,并且马克思以历史规律的名义建立了一个专政国家,并以暴力威胁作为少数人的资产阶级服从于作为多数人的无产阶级;恰如在卢梭那里,国家有权利强制少数人的意志服从于公意一样。他们的解释有一定的道理,至少作为在资本主义社会与共产主义社会之间的过渡时期的无产阶级专政,其任务就是用武力去镇压无产阶级的敌人。但是,无产阶级专政镇压敌人的目的却是建立一个无阶级的社会,而且只有在没有阶级的划分、没有阶级利益的分裂、没有阶级斗争的社会里,真正的民主制度才能够实现。

相反,在一个阶级社会里,阶级利益的分裂阻挠了社会共同利益的形成,在缺乏社会共同利益的前提下的民主也必然是不充分的,甚至是虚伪的。正如伯林所说,"在一个阶级分化的社会里,原则上不能彼此理解、实际上试图互相消灭的团体之间不可能存在理性的妥协"②。而一个民主的社会所需要的恰恰是相互之间的协商和妥协。因此,胡克(Sidney Hook)解释说,"在真正的民主政治——其形成是因为经济上阶级划分的消失,产生了各种利益的同质性——中,少数派在经过讨论和决议之后,自愿地使自己服从多数派。而在阶级的民主政治——不论它是资产阶级的还是无产阶级的——中,则不存在有社会同质性的各种前提条件,而社会则分裂为两个不可调和的敌对阵营"③。也就是说,在阶级的

---

① Antonio Negri, *Spinoza for Our Time: Politics and Postmodernity*, translated by William McCuaig, Columbia University Press, 2013, p. 10.
② [英]伯林:《现实感:观念及其历史研究》,潘荣荣、林茂译,译林出版社2004年版,第151页。
③ [美]悉尼·胡克:《对卡尔·马克思的理解》,徐崇温译,重庆出版社1989年版,第59页。

社会里，要么只有代议制的民主，要么只有暴力冲突而不存在民主讨论和决议的可能性。马克思的无产阶级专政，就是要"剥夺剥夺者"，即"把现在主要用作奴役和剥削劳动的手段的生产资料、土地和资本完全变成自由的和联合的劳动的工具，从而使个人所有制成为现实"①。可以说，消灭剥削，消除阶级斗争，就是为了建立一个真正能够协同合作的民主制，"马克思的理论确认了所有资本主义社会中压迫的统治阶级，并且呼吁阶级斗争和暴力革命以获得一个更加协同的(cooperative)政制——这些是自由主义的社会理论专横地欲于消除的东西"②。

在此我们发现，马克思废除资产阶级私有制的目的是实现"个人所有制"；马克思并没有要求建立全社会所有物质财富的公有制，公有化的只是作为资本的生产资料(地产、工厂、运输业、国家银行)，公有化的目的却是要建立个人所有制，资本之外的个人所有权正是马克思维护的对象。马克思之所以要求征收高额累进税以及废除继承权，③其实就是担心个人所有的生活资料通过世代积累而产生资本。马克思在处理个人与共同体之间的关系时，个体一直都是他关注和维护的对象。在这里我们也能看到斯宾诺莎对马克思的影响。马克思与斯宾诺莎一样，把个人与共同体之间的关系当做自己的主要论题，这本身就表明了他们不想用共同体来减损个人的自由，而是要以共同体的方式促进个人的自由。马克思(与恩格斯)说，"代替那存在着阶级和阶级对立的资产阶级旧社会的，将是这样一个联合体，在那里，每个人的自由发展是一切人的自由发展的条件"④，而不是相反，一切人的自由发展是每个人的自由发展的条件。马克思不是说共同体的发展是个人的自由发展的条件，从而促使个人绝对地服从于共同体的利益；而是说，个人的自由发展是共同体发展

---

① 《马克思恩格斯选集》第3卷，人民出版社1995年版，第294页。
② Alan Gilbert, "Political Philosophy: Marx and Radical Democracy", in Terrell Carver (ed.), *The Cambridge Companion to Karl Marx*, Cambridge University Press, 1991, p.168.
③ 参见《马克思恩格斯选集》第1卷，人民出版社1995年版，第293页。
④ 同上书，第294页。

的条件和目的。无产阶级专政是一种民主,但不是一种"极权式的民主",它强调的不是个人对共同体的绝对服从,而是共同体作为个人自由发展的手段绝对服从于个人自由发展这一目的。无产阶级专政是一种专政,但其专政的目的是要建立真正的民主,是想以社会经济改革形成真正的共同利益,为民主的实现打下坚实的经济基础;它不是以历史规律的名义实行统治,而是以民主的方式实现每个人自由而全面的发展。因为从马克思笔下的巴黎公社那里,我们看到的是每个人都超越于私人领域,积极参与公共生活,通过普选、监督和决策实现自我统治和自我管理,而其前提就是每个人都要在公社里共同协商、共同决策,否则公社与普选就是一纸空言。

因此,斯宾诺莎和马克思都不是伯林所批判的"理性一元论者",即"认为只有一个目的或一系列不冲突的目的才是理性的,以及由此得到的推论,即理性的不一致只能影响到手段"①,并以此为理由抹杀个人之间的多元性和多样性。实际上,马克思的共产主义社会是一个更加多元化、更加需要民主的社会秩序。因为共产主义打破了固定化的劳动分工,使每一个人都可以根据自己的需要和爱好自由地发展自己,"在共产主义社会里,任何人都没有特殊的活动范围,而是都可以在任何部门内发展,社会调节着整个生产,因而使我有可能随自己的兴趣今天干这事,明天干那事,上午打猎,下午捕鱼,傍晚从事畜牧,晚饭后从事批判,这样就不会使我老是一个猎人、渔夫、牧人或批判者"②。在斯宾诺莎那里,理性就是行动仅仅出于自身的本性,这种很难用一元或多元来定性。人与人之间有其共同性也有其个性,行动仅仅出于自身本性,意味着行动不仅仅出于其共同性,也出于其个性。每个人的需要和爱好不同,在共产主义社会中的人必然是多元的,那么社会如何调节多元性需要的人从事自己想做的事情呢?这恐怕就需要民主的原则,理性协商、相互妥协,否

---

① [英]伯林:《现实感:观念及其历史研究》,潘荣荣、林茂译,译林出版社2004年版,第134页。
② 《马克思恩格斯选集》第1卷,人民出版社1995年版,第85页。

则如此多元化的社会根本无法有序维持,因此伊格尔顿(Terry Eagleton)说,"共产主义恰恰鼓励人们发展各自的天赋,共产主义的世界也因此必将更加发散、多元和不可预测"①。这种多元化的发展使共产主义或社会主义无法消除人与人之间的冲突,因为"如果社会主义意味着每个人都能最大限度地参与社会生活,那么随着越来越多的人加入社会交流之中,人与人之间的冲突只能增加,绝不会减少。共产主义不能消灭争端,只有真正的历史终结才可以"②。也正是由于人与人之间存在着争端和冲突(而这种争端和冲突并非导致社会分裂的阶级矛盾),所以才需要民主,才需要协商和妥协,恰如斯宾诺莎认为只有在民主中争吵才能维持自由一样。正是因为每个人的行动都仅仅出于自身本性,而其本性又包含着共同性和个性,因此,每个人都是理性的、自由的民主社会的一分子,民主就是一种"从心所欲而不逾矩"的状态。

然而无论是斯宾诺莎还是马克思都认为,大众民主的建立对大众的要求都太高了,用卢梭的话来说,"如果有一种神明的人民,他们便可以用民主制来治理。但那样一种十全十美的政府是不适于人类的"③。对于目前的大众来说,将他们提高到高度理性和德性的境界是十分困难的,我们不能期待大众能够从自我的个体自行地通达内在的神性。在一个日益世俗化、拜物教化的现代社会中,个体都在追求自我利益的最大化,民主所需要的高度的公共精神就显得更加不可能了,"在日益世俗化、理性化的现代社会发展进程中,自由的个体人所持有的理性愈来愈受追求自我利益最大化的经济理性的影响"④。

所以,斯宾诺莎和马克思都认同少数理性的自由人或贤能为公的社会公仆对于民主的建构所起的作用。很多批评者认为这种作用是违背民主精神的,但少数理性的自由人或贤能为公的社会公仆就其对于整体

---

① [英]伊格尔顿:《马克思为什么是对的》,李扬等译,新星出版社2011年版,第108页。
② 同上书,第93页。
③ [法]卢梭:《社会契约论》,何兆武译,商务印书馆2003年版,第86页。
④ 刘森林:《物与无:物化逻辑与虚无主义》,江苏人民出版社2013年版,第94页。

利益或每一个人的利益的增益上来讲,其实是符合民主原则的。但大众对少数理性的自由人或贤能为公的社会公仆的决断服从,就必然需要一种道德宗教来维持。温情脉脉的道德宗教帮助大众服从于严厉而理性的法律和命令,以使理性的法律逐渐内化为大众自身的意志。

另一方面,斯宾诺莎和马克思都强调大众的参与、民主的争吵与少数理性的自由人或觉悟的先进分子相结合,还有一项共同目的,就是让大众参与监督后者的执政,以免权力的异化。理性的自由人从理论上来讲是不可能只为一己之私的,但谁也不能保证在现实的实践中有人能够永远达到如此的觉悟。因此单纯依赖于少数理性自由人或贤能为公的社会公仆来建构民主,从实践上来说,是不够现实的。历史上的无产阶级专政(尤其是苏联的无产阶级专政),确实曾经是少数理性人贤能为公的民主,但也确实扮演过"极权式的民主"和"理性主义专政"的角色。当社会主义苏联和中国在无产阶级政党的领导下,实现民族独立、国家富强、人民安居乐业时,国家是民主的;但当苏联共产党的少数领导人为一己之权力而清除异己,政党腐败、经济停滞、人民生活困苦,却还在向人民言说着历史规律必然导致社会主义,社会主义必然是共产党领导时,国家就是极权的、专制的。

但从理论上来说,马克思的无产阶级专政理论并不必然导致苏联的无产阶级专政的实践。例如库诺(H. Cunow)曾说,"马克思和恩格斯所说的'无产阶级专政'和布尔什维克意义的苏维埃专政是毫无共同之处的。苏维埃专政根本不是俄国整个无产阶级的统治,而仅仅是无产阶级政党的少数或者是某些领导人的集团的专制统治"①。苏联的社会主义实践并不符合马克思的理论期待,革命的成功并没有锻造出抛掉自身肮脏的东西的"新人"来,而且苏联也并没有像巴黎公社那样赋予每个人以普选的权利,大众被排斥在政治之外,所以国家不仅没有随着革命的成

---

① [德]库诺:《马克思的历史、社会和国家学说:马克思的社会学的基本要点》,袁志英译,上海译文出版社 2006 年版,第 332 页。

功而消失,反而转变成压迫和奴役的机器。

总之,马克思对政治解放与人的解放的区分,以及民主与人的解放之间的关系的理解,从根本上并没有超出斯宾诺莎,只不过斯宾诺莎并不保证人的解放的最终实现,即国家消亡、人性满全的实现,而马克思则根据历史发展的逻辑,预设或预言了人的解放的实现。

结语：斯宾诺莎哲学作为理解马克思宗教批判与政治哲学的特殊思想资源

马克思的思想具有十分深厚的思想底蕴和十分丰富的思想资源，正如阿尔都塞所说，马克思"是在他的前辈的那些至关重要的思想中思考的：伊壁鸠鲁、斯宾诺莎、霍布斯、马基雅维利（说实话是部分地）、卢梭和黑格尔"[①]。可以说，我们只有把马克思置于西方古典与现代的思想传统之中，才能很好地把握马克思的思想。

那么，斯宾诺莎之于马克思，与伊壁鸠鲁、卢梭和黑格尔，以及亚里士多德、霍布斯和费尔巴哈等人之于马克思相比又有什么特别之处呢？

（1）马克思的意识形态批判和共产主义理论就是对斯宾诺莎的宗教批判和民主思想的继承和发展。

首先，马克思对斯宾诺莎《神学政治论》的阅读，促使马克思在研究宗教时，像斯宾诺莎一样将宗教问题与政治问题相互关联起来，将神圣的宗教置于世俗的政治和经济领域之中加以研究。也正是由于马克思对斯宾诺莎的《神学政治论》的关注，所以才对费尔巴哈感到不满，"他强调自然过多而强调政治太少"[②]。这一点却是亚里士多德、伊壁鸠鲁和康

---

① [法]阿尔都塞：《来日方长——阿尔都塞自传》，蔡鸿滨译，上海人民出版社2013年版，第225页。
② 《马克思恩格斯全集》第47卷，人民出版社2004年版，第53页。

德所不能给予马克思的。

虽然斯宾诺莎把宗教或迷信视为人的无知和想象的产物,这是伊壁鸠鲁和霍布斯都持有的观点,但是伊壁鸠鲁和霍布斯并未像斯宾诺莎那样,认为宗教或迷信源于人在国家和社会生活中的不幸,也正是这一点被马克思继承了。另外,斯宾诺莎还把宗教或迷信视为专制统治的精神工具,这对于马克思把宗教视为维护统治阶级利益的意识形态来说,是一个非常重要的思想来源。可见,在马克思的意识形态理论的形成过程之中,斯宾诺莎在其中所起到的作用十分巨大,以至于阿尔都塞把斯宾诺莎视为马克思在哲学上的"唯一的祖先"①。

其次,关于现代伦理生活的建构、人的解放的实现,以及个体与共同体之间关系的处理,马克思和斯宾诺莎一样,都选择了"民主的现代重建"方案,即在回应现代民主理论对古代民主的批判和质疑的同时对古代民主加以重建。可以说,马克思对民主的理解,乃至马克思的共产主义图景,都与斯宾诺莎的民主理想或理想中的民主概念息息相关。与霍布斯和黑格尔支持君主制不同,亚里士多德和卢梭对民主的理解当然对马克思的民主思想具有影响,但亚里士多德和卢梭式的民主国家都十分强调城邦或公意相对于个体而言的重要性,从而多少忽视了个体在民主中的作用。

在斯宾诺莎看来,自然状态是民主的第一种形态,或者可以称之为原初民主,而其他政体如君主制和贵族制都是从原初民主之中衍生出来的;就像斯宾诺莎形而上学中的实体与样态之间的关系一样,样态从实体之中分殊出来,民主制可以视为君主制和贵族制的实体或本质,用马克思的话来说,民主制是君主制的真理。这样,相对于君主制和贵族制,民主制在斯宾诺莎和马克思那里取得了绝对的合法地位。不仅如此,当马克思的共产主义要求取消政治国家和市民社会的划分,要求政治国家

---

① [法]阿尔都塞、巴里巴尔:《读〈资本论〉》,李其庆、冯文光译,中央编译出版社2001年版,第114页。

的消亡,而斯宾诺莎将国家的目的确定为实现理性和自由时,就已经暗示了民主的实现之时就是国家的消亡之日,因为理想的民主就是理性的自由大众的自我统治和自我管理,国家在真正的民主实现之时就变得没有必要了。用马克思的话来说,"在真正的民主制中政治国家就消失了"①。斯宾诺莎的民主和马克思的共产主义(国家消解于社会之中)实际上都是对亚里士多德式的古代民主(国家与社会尚未区分的城邦)的现代重建,同时回应了现代民主理论对于古代民主的批判和质疑(对个体自由的践踏、大众理智水平的低下等)。斯宾诺莎的民主和马克思的共产主义都要求个体在其中获得自由的实现,大众的理智则在理性立法的内化过程或革命的自我改造过程中逐步提高。

(2)马克思不仅在宗教批判中继承并发展了斯宾诺莎的阅读方法,而且在为民主的现代重建而积极行动中,意识到了斯宾诺莎的道德宗教的重要性,继承并模仿了斯宾诺莎的双重写作的方法。

首先,斯宾诺莎对圣经的阅读直接影响了马克思的阅读方法,使马克思无论是对斯宾诺莎、伊壁鸠鲁,还是对黑格尔的阅读,都带有了破除阅读的神话的特点。斯宾诺莎对圣经的阅读就是在破除圣经的宗教神话,将圣经的叙事转变为对世俗的历史事件的记录。马克思则不满于斯宾诺莎和其他作者呈现给读者的自觉体系,并从中探寻他们的自在体系。斯宾诺莎的阅读方法为马克思提供了反思和批判社会生活一切领域的神或神话的工具和武器。

其次,马克思还继承了斯宾诺莎双重的写作方法。"一般认为,人们怎么读就怎么写……通过研究作者的阅读习惯,我们就有可能在某种程度上预先了解他的写作习惯"②。既然马克思的阅读是双重的,那么他的写作也可能是双重的,马克思的著作之中也可能存在着两个结构。马克思的著作中的道德词汇和道德义愤,可以视为马克思为了吸引无产阶级

---

① 《马克思恩格斯全集》第 3 卷,人民出版社 2002 年版,第 41 页。
② [美]施特劳斯:《迫害与写作艺术》,刘锋译,华夏出版社 2012 年版,第 137 页。

(大众)投入革命实践而自觉采取的策略,可以视为马克思面向公众的"显白教诲"或"外在结构"。与此同时,马克思对道德的意识形态批判才是为少数具有现实的眼光和倾向的"觉悟的无产阶级"言说的"内在结构"。

马克思在将宗教批判扩展到社会生活其他领域的过程之中,其革命策略有所转变,即马克思放弃了先通过哲学的批判作用将现实的无产阶级改造为"新人",然后通过这些"新人"去改造世界的革命策略。马克思的革命策略转变为,先吸引无产阶级投入革命实践中去,然后在革命实践之中实现无产阶级的自我改变。这种革命策略的转变使马克思的首要使命变成了吸引大众投入革命实践中去,而要吸引大众就必须俯就大众的理解力和大众对道德的需求,所以马克思就不得不在其著作之中添加道德词汇和道德义愤。

革命策略的转变,虽然使无产阶级革命如火如荼地开展着,但同时也产生了这样的误解,即马克思是由于资本主义的罪恶以及无产阶级的苦难,所以才根据天命(历史规律)来预言资本主义的必然灭亡的。亦即马克思是一位宗教先知,而马克思主义是一种宗教。这种误解一方面源于马克思革命策略的转变,即革命要想成功,马克思主义就必须呈现出(道德)宗教的外观,或起到(道德)宗教的作用。实际上马克思主义自诞生以来,在指导革命实践的过程中就一直起着这种作用。因为现代启蒙以来,尤其是马克思的宗教批判之后,宗教已然被"驳倒"在地,马克思主义者不再可能利用宗教来吸引大众、发起革命。为了使革命成为可能,马克思主义本身就必然要充当(道德)宗教的角色、发挥(道德)宗教的作用。但是,如果人们意识不到马克思从斯宾诺莎那里继承来的双重写作,没有意识到马克思的道德词汇的运用和道德义愤的出现实际上只是马克思著作的"外在结构"或显白的部分,从而把马克思的道德义愤和道德词汇当作其思想的根本的话,那么马克思主义的哲学思辨性就必然会遭到败坏,并且更加坐实了马克思主义的宗教之名,以及马克思的宗教先知之身份。这也正是当下学者在处理马克思与正义关系时所出现的问题。

最后,区分马克思的双重写作并不意味着要彻底否定其外在的、显白的一面,共产主义作为道德理想或理性的道德宗教,作为大众为之奋斗的目标,可以有效阻止激进启蒙的道德批判所带来的道德空场或价值虚无主义。否定马克思的"显白教诲"或"外在结构",就是对马克思的双重写作的另一种否定。马克思对道德的批判一旦成为其启蒙大众的显白教诲的话,马克思主义就会难免损害大众的道德生活,并且无益于对现代性的物化和虚无问题的克服。可见,以斯宾诺莎的写作方法来理解马克思的双重写作,以及为马克思的著作划分出"隐微"和"显白",或者"内在结构"和"外在结构",是十分必要的。

主要参考文献

一、马克思/恩格斯著作

1. 马克思恩格斯全集. 第 1 卷. 人民出版社,1995,2 版
2. 马克思恩格斯全集. 第 2 卷. 人民出版社,1957
3. 马克思恩格斯全集. 第 3 卷. 人民出版社,1960
4. 马克思恩格斯全集. 第 3 卷. 人民出版社,2002,2 版
5. 马克思恩格斯全集. 第 4 卷. 人民出版社,1958
6. 马克思恩格斯全集. 第 6 卷. 人民出版社,1961
7. 马克思恩格斯全集. 第 26 卷. 人民出版社,2014,2 版
8. 马克思恩格斯全集. 第 29 卷. 人民出版社,1972
9. 马克思恩格斯全集. 第 30 卷. 人民出版社,1975
10. 马克思恩格斯全集. 第 31 卷. 人民出版社,1972
11. 马克思恩格斯全集. 第 40 卷. 人民出版社,1982
12. 马克思恩格斯全集. 第 47 卷. 人民出版社,2004,2 版
13. 马克思恩格斯选集. 第 1—4 卷. 人民出版社,1995
14. 马克思恩格斯文集. 第 1—4 卷. 第 10 卷. 人民出版社,2009
15. 马克思. 资本论. 第 1—3 卷. 人民出版社,2004
16. 恩格斯. 恩格斯论宗教. 人民出版社,2001
17. *Karl Marx /Friedrich Engels Gesamtausgabe*,Erste Abteilung, Band 1. Berlin:Dietz Verlag, 1975
18. *Karl Marx /Friedrich Engels Gesamtausgabe*,Erste Abteilung, Band 2. Berlin:Dietz Verlag,1982

19. *Karl Marx /Friedrich Engels Gesamtausgabe*，Erste Abteilung，Band 25. Berlin：Dietz Verlag，1985

20. *Karl Marx /Friedrich Engels Gesamtausgabe*，Dritte Abteilung，Band 1. Berlin：Dietz Verlag，1975

21. *Karl Marx /Friedrich Engels Gesamtausgabe*，Dritte Abteilung，Band 9. Berlin：Dietz Verlag，2003

22. *Karl Marx /Friedrich Engels Gesamtausgabe*，Vierte Abteilung，Band 1. Berlin：Dietz Verlag，1976

23. *Karl Marx /Friedrich Engels Werke*，Band 2. Berlin：Dietz Verlag，1957

24. *Karl Marx /Friedrich Engels Werke*，Band 3. Berlin：Dietz Verlag，1958

25. *Karl Marx /Friedrich Engels Werke*，Band 29. Berlin：Dietz Verlag，1963

26. *Karl Marx /Friedrich Engels Werke*，Band 34. Berlin：Dietz Verlag，1966

27. *Karl Marx /Friedrich Engels Werke*，Band 40. Berlin：Dietz Verlag，1968

28. Joseph O'Malley（ed.）. *Marx Early Political Writings*. Cambridge University Press，1994

29. Terrell Carver(ed.). *Marx Late Political Writings*. Cambridge University Press，1996

30. *Karl Marx /Frederick Engels Collected Works*. Vol. 1，Vol. 3，Vol. 4. Progress Publishers，1975

二、斯宾诺莎著作

1. ［荷］斯宾诺莎. 伦理学. 贺麟译. 商务印书馆，1958
2. ［荷］斯宾诺莎. 知性改进论. 贺麟译. 商务印书馆，1960
3. ［荷］斯宾诺莎. 神学政治论. 温锡增译. 商务印书馆，1963
4. ［荷］斯宾诺莎. 笛卡尔哲学原理. 王荫庭、洪汉鼎译. 商务印书馆，1980
5. ［荷］斯宾诺莎. 斯宾诺莎书信集. 洪汉鼎译. 商务印书馆，1993
6. ［荷］斯宾诺莎. 政治论. 冯炳坤译. 商务印书馆，1999
7. ［荷］斯宾诺莎. 简论上帝、人及其心灵健康. 顾寿观译. 商务印书馆，2010
8. ［荷］斯宾诺莎. 神、人及其幸福简论. 洪汉鼎、孙祖培译. 译林出版社，2012
9. ［荷］斯宾诺莎. 政治论. 谭鑫田、傅有德、黄启祥译. 广西师范大学出版社，2016
10. Pierre-F. Moreau（ed.）. *Spinoza Oeuvres*，Ⅲ：*Tractatus Theologico-Politicus*. Presses Universitaire de France，1999
11. *Spinoza*：*Complete Works*. translated by Samuel Shirley. edited with introduction and notes by Michael L. Morgan. Hackett Publishing Company，Inc.，2002

12. Baruch de Spinoza. *Abhandlung über die Verbesserung des Verstandes* (Lateinisch-Deutsch). Felix Meiner Verlag，2003

13. *Spinoza's Theological-Political Treatise*．translated by Martin D. Yaffe．Focus Publishing，2004

14. Spinoza. *Theological-Political Treatise*．translated by Michael Silverthorne and Jonathan Israel．Cambridge University Press，2007

15. Baruch de Spinoza. *Ethik in Geometrischer Ordnung Dargestellt* (Lateinisch-Deutsch). Felix Meiner Verlag，2010

16. Baruch de Spinoza. *Politischer Traktat* (Lateinisch-Deutsch). Felix Meiner Verlag，2010

三、其他经典著作

1. [阿拉伯]阿尔法拉比.柏拉图的哲学.程志敏译.华东师范大学出版社,2005
2. [阿拉伯]阿威罗伊.阿威罗伊论《王制》.刘舒译.华夏出版社,2008
3. [古希腊]柏拉图.理想国.郭斌和,张竹明译.商务印书馆,1986
4. [法]笛卡尔.谈谈方法.王太庆译.商务印书馆,2000
5. [古罗马]斐洛.论《创世记》:寓意的解释.王晓朝,戴伟清译.商务印书馆,2012
6. 费尔巴哈哲学史著作选.第1卷.涂纪亮译.商务印书馆,1978
7. 费尔巴哈哲学著作选集(上下).荣震华,李金山等译.商务印书馆,1959,1962
8. [德]费尔巴哈.基督教的本质.荣震华译,商务印书馆,1984
9. [德]赫斯.赫斯精粹.邓习议编译.南京大学出版社,2010
10. 歌德文集.第5卷.刘思慕译.人民出版社,1999
11. [法]贡斯当.古代人的自由与现代人的自由.闫克文等译.上海人民出版社,2005
12. 章国锋,胡其鼎主编.海涅全集.第8卷.孙坤荣译.河北教育出版社,2003
13. [德]赫尔德.反纯粹理性——论宗教、语言和历史文选.张晓梅译.商务印书馆,2010
14. [德]黑格尔.法哲学原理.范扬,张企泰译.商务印书馆,1961
15. [德]黑格尔.哲学史讲演录.第4卷.贺麟,王太庆译.商务印书馆,1978
16. [德]黑格尔.自然哲学.梁志学等译.商务印书馆,1980
17. 苗力田编译.黑格尔通信百封.上海人民出版社,1981
18. 黑格尔早期著作集(上).贺麟等译.商务印书馆,1995
19. [德]黑格尔.历史哲学.王造时译.上海书店出版社,2001
20. 黑格尔全集.第17卷:讲演手稿(1816—1831).梁志学,李理译.商务印书馆,2012

21. [英]霍布斯. 利维坦. 黎思复,黎廷弼译. 商务印书馆,1985
22. [法]加尔文. 基督教要义(上中下册). 钱曜诚等译. 三联书店,2010
23. [德]康德. 纯粹理性批判. 邓晓芒译. 人民出版社,2004
24. [德]康德. 实践理性批判. 邓晓芒译. 人民出版社,2003
25. 李秋零主编. 康德著作全集. 第6卷:纯然理性界限内的宗教 道德形而上学. 中国人民大学出版社,2007
26. 李秋零主编. 康德著作全集. 第8卷:1781年之后的论文. 中国人民大学出版社,2010
27. [古罗马]卢克莱修. 物性论. 方书春译. 商务印书馆,1981
28. [法]卢梭. 社会契约论. 何兆武译. 商务印书馆,2003,3版
29. [意]马基雅维里. 君主论. 潘汉典译. 商务印书馆,1985
30. [意]马基雅维里. 论李维. 冯克利译. 上海人民出版社,2011,2版
31. [古犹太]摩西·迈蒙尼德. 迷途指津. 傅有德等译. 山东大学出版社,2004,2版
32. [德]尼采. 敌基督者. 吴增定、李猛译. 吴增定.《敌基督者》讲稿. 三联书店,2012
33. 孙周兴主编. 尼采著作全集. 第5卷:善恶的彼岸 论道德的谱系. 赵千帆译. 商务印书馆,2015
34. 孙周兴主编. 尼采著作全集. 第12卷:1885—1887年遗稿. 孙周兴译. 商务印书馆,2010
35. [德]施莱尔马赫. 论宗教. 邓安庆译. 人民出版社,2011
36. [德]施勒格尔. 浪漫派风格. 李伯杰译,华夏出版社,2005
37. [德]大卫·施特劳斯. 耶稣传(上下册). 吴永泉译. 商务印书馆,1981,1993
38. [古罗马]塔西佗. 历史. 王以铸、崔妙因译. 商务印书馆,1981
39. [法]托克维尔. 论美国的民主. 上卷. 董果良译. 商务印书馆,1988
40. [古罗马]西塞罗. 论共和国. 王焕生译. 上海人民出版社,2006
41. [德]谢林. 对人类自由的本质及其相关对象的哲学研究. 邓安庆译. 商务印书馆,2008
42. [古希腊]亚里士多德. 形而上学. 吴寿彭译. 商务印书馆,1959
43. [古希腊]亚里士多德. 政治学. 吴寿彭译. 商务印书馆,1965
44. 颜一编. 亚里士多德选集. 政治学卷. 中国人民大学出版社,1999
45. [古希腊]亚里士多德. 尼各马可伦理学. 廖申白译注. 商务印书馆,2003
46. Friedhelm Nicolin und Gisela Schüler (hrsg.). *Hegel Gesammelte Werke*, Band 1. Felix Meiner Verlag, 1989
47. Hobbes. *Leviathan*. edited by Noel Malcolm, 3 vlomes (English-latin). Clarendon Press, 2012

48. The Holy Bible (King James Version). The Random House Publishing Group,1991

49. Klaus Hammacher und Walter Jaeschke (hrsg.). *Friedrich Heinrich Jacobi Werke*,Band 2/1. Felix Meiner Verlag,2004

50. Giorgio Colli und Mazzino Montinari (hrsg.). *Friedrich Nietzsche Sämtliche Briefe*,*Kritische Studienausgabe in 8 Bänden*,Band 6. Deutscher Taschenbuch Verlag de Gruyter,1986

51. Giorgio Colli und Mazzino Montinari (hrsg.). *Friedrich Nietzsche Sämtliche Werke*,*Kritische Studienausgabe in 15 Bänden*,Band 5. Deutscher Taschenbuch Verlag de Gruyter,1988

四、研究和涉及马克思与斯宾诺莎思想关联的著作和文章

1. [法]阿图塞(阿尔都塞). 自我批评论文集. 杜章智,沈起予译. 台北:远流出版社,1990

2. 赫尔. 马克思对斯宾诺莎的反常阅读. 徐长福译. 刘小枫,陈少明编. 经典与解释12:阅读的德性. 华夏出版社,2006

3. [日]内田弘. 马克思的斯宾诺莎《神学政治论》研究的问题像. 由阳译. 复旦大学当代国外马克思主义研究中心编. 当代国外马克思主义评论. 13. 人民出版社,2016

4. 邹诗鹏. 马克思哲学中的斯宾诺莎因素.《哲学研究》2017年第1期,第19—25页

5. Allen Arkush. Judaism as Egoism:From Spinoza to Feuerbach to Marx. in *Modern Judaism*,Vol. 11,No. 2,May 1991,pp. 211-223

6. Idit Dobbs-Weinstein. The Paradox of a Perfect Democracy:From Spinoza's Theologico-Political Treatise to Marx's Critique of Ideology. in Hasana Sharp and Jason E. Smith (ed.). *Between Hegel and Spinoza:A Volume of Critical Essays*. Bloomsbury Publishing,2012

7. Idit Dobbs-Weinstein. *Spinoza's Critique of Religion and Its Heirs:Marx,Benjamin,Adorno*. Cambridge University Press,2015

8. Hong Han-ding. *Spinoza und die Deutsche Philosophie*. Scientia Verlag Aalen,1989

9. Gordon Hull. Marx's Anomalous Reading of Spinoza. in *Interpretation:A Journal of Political Philosophy*. Fall 2000,Volume 28,Number 1,pp. 17-32

10. Frédéric Lordon. *Willing Slaves of Capital:Spinoza and Marx on Desire*. Translated by Gabriel Ash. Verso,2014

11. M. Rubel. Notes on Marx's Conception of Democracy. in Bob Jessop and

Brown Charlie Malcolm（ed.）. *Marx's Social and Political Thought：Critical Assessment*, vol. 3. Routledge and Kegan Paul, 1990

12. Joel Schwartz. Liberalism and the Jewish Connection：A Study of Spinoza and the Young Marx. in *Political Theory*, Vol. 13, No. 1 (Feb., 1985), pp. 58 - 84

13. Yirmiyahu Yovel. *Spinoza and Other Heretics*, 2nd vol. Princeton University Press, 1989

五、研究或部分研究马克思/恩格斯的著作与文章

1. ［法］阿尔都塞. 保卫马克思. 顾良译. 商务印书馆,2010
2. ［法］阿尔都塞,巴里巴尔. 读《资本论》. 李其庆,冯文光译. 中央编译出版社,2001
3. ［美］阿伦特. 过去与未来之间. 王寅丽,张立立译. 译林出版社,2011
4. ［美］阿伦特. 马克思与西方政治思想传统. 孙传钊译. 江苏人民出版社,2007
5. ［美］阿伦特. 哲学与政治. 贺照田编. 西方现代性的曲折与展开. 吉林人民出版社,2002
6. ［美］阿伦特. 人的境况. 王寅丽译. 上海人民出版社,2009
7. ［法］阿隆. 知识分子的鸦片. 吕一民,顾航译. 译林出版社,2005
8. ［英］安德森. 西方马克思主义探讨. 高铦,文贯中,魏章玲译. 人民出版社,1981
9. ［日］柄谷行人. 马克思,其可能性的中心. 中田友美译. 中央编译出版社,2004
10. ［英］伯林. 现实感：观念及其历史研究. 潘荣荣,林茂译. 译林出版社,2004
11. 陈先达等. 被肢解的马克思. 上海人民出版社,1990
12. ［意］葛兰西. 狱中札记. 曹雷雨,姜丽,张跣译. 河南大学出版社,2014
13. ［美］古尔德. 马克思的社会本体论：马克思社会实在理论中的个性和共同体. 王虎学译. 北京师范大学出版社,2009
14. 洪镰德. 马克思和恩格斯对民主理论与实际的析评. 张福建,苏文流主编. 民主理论：古典与现代. 台北："中央研究院",1995
15. 侯才. 青年黑格尔派与马克思早期思想的发展：对马克思哲学本质的一种历史透视. 中国社会科学出版社,1994
16. ［美］胡克. 对卡尔·马克思的理解. 徐崇温译. 重庆出版社,1989
17. ［德］卡斯培. 现代语境中的上帝观念. 罗选民译. 华东师范大学出版社,2008
18. ［德］库诺. 马克思的历史、社会和国家学说：马克思的社会学的基本要点. 袁志英译. 上海译文出版社,2006
19. ［瑞士］昆. 上帝存在吗？——近代以来上帝问题之回答(卷上). 孙向晨译. 香港：道风书社,2003
20. ［英］拉雷恩. 马克思主义与意识形态：马克思主义意识形态论研究. 北京师

范大学出版社,2013

21. 刘森林.追寻主体.社会科学文献出版社,2008

22. 刘森林.实践的逻辑.社会科学文献出版社,2009

23. 刘森林.物与无:物化逻辑与虚无主义.江苏人民出版社,2013

24. 刘森林."上帝"之死与不死:以恩格斯评卡莱尔为中心.《山东社会科学》2014 年第 8 期,第 5—12 页

25. [匈]卢卡奇.历史与阶级意识.杜章智等译.商务印书馆,1999

26. [德]洛维特.从黑格尔到尼采:19 世纪思维中的革命性决裂.李秋零译.三联书店,2006

27. [德]洛维特.世界历史与救赎历史——历史哲学的神学前提.李秋零译.三联书店,2002

28. [法]吕贝尔.吕贝尔马克思学文集(上).曾枝盛选编.北京师范大学出版社,2009

29. [美]马讷里.自由的三个概念:康德—黑格尔—马克思.徐长福译.刘小枫,陈少明主编.经典与解释 18:血气与政治.华夏出版社,2007

30. [美]麦卡锡.马克思与古人.王文扬译.华东师范大学出版社,2011

31. [美]麦卡锡.马克思与亚里士多德.郝亿春等译.华东师范大学出版社,2015

32. [英]麦克莱伦.青年黑格尔派与马克思.夏威仪,陈启伟,金海民译.商务印书馆,1982

33. [英]麦克莱伦.马克思思想导论.第三版.郑一明,陈喜贵译.中国人民大学出版社,2008

34. [加]伍德.民主反对资本主义——重建历史唯物主义.吕薇洲等译.重庆出版社,2007

35. 徐长福.马克思主义研究的学术化探索.社会科学文献出版社,2010

36. [美]维塞尔.马克思与浪漫派的反讽.陈开华译.华东师范大学出版社,2008

37. [美]维塞尔.普罗米修斯的束缚.李昀,万益译.华东师范大学出版社,2014

38. [美]沃格林.没有约束的现代性.张新樟,刘景联译.华东师范大学出版社,2007

39. [美]熊彼特.资本主义、社会主义与民主.吴良健译.商务印书馆,1999

40. [英]伊格尔顿.马克思为什么是对的.李扬等译.新星出版社,2011

41. 赵敦华.宗教批判也是马克思批判批判思想的前提吗?——兼论马克思恩格斯宗教观的特点.《哲学研究》2014 年第 10 期,第 3—13 页

42. Terrell Carver (ed.). *The Cambridge Companion to Karl Marx*. Cambridge University Press,1991

43. Dennis K. Fischman. *Political Discourse in Exile:Karl Marx and the Jewish Question*. The University of Massachusetts Press,1991

44. George E. McCarthy. *Marx and the Ancients: Classical Ethic, Social Justice, and Nineteen-Century Political Economy*. Rowman &Littlefield Publishers, Inc. 1990

45. George E. McCarthy（ed.）. *Marx and Aristotle*. Rowman &Littlefield Publishers，1992

46. David McLellan. *The Young Hegelians and Karl Marx*. Macmillan Press，1969

47. David McLellan. *Marxism and Religion: A Description and Assessment of the Marxist Critique of Christianity*. Macmillan Press，1987

48. Neal Riemer. *Karl Marx and Prophetic Politics*. Praeger Publisher，1987

49. Robert C. Tucker. *Philosophy and Myth in Karl Marx*. Cambridge University Press，1972

六、研究斯宾诺莎的著作与文章

1. 巴格利.何谓"凭可靠的慎虑操持自己的全部事务"——注意斯宾诺莎《神学—政治论》的一个细节.刘锋译.刘小枫选编.古典诗文绎读·西学卷·现代编（上）.华夏出版社，2009

2. ［法］巴利巴尔.斯宾诺莎与政治.赵文译.西北大学出版社，2015

3. ［法］德勒兹.斯宾诺莎的实践哲学.冯炳昆译.商务印书馆，2004

4. ［法］德勒兹.斯宾诺莎与表现问题.龚重林译.商务印书馆，2013

5. 弗兰克尔.评斯宾诺莎《神学—政治论》新译本.李致远译.刘小枫，陈少明主编.经典与解释12：阅读的德性.华夏出版社，2006

6. 韩东晖.天人之境：斯宾诺莎道德形而上学研究.中国人民大学出版社，2008

7. 洪汉鼎.斯宾诺莎哲学研究.人民出版社，1993

8. ［英］罗斯.斯宾诺莎.谭鑫田，傅有德译.山东人民出版社，1992

9. ［英］纳德勒.斯宾诺莎传.冯炳坤译.商务印书馆，2011

10. 普鲁斯.斯宾诺莎、维柯与宗教想象.林志猛译.刘小枫，陈少明主编.经典与解释25：维柯与古今之争.华夏出版社，2008

11. ［美］施特劳斯.斯宾诺莎的宗教批判.李永晶译.华夏出版社，2013

12. ［美］施特劳斯.迫害与写作艺术.刘锋译.华夏出版社，2012

13. ［美］施特劳斯，克罗波西编.政治哲学史.李天然等译.河北人民出版社，1993

14. ［美］斯坦贝格.斯宾诺莎.黄启祥译.中华书局，2002

15. 谭鑫田.知识·心灵·幸福——斯宾诺莎哲学思想研究.中国人民大学出版社，2008

16. 吴树博.阅读与解释：论斯宾诺莎的历史观念及其效用.上海三联书店，2015

17. 吴增定. 斯宾诺莎的理性启蒙. 上海人民出版社,2012
18. 吴增定. 利维坦的道德困境. 三联书店,2012
19. 仰和芝. 生存与和谐:斯宾诺莎对生的沉思. 江西人民出版社,2011
20. Étienne Balibar. *Spinoza and Politics*. translated by Peter Snowdon. Verso,2008
21. Lewis S. Feuer. *Spinoza and the Rise of Liberalism*. Beacon Press,1958
22. Eckart Förster and Yitzhak Y. Melamed(ed.). *Spinoza and German Idealism*. Cambridge University Press,2012
23. Don Garrett(ed.). *The Cambridge Companion to Spinoza*. Cambridge University Press,1996
24. Charlie Huenemann(ed.). *Interpreting Spinoza: Critical Essays*. Cambridge University Press,2008
25. Friedrich Heinrich Jacobi. *Über die Lehre des Spinoza in Briefen an den Herrn Moses Mendelssohn*. Felix Meiner Verlag,2000
26. Susan James. *Spinoza on Philosophy, Religion, and Politics*. Oxford University Press,2012
27. Olli Koistinen(ed.). *The Cambridge Companion to Spinoza's Ethics*. Cambridge University Press,2009
28. Yitzhak Y. Melamed and Michael A. Rosenthal(ed.). *Spinoza's Theological-Political Treatise: A Critical Guide*. Cambridge University Press,2010
29. Warren Montag, Ted Stolze(ed.). *The New Spinoza*. University of Minnesota Press,1997
30. Steven Nadler. *Spinoza a Live*. Cambridge University Press,1999
31. Steven Nadler. *Spinoza's Ethics: An Introduction*. Cambridge University Press,2006
32. Antonio Negri. *The Savage Anomaly: The Power of Spinoza's Metaphysics and Politics*. translated by Michael Hardt. University of Minnesota Press,1991
33. Antonio Negri. *Subversive Spinoza*. edited by Timothy S. Murphy. Manchester University Press,2004
34. Antonio Negri. *Spinoza for Our Time: Politics and Postmodernity*. translated by William McCuaig. Columbia University Press,2013
35. J. Samuel Preus. *Spinoza and the Irrelevance of Biblical Authority*. Cambridge University Press,2001
36. Heidi M. Ravven and Lenn E. Goodman(ed.). *Jewish Themes in*

Spinoza's Philosophy. State University of New York, 2002

37. Steven B. Smith. Spinoza's Democratic Turn: Chapter 16 of the Theologico-Political Treatise. in *The View of Metaphysics*, Vol. 48, No. 2（Dec., 1994）, pp. 359-388

38. Steven B. Smith. *Spinoza, Liberalism, and the Question of Jewish Identity*. Yale University Press, 1997

39. Steven B. Smith. *Spinoza's Book of Life: Freedom and Redemption in the Ethics*. Yale University Press, 2003

40. Steven B. Smith. What kind of Democrat Was Spinoza? in *Political Theory*, Vol. 33, No. 1(Feb., 2005), pp. 6-27

41. Heinrich Meier（hrsg.）. *Leo Strauss, Gesammelte Schriften, Band 1: Die Religionskritik Spinozas und Zugehörige Schriften*. Metzler, 1996

42. Leo Strauss. *Spinoza's Critique of Religion*. translated by E. M. Sinclair. Schocken Books, 1982

43. Leo Strauss. *Persecution and the Art of Writing*. University of Chicago Press, 1988

44. Dimitris Vardoulakis（ed.）. *Spinoza Now*. University of Minnesota Press, 2011

45. Yirmiyahu Yovel. *Spinoza and Other Heretics*. 2 vols. Princeton University Press, 1989

46. Martin D. Yaffe. Two Recent Treatments of Spinoza's Theologico-Political Treatises (1670): A Review Essay. in *Modern Judaism*, Vol. 13, No. 3(Oct., 1993), pp. 309-315

七、其他参考文献

1. [法]阿甘本等. 好民主,坏民主. 王文菲等译. 上海社会科学院出版社,2014
2. [美]保罗·蒂利希. 基督教思想史. 尹大贻译. 东方出版社,2008
3. [德]海德格尔. 谢林论人类自由的本质. 薛华译. 辽宁教育出版社,1999
4. [德]迪特·亨利希. 在康德与黑格尔之间. 乐小军译. 商务印书馆,2013
5. [德]霍克海默,阿道尔诺. 启蒙辩证法——哲学断片. 曹卫东译. 上海人民出版社,2006
6. [德]霍耐特. 自由的权利. 王旭译. 社会科学文献出版社,2013
7. [英]吉登斯. 现代性的后果. 田禾译. 译林出版社,2011
8. 埃德温·柯利. "我可不敢如此肆意著述"——或如何阅读霍布斯的神学—政治论述. 王承教译. 刘小枫,陈少明主编. 经典与解释 12:阅读的德性. 华夏出版社,2006

9. ［德］昆,［德］延斯. 诗与宗教. 李永平译. 三联书店,2005

10. 刘小枫编. 苏格拉底与现代性——施特劳斯演讲与论文集. 卷二. 彭磊等译. 华夏出版社,2008

11. 刘小枫. 施特劳斯与启蒙哲学——读施特劳斯早期文稿《柯亨与迈蒙尼德》. 启示与理性4:政治与哲学的共契. 萌萌学术工作室主编. 上海人民出版社,2009

12. 刘小枫. 犹太哲人与启蒙——施特劳斯演讲与论文集. 卷一. 张缨等译. 华夏出版社,2010

13. ［英］罗素. 西方哲学史. 上卷. 何兆武,李约瑟译. 商务印书馆,1963

14. 聂锦芳,李彬彬编. 马克思思想发展历程中的"犹太人问题". 中国人民大学出版社,2017

15. 莎皮罗. 墙上的书写——《敌基督者》与历史语义学. 田立年译. 刘小枫编. 墙上的书写——尼采与基督教. 华夏出版社,2004

16. ［德］施米特. 政治的浪漫派. 冯克利,刘锋译. 上海人民出版社,2004

17. ［德］施米特. 霍布斯国家学说中的利维坦. 应星,朱雁冰译. 华东师范大学出版社,2008

18. ［美］施特劳斯. 霍布斯的政治哲学. 申彤译. 译林出版社,2002

19. ［美］施特劳斯. 关于马基雅维里的思考. 申彤译. 译林出版社,2003

20. ［美］施特劳斯. 自然权利与历史. 彭刚译. 三联书店,2003

21. ［美］施特劳斯. 什么是政治哲学. 李世祥译. 华夏出版社,2011

22. ［美］施特劳斯. 霍布斯的宗教批判. 杨丽等译. 华夏出版社,2012

23. ［美］施特劳斯. 哲学与律法. 黄瑞成译. 华夏出版社,2012

24. ［美］施特劳斯. 柏拉图式政治哲学研究. 张缨等译. 华夏出版社,2012,2版

25. ［俄］舍斯托夫. 旷野呼告. 方珊,李勤译. 华夏出版社,1998

26. ［俄］舍斯托夫. 雅典与耶路撒冷. 张冰译. 上海人民出版社,2004

27. ［俄］舍斯托夫. 在约伯的天平上. 董友等译. 三联书店,1989

28. 王利. 国家与正义:利维坦释义. 上海人民出版社,2007

29. ［德］韦伯. 儒教与道教. 洪天富译. 江苏人民出版社,2008

30. ［德］韦伯. 宗教社会学. 康乐,简惠美译. 广西师范大学出版社,2005

31. ［德］韦伯. 古犹太教. 康乐,简惠美译. 广西师范大学出版社,2007

32. 魏明德,吴雅凌编著. 古罗马宗教读本. 商务印书馆,2012

33. ［美］沃格林. 秩序与历史,卷二:城邦的世界. 陈周旺译. 译林出版社,2008

34. ［德］西美尔. 宗教社会学. 曹卫东译. 上海人民出版社,2003

35. 张宪. 启示的理性:欧洲哲学与基督宗教思想. 巴蜀书社,2006

36. 赵敦华. 基督教哲学1500年. 人民出版社,1994

37. Frederick C. Beiser. *The Fate of Reason: German Philosophy from Kant to Fichte*. Harvard University Press,1987

38. Dieter Henrich. *Between Kant and Hegel : Lectures on German Idealism*. Harvard University Press, 2008

39. Helmut Holzhey, Julius H. Schoeps und Christoph Schulte (hrsg.). *Hermann Cohen Werke , Band 16 : Kleine Schriften V*. Georg Olms Verlag, 1997

40. Heinrich Meier (hrsg.). *Leo Strauss Gesammelte Schriften , Band 2 : Philosophie und Gesetz : Frühe Schriften*. J. B. Metzler Verlag, 1997

41. Heinrich Meier (hrsg.). *Leo Strauss Gesammelte Schriften , Band 3 : Hobbes's Politische Wissenschaft und Zugehörige Schrifen – Briefe*. J. B. Metzler Verlag, 2011

42. Leo Strauss and Joseph Cropsey (ed.). *History of Political Philosophy*. University of Chicago Press, 1987

43. Steven B. Smith. *Reading Althusser : An Essay on Structural Marxism*. Cornell University Press, 1984

后记

黑格尔曾经说过,在一本哲学著作的序言中像普通著作的序中那样介绍作者著述的目的和动机是多余的、不合宜的。那么在严格意义上不属于哲学著作之一部分的"后记"里,介绍一下应该不为过吧。

本书脱胎于我的博士论文。在博士论文的后记中,我甚至信誓旦旦地扬言要像柏拉图修改《理想国》和黑格尔修改《逻辑学》那样来修改自己的论文。柏拉图修改了七遍,黑格尔说要改七十七遍,而我要修改七百七十七遍!在书稿即将出版之际,想来当时确实年少轻狂。其实,书稿哪里有修改的尽头,只能作为前一阶段的成果,拿出来与学界同仁交流罢了。书中甚至有些观点目前我已不再认同,但作为一种能够自圆其说的解释以供学术的储备,想来应该还是有价值的。比如本书对马克思与正义关系的处理就过于"利奥·施特劳斯化":把马克思的道德义愤视为吸引大众投身革命的策略或"显白教诲",把基于历史唯物主义而对道德加以批判的态度视为马克思的真实原则或"隐微教诲"。现在的我已不再持这种观点了。实际上,共产主义作为伦理生活,它既是对道德的批判,又是对道德的实现。

统校书稿的过程同时又是回忆过往的过程,书中的一字一句都包含着在广州康乐园读书时的点点滴滴。从博士一年级就已经形成了初稿,到现在，算来也断断续续修改得有五六年之久了。这五六年来，我不断地给它补充新的材料，修改旧的论点，更替外文的引文版本，增加新的内容，到现在还算是个比较完整的著作了。在这个过程中，我的博士导师刘森林教授为我的论文修改提供了许多有益的建议，另有许多师友的关心和照顾，以及在学习德语和拉丁语过程中的帮助，在这里一并表示感谢！

本书以"马克思与斯宾诺莎"为题，有感于该问题的重要性和紧迫性。邹诗鹏教授曾在我博士论文答辩后以"马克思与斯宾诺莎"为题在中山大学作讲座，我当时还"不知天高地厚"地做了点评人。现在想来的确是个有趣而美好的回忆！邹老师说，"马克思与斯宾诺莎"这一主题在中国面临着"双重耽搁"，一方面是斯宾诺莎研究在中国的严重不足，另一方面是对马克思与斯宾诺莎思想关系的认识不足。邹老师的这番高屋建瓴的讲话，我深表认同！就第一个方面来说，国外的斯宾诺莎研究可谓"汗牛充栋"，而国内却"寥寥无几"。洪汉鼎先生常常戏谑地说，中国的斯宾诺莎研究"四分之三壁江山"都在山东大学。但是，必须清楚的是，山东大学虽素有斯宾诺莎研究的传统，谭鑫田先生、洪汉鼎先生、傅有德教授和黄启祥教授接续发力，居功至伟，但在山东大学哲学系中，斯宾诺莎研究仍处边缘状态。就第二个方面来说，斯宾诺莎哲学是马克思思想的重要来源，这是恩格斯以来一再强调却始终受到忽视的一个理论事实。直到当代西方激进左翼"斯宾诺莎复兴"思潮影响到中国学界时，我们才开始关注这个问题。这一方面的情况目前开始好转，2018 年 4 月，我在筹办"斯宾诺莎与当代左翼"学术研讨会的过程中发现，除了山东大学和复旦大学之外，南京大学、清华大学、厦门大学、河海大学和河南大学等高校越来越多的老师和研究生对此问题开始感兴趣，并撰写了相当优秀的学术论文。这是学界之幸！

博士毕业后，虽经辗转，但还是很幸运地来到山东大学哲学系工作。在山大我有幸结识了洪汉鼎先生、傅有德老师和黄启祥老师，以及在马哲界我向来崇敬的刘陆鹏老师和何中华老师，是他们让我在斯宾诺莎研究和马克思研究中有了新的认识。

非常感谢江苏人民出版社将我的著作纳入"凤凰文库·马克思主义研究系列",使我的著作有机会能够与张一兵老师的《回到马克思》和刘森林老师的《物与无》同处一套丛书!尽管在著作品质上我很难望其项背,但作为后生已经十分荣幸了!感谢江苏人民出版社的戴亦梁老师对拙著的费心编辑!

感谢我的妻子谢飞燕的始终陪伴,从长沙到广州,从广州到济南,我们辗转了大半个中国,但须臾不曾离开。没有这种守望相护之情,我现在在做什么都很难说。可以说本书也是我们爱情和婚姻的见证者。

需要注明的是,本书在修改过程中有几个章节曾经发表在《哲学研究》《哲学动态》《马克思主义与现实》等学术期刊上,收录本书时作了较大的修改。本书受中国博士后科学基金资助项目(2017M610434、2018T110698)、山东省博士后创新项目专项资金资助项目(201703003)、山东大学基本科研业务费专项资金资助项目(2017GN0010)、山东大学青年学者未来计划资助项目(2017WLJH01)的资助,是教育部人文社会科学研究青年基金项目(18YJC710009)、山东省社会科学规划研究项目(17CQXJ40)的阶段性成果。

凤凰文库书目·马克思主义研究系列

《走进马克思》 孙伯鍨 张一兵 主编
《回到马克思:经济学语境中的哲学话语》(第三版) 张一兵 著
《当代视野中的马克思》 任平 著
《回到列宁:关于"哲学笔记"的一种后文本学解读》 张一兵 著
《回到恩格斯:文本、理论和解读政治学》 胡大平 著
《国外毛泽东学研究》 尚庆飞 著
《重释历史唯物主义》 段忠桥 著
《资本主义理解史》(6卷) 张一兵 主编
《阶级、文化与民族传统:爱德华·P.汤普森的历史唯物主义思想研究》 张亮 著
《形而上学的批判与拯救》 谢永康 著
《21世纪的马克思主义哲学创新:马克思主义哲学中国化与中国化马克思主义哲学》 李景源 主编
《科学发展观与和谐社会建设》 李景源 吴元梁 主编
《科学发展观:现代性与哲学视域》 姜建成 著
《西方左翼论当代西方社会结构的演变》 周穗明 王玫 等著
《历史唯物主义的政治哲学向度》 张文喜 著
《信息时代的社会历史观》 孙伟平 著
《从斯密到马克思:经济哲学方法的历史性诠释》 唐正东 著
《构建和谐社会的政治哲学阐释》 欧阳英 著
《正义之后:马克思恩格斯正义观研究》 王广 著
《后马克思主义思想史》 [英]斯图亚特·西姆 著 吕增奎 陈红 译
《后马克思主义与文化研究:理论、政治与介入》 [英]保罗·鲍曼 著 黄晓武 译
《市民社会的乌托邦:马克思主义的社会历史哲学阐释》 王浩斌 著
《唯物史观与人的发展理论》 陈新夏 著
《西方马克思主义与苏联:1917年以来的批评理论和争论概览》 [荷]马歇尔·范·林登 著 周穗明 译 翁寒松 校
《物与无:物化逻辑与虚无主义》 刘森林 著
《拜物教的幽灵:当代西方马克思主义社会批判的隐性逻辑》 夏莹 著
《新中国社会形态研究》 吴波 著
《"崩溃的逻辑"的历史建构:阿多诺早中期哲学思想的文本学解读》 张亮 著
《"超越政治"还是"回归政治":马克思与阿伦特政治哲学比较》 白刚 张荣艳 著
《无调式的辩证想象:阿多诺〈否定的辩证法〉的文本学解读》(第二版) 张一兵 著
《马克思再生产理论及其哲学效应研究》 孙乐强 著
《希望的源泉:文化、民主、社会主义》 [英]雷蒙·威廉斯 著 祁阿红 吴晓妹 译
《后工业乌托邦》 [澳]鲍里斯·弗兰克尔 著 李元来 译
《未来考古学:乌托邦欲望和其他科幻小说》 [美]弗里德里克·詹姆逊 著 吴静 译
《重审马克思的"阶级"概念:基于政治哲学解读的尝试》 孙亮 著
《为马克思辩护:对马克思哲学的一种新解读》(第四版) 杨耕 著
《全球化的理论与实践:一种马克思主义的视角》 丰子义 杨学功 仰海峰 著
《马克思哲学要义》 赵敦华 著
《马克思与斯宾诺莎:宗教批判与现代伦理的建构》 冯波 著